매니징

KB077345

CEO의 서재 · 14

유니클로는 왜 이 책을
경영 바이블로 삼았는가

MANAGING

야나이 다다시 추천사

해럴드 제닌 지음 | 권오열 옮김

OCEO

· · ·

어떤 일에 도전하든 평범한 수준을 넘어
드높은 비상을 꿈꾸는 모든 이들에게 이 책을 바친다.

· · ·

"내 인생 최고의 경영 교과서"

추천사 | **야나이 다다시** 유니클로 회장

하루는 아버지께서 나를 부르시더니 도장과 통장을 내미셨다. 그간 운영해 오신 자본금 6백만 엔의 회사를 물려주신 것이다. 갑작스런 일이었다. 아버지께서는 아무 말씀도 없으셨다. 당시는 1972년으로 내 나이 스물 셋이었다. 그때 난생처음 "마음을 단단히 먹지 않으면 안 된다."는 생각이 들었다.

아버지께 물려받은 곳은 신사복 매장과 캐주얼웨어 VAN shop 2곳으로 연매출이 1억 엔 정도였다. "이대로 주저앉도록 내버려둘 수는 없다."고 마음을 단단히 먹고, 신사복 매장과 캐주얼 매장 두 가지 형태로 3년에 매장 한 개씩 늘려갔다. 캐주얼웨어만큼은 꼭 붙잡고 싶었다. 캐주얼웨어는 손님이 직접 고르는 경우가 많았기 때문에 고객 응대에 서툰 나로서는 한결 수월했고, 무엇보다 팔리는 제품과 팔리지 않는 제품의 차이가 커서 성장 가능성이 높다고 생각했기 때문이다.

1984년 6월 히로시마 시에 "유니크, 클로징 웨어하우스(Unique,

Clothing Wearhouse)"를 개점하면서 드디어 캐주얼웨어에 대한 계획을 실천에 옮겼다. 매장 이름에는 '유니크 스타일의 옷을 만날 수 있는 커다란 창고'라는 의미가 담겼다. 1,000엔과 1,900엔의 두 가지 가격을 중심으로 상품을 구입할 수 있도록 가격 정책을 결정했다. "저렴한 가격의 캐주얼웨어를 주간지를 고르듯 가볍게, 셀프서비스 방식으로 구입할 수 있는 매장"이 우리의 콘셉트였다.

이 점포가 유니클로의 첫 번째 매장이다. 오픈일과 다음 날 양일에 걸쳐 아침 6시에 문을 열었는데도 불구하고 하루 종일 고객의 입장을 제한했을 정도로 매장은 인산인해를 이루었다. 금맥을 발견한 사람처럼 한동안 밤잠을 설쳤다. 다음 해인 1985년 6월에는 시모노세키 시에 최초의 교외형 매장을 열었고, 10월에는 요코하마 시내 중심부와 교외에 2개 매장을 오픈했다. 산요도(일본의 옛 지명으로 오늘날 오카야마 현, 히로시마 현, 야마구치 현 등지에 해당)를 중심으로 매장 확대 전략을 실현시킬 발판이 마련된 셈이었다. 그렇게 생각하고 있을 때였다. 하루는 우연히 나의 운명을 바꿀 책 한 권을 만나게 되었다.

야마구치 현 우부 시의 한 서점에 들렀다가 달랑 1권 놓여 있던 《매니징Managing》이라는 책을 보았다. 미국의 다국적기업인 ITT(1977년 이후 그룹 해체)의 전 최고경영자(CEO) 해럴드 제닌이 쓴 책이었다.

이 책이 얼마나 팔렸는지는 모르지만 내가 야마구치 현의 유일한 독자였다고 생각한다. 그만큼 책은 한 번도 접해보지 못한 내용으로 가득했고, 나는 충격을 받았다. 마지막 페이지를 덮자 무수한 생각이

뇌리를 스쳤다.

'내가 지금껏 해온 경영은 틀렸다! …… 나의 경영은 서툴렀다. …… 경영이란 바로 이런 것이다.'

제닌은 "세 문장 경영 강좌"라는 제목을 붙이고 이렇게 썼다.

"책은 첫 페이지부터 읽어나간다. 그러나 사업 운영은 반대로 한다. 즉 끝에서부터 시작한 다음 최종 목적지에 이르기 위해 필요한 일을 하나도 남김없이 처리한다."

제닌의 경영론은 내가 생각하는 경영론과는 전혀 달랐다. 나는 캐주얼웨어 교외 매장을 개설하면 재미있겠다고 막연히 생각하고 뛰어들었을 뿐이다. 목표도 없이 그저 밑바닥에서부터 출발하여 한 계단씩 쌓아올리는 것이 경영이라고 여겼다. 어디로 가느냐보다 얼마나 땀방울을 흘리느냐를 더 중시했다.

그러나 제닌의 경영론을 읽은 후 나의 경영 개념은 180° 변했다. "경영은 먼저 목표(결론)를 정한 뒤에 시작되는 것"으로, 최종적으로 어디에 이를지를 정하고, 이렇게 정한 목표를 통해 목적지에 이르는 방법을 거꾸로 찾아가는 것인데 이때 최대한 많은 방법을 탐색하고 그 가운데 최선책부터 실행한다. 그리고 계획을 실행하는 과정과 사전에 정한 목표를 수시로 비교하며 수정을 거듭한다. 제닌은 "그렇게 하면 대부분 순조롭게 진행된다."고 말하는데 이 책을 읽는 동안 그의 경영론이 얼마나 현실적이고 효과적인지 수긍하게 되었다.

제닌은 가난한 가정에서 자라 고학으로 공인회계사 자격을 취득했다. 1959년 그는, 제2차 세계대전의 여파로 위기에 처해 있던 ITT의

사장 겸 최고경영자로 취임했다. 당시 ITT의 매출은 7억 6,560만 달러, 수익은 2,900만 달러에 불과했다. 게다가 수익의 절반 이상이 영업외 수익이었다. 우선 제닌은 "주당 이익을 매년 10% 이상 증가시킨다."는 목표(결론)를 설정했다.

동시에 경영진과 조직을 쇄신하고 인재를 대거 영입하는 등 대대적인 수술에 나섰다. 그리고 성과를 냈다. 58분기, 즉 14년 반 동안 한 번도 빠지지 않고 수익을 증가시켰다. 이는 전례가 없는 업적이었다. 그가 최고경영자 자리에서 물러나던 1977년, ITT는 포춘 500대 기업 가운데 당당히 11위에 올랐는데 당시 매출액이 167억 달러, 수익은 5억 6,200만 달러에 이르렀다. 그가 사장으로 발탁되던 18년 전과 비교하면 매출과 수익이 각각 20배 상승했다.

제닌은 이렇게 말한다.

"경영(한다는 것)은 무엇인가를 달성하는 것"

"이루겠다고 마음먹은 것은 반드시 달성하지 않으면 안 된다."

지금도 내 곁을 지키는 경영 바이블이자 금세기 최고의 경영 교과서인 《매니징Managing》에는 제닌이 경영자로서 경험하고 체득한 모든 노하우가 담겨 있다.

이 책의 1장을 보면 "G이론"이 등장하는데 다음 문장으로 시작된다.

"이론만으로는 기업은 물론 그 어떤 것도 경영할 수 없다."

G는 '제닌'의 알파벳 첫 글자다. G이론, 즉 제닌의 이론은 평론가와 경영학자 그리고 때로는 경영자들조차도 의존하는 "경영 이론"을 철

저히 부정하는 데서 출발한다.

대다수의 경영자, 특히 자기 목숨을 내걸고 사업에 임하는 경영자일수록 "경영이 이론대로 될 리 없다."는 생각을 품고 있을 것이다. 나 역시 그렇다. 그러나 그런 생각만으로 경영이 이루어지는 것은 아니다.

제닌은 2장 "어떻게 경영할 것인가?"에서 "세 문장 경영 강좌"를 통해 이해는 쉬우나 감당키 어려운 경영의 핵심을 제시한다. 목표를 명확히 정하고, 주위에 각인시키고, 성공을 향해 달려가라는 메시지를 말이다.

내가 이 책을 읽을 때는 일본 경제의 버블시기로, 미국계 기업에 근무하는 친구조차도 "이제 미국으로부터 배울 것은 없다."고 말했다. 교만함이었을 것이다. 나는 마쓰시타 고노스케와 혼다 소이치로를 존경했다. 그러나 일본식 경영이 최선인지 확신할 수 없었다. 그러다 이 책을 접하고 "경영이란 이런 것이구나!" 하고 무릎을 쳤다. 《매니징Managing》을 읽은 뒤 나는 꿈에 대해서 이야기하기 시작했다. "우리 회사를 지금껏 한 번도 존재한 적이 없었던 혁신적인 기업으로 만들고 싶다." 시행착오를 되풀이하는 가운데 1991년 9월 1일, 우부시의 좁은 펜슬빌딩 본사에서 사원들을 모아놓고 선언했다.

"회사명을 패스트리테일링으로 변경합니다. 그리고 지금 이 시각부터 본격적으로 유니클로를 전국 체인으로 확대하겠습니다. 매년 30개씩 매장을 오픈해서 3년 후에는 100번째 매장을 오픈하고 그 시점에 맞춰 주식시장에 상장하는 것이 우리의 목표입니다."

당시 직영점은 유니클로 16곳, 신사복과 부인복 매장 6곳, 프랜차이즈(FC) 유니클로 매장 7곳으로 총 29곳이었다. 아마도 직원들은 연간 30개의 점포를 개설하겠다는 내 말에 속으로 고개를 저었을지 모른다. 그러나 우선 목표를 정하고, 그 목표로부터 거꾸로 목표에 도달하는 방법을 찾아서 실행하라는 제닌의 말을 따른다면 결코 무리는 아니라고 믿었다.

실제로 1994년 4월 유니클로 직영점은 100호 점을 무난히 돌파했으며 그해 7월 히로시마 증권거래소에 상장하여 목표를 이루었다. 제닌의 유일한 이론 "세 문장 경영 강좌"는 정말 효과가 있었다.

이 책에서는 "세 문장 경영 강좌" 외에도 목표를 정한 뒤에는 어떻게 경영할 것인지 그 실천 노하우와 대응법, 마음의 준비(각오)를 구체적인 경험과 사례를 곁들여 설명한다. 효율적인 조직을 만드는 방법부터 경영자의 조건, 리더십, 경영자가 빠지기 쉬운 함정인 자기중심주의, 숫자의 의미, 기업의 성장 발전 차원에서 살펴본 기업가 정신, 틀에 얽매이지 않고 사업에 임하는 자세까지 경영 현장의 박진감 넘치는 이야기를 술술 풀어놓았다.

그리고 경영자라면 누구나 공감하고 감탄할 만한 지혜가 이 책 곳곳에 숨어 있다.

제닌은 "경영자는 경영을 해야 한다."고 강조한다. 이 되풀이되는 문장을 읽다보면 "경영자에게는 사업에 열정적으로 임하는 자세가 반드시 필요하다."는 사실을 깨닫게 된다. 최고경영자란 홀로 결단을 내리는 사람으로서 기업의 목표와, 목표를 위해 수행해야 할 일을 명확히 밝히며 실패의 책임을 100% 떠맡는다. 그리고 제닝이 지적하듯이 세상에는 경영을 하지 않는 경영자가 너무나 많다.

일본에서는 개인의 땀방울, 목표 달성의 프로세스를 중시한다. 그 때문인지 일본의 경영자와 비즈니스맨에게는 "성과"에 대한 집념과 근성이 부족해 보인다. 개인의 노력과 프로세스는 결과를 검증하기 위해 반드시 필요한 요소이지만, 비즈니스를 평가하는 데는 별로 쓸모가 없다. 비즈니스는 오직 성과로 평가된다. 제닝은 "경영을 잘했는지 못했는지는 스스로 설정한 목표를 달성했느냐 못했느냐에 따라 결정되는데 목표가 높으면 높을수록 훌륭한 경영이라고 할 수 있다."고 지적한다.

비즈니스는 냉혹한 세계이다. 경영자는 오직 성과로만 평가받는다. 나도 그런 치열한 세계에서 살고 싶다. 그러나 실패를 두려워해선 안 된다. 제닝은 말한다.

"실패는 부끄러운 일도, 불명예스런 일도 아니다. 비즈니스에 늘 따라다니는 그림자일 뿐이다. 무엇보다 자기의 잘못을 직시하여 무엇을 잘못했는지 따져보고 실패로부터 배워 지금 해야 할 일을 이루는 것이 중요하다."

나는 늘 실패를 거듭했다. 지금까지의 비즈니스 전적도 1승 9패에 불과하다. 유일하게 성공한 것이 유니클로다. 나는 본래 사업이란 순탄하게 나아갈 수는 없는 법이며 "실패하지 않으면 성공도 없다."고 철석같이 믿었다. 그러나 이런 것보다 더 중요한 것이 있다. 실패를 하더라도 회복 불가능할 정도로 회사를 망가뜨려서는 안 된다는 사실이다. 동시에 문제점을 빠르게 포착하여 손쓸 수 없는 상태가 되기 전에 대책을 강구해야 한다.

제닌은 3장 "하나의 기업, 두 개의 조직"에서 "깜짝 사건을 없애라 (No surprises!)"라는 말로 실패와 관련된 상황을 표현하고 있다. 제닌은 각 사업부 책임자가 제출한 월례보고서 맨 위에 "붉은 깃발", 즉 미해결 문제점을 적시하게 한 뒤 월 1회 갖는 총책임자회의에서 참석자 전원이 해결책을 찾도록 했다고 밝힌다. 경영자 전원이 문제를 공유하고 해결책을 제시하여 끝내 성공에 이른다. 경영은 팀워크라는 사고방식에 나는 공감한다. 7장 "교만에 빠진 경영자"에서도 지적하다시피 인재를 자신의 수족으로 부리는 독단적인 경영은 실적이 좋을 때는 최대의 효과를 발휘하지만, 시간이 지나면 부메랑이 되어 기업에 해를 끼친다. 경영자가 예전의 성공에 도취되어 현실을 직시하지 못하게 된다.

나는 경영자라면 자신의 한계를 파악하고 있어야 한다고 생각한다. 경영자보다 능력이 뛰어난 사람은 많다. 뛰어난 사람과 팀을 이루면 경영자 자신의 결점을 극복할 수 있다.

그러나 팀을 구성하기 위해서는 우리가 달성해야 할 목표가 "노력할 만한 가치가 있는 일"임을 공유시켜야 하며, 또한 그 목표를 향해 열정적으로 달려갈 수 있는 분위기를 조성해야 한다. 이때 중요한 점은 불가능해 보이는 목표, 그러나 노력을 통해 달성할 수 있는 최대한의 목표를 설정하는 일이다. 그리고 경영 책임자와 멤버가 동등한 입장에서 의논을 반복하고 합의한 뒤 일을 진행한다. 목표를 높게 잡지 않으면 누구도 열정적으로 일하지 않는다.

이는 제닌의 사업 진행 방식이기도 하다. 그는 12장에서 "경영진은 목표가 무엇인지 마음에 새겨야 하며 이를 위해 자기 한 몸을 바칠 각오가 되어 있어야 한다. 이때 헌신은 반드시 마음으로부터 우러나와야 한다."고 썼다. "마음으로부터 우러나와야 한다."는 말은 경영자의 열정과 해내겠다는 근성을 뜻한다. 논리적 사고로 무장한 MBA 학위 취득자가 이런 근성까지 갖추었다면 그가 경영자로서 어디까지 뻗어나가게 될지 감히 상상키 어렵다.

또 하나 중요한 점은 숫자를 읽는 힘이다. 제닌은 대차대조표와 손익계산서는 체온계와 같다고 말한다. "경영은 우선 목표를 정한 뒤에 시작된다."는 제닌의 역발상 경영을 하기 위해서는 사소한 숫자의 변화를 감지하여 회사의 실제 모습을 파악할 수 있어야 한다. 나 역시 지금도 예전 대차대조표와 손익계산서를 기억하고 있다가 항상 현재의 숫자와 비교하며 유니클로를 경영한다.

마지막으로 제닌은 이렇게 결론을 내린다. 비즈니스에 있어서 가장 놀라운 업적은, 인생의 업적과 마찬가지로 천재가 아니라 평범한 사람들에 의해서 이룩된다고 말이다.

《국부론》을 쓴 애덤 스미스를 비롯한 당대 지식인들은 "주식회사"를 "실현 불가능한 꿈"이라고 여겼다. 그러나 나는 이 책을 읽으며 미국에 뿌리 내린 민주주의가 주식회사를 성공적으로 정착시켰음을 깨달았다. 그 민주주의란 바로 자유로이 의견을 주고받을 수 있는 공정함과 투명함이다. ITT 재건의 임무를 띠고 초빙된 외부 경영자가 자신에게 부여된 힘을 최대한 발휘하여 전 세계 자회사의 책임자들과 함께 높디높은 목표를 향해서 전진하는 모습에 나는 전율을 느꼈다. 전화/전신 기업에 불과하던 ITT가 다국적 복합기업으로 성장하는 과정은 감동 그 자체였다.

제닌은, 현재 일본에서 닛산자동차를 재건한 카를로스 곤 사장 겸 CEO 같은 존재이다. 이런 경영자가 계속 등용되면 머지않아 경영계 전반에 일대 새로운 경영 풍조가 자리를 잡으리라 생각한다. 나는 그렇게 믿고 싶다.

마지막으로 한 가지 거론하고 싶은 얘기가 있다. 다국적 복합기업인 ITT는 국방과 밀접한 전화/전신 사업을 해왔기 때문에 남미의 칠레 정치에 관여하는 등 과거 국제사회와의 뒷거래 의혹이 문제시되기도 했다. 이 책에는 그런 내용이 일절 언급되지 않는데 나는 정치와의 관계 역시 경영의 일면이라고 생각한다. 더욱이 그런 일 때문에 이 책의 가치가 조금도 훼손된다고 생각지 않는다.

이제, 일독을 권한다.

역사상 가장 위대한 업적은
평범한 사람에 의해 성취된다

서 문 | 해럴드 제닌

비즈니스(business)라는 말에는 많은 의미가 내포되어 있다. 대차대조표는 그중 일부에 불과하다. 비즈니스는 강물처럼 끊임없이 흐르며 구름처럼 변화무쌍하며 물고기처럼 활기로 가득 차 있다. 때로는 가을 매처럼 드높이 비상했다가 때로는 낙엽처럼 팔랑팔랑 떨어져 황량한 폐허를 이루기도 한다. 필요, 욕망, 탐욕, 만족이 물질적인 보상을 초월한 이타심, 헌신, 희생과 뒤섞이는 신비한 연금술의 과정이 바로 비즈니스이다. 비즈니스는 만인의 열망을 충족시키며, 또한 우리 모두의 육체적인 안전과 행복의 원천이기도 하다.

비즈니스를 추진하는 과정은 고달프면서도 매혹적이고 창의적이다. 비즈니스는 고차원의 예술로 분류될 만하고 개인적으로 자아와 사회를 위해 무한한 열정을 바칠 만한 가치가 있으며 또 가장 큰 만족을 준다. 나는 비즈니스의 드넓고 끝없는 세계를 맛보고 돌아왔다.

나는 늘 재능을 타고난 사람은 없다고 주장해왔다. 비즈니스든 인생이든 역사상 가장 위대한 업적은 천재가 아니라 평범한 사람에 의해 성취된다. 보통 사람들이 느낄 수 있는 짜릿한 성취감이 비즈니스와 그 밖의 영역에서 리더를 탄생시킨다.

만일 누군가가 우리 인생의 근원적인 진실을 접했다면 새로 삶을 개척해야 하는 후대에 자신이 배운 바를 전해주는 것이 그의 의무일 것이다.

나의 경영적 자산을 다음 세대를 위해 남긴다는 소명 의식으로 이 책을 썼다. 부디 내가 얻은 비즈니스 상의 깨달음이 여러분에게 일말의 도움이 되기를 간절히 바란다.

Chapter 1

G이론

> 그러나 내가 경영자가 되어 기업의 명운이 걸린 결정을
> 내려야 했을 때 나는 이론들이 실제적인 효력을
> 발휘하지는 못한다는 사실을 알게 되었다.

Chapter 2

어떻게 경영할 것인가?

> 책은 첫 페이지부터 읽어나간다.
> 그러나 사업 운영은 반대로 한다.
> 즉 끝에서부터 시작한 다음 최종 목적지에 이르기 위해
> 필요한 일을 하나씩 처리한다.

Chapter 1

G이론

이론만으로는 기업은 물론
그 어떤 것도 경영할 수 없다.

'이론(theory)'이란 어린 시절 서커스에서 보았던 종이 굴렁쇠와 비슷하다. 어릿광대들은 진짜 굴렁쇠인 양 능청스럽게 연기를 펼친다. 그러다 관중의 기대감이 고조되는 순간 굴렁쇠가 망가진다. 장내에는 웃음이 터지고 굴렁쇠의 정체가 밝혀진다. 쇼가 끝나면 구겨진 종이 굴렁쇠는 쓰레기통에 버려질 것이다. 순진하게도 진짜 굴렁쇠라고 철석같이 믿고 있던 나는 어릿광대의 묘기가 속임수였다는 사실을 깨닫고 실망감을 감추지 못했다.

그러나 마술의 환상에서 깨어나지 못하는 사람들도 있다. 이들은 성인이 되어서도 마술사의 신비한 묘기에 탄성을 지른다. 의약품의 과장 광고도 사람들의 기대 심리를 파고든다. 사람들은 이 약만 먹으면 병이 깨끗이 나을 수 있다는 문구에 현혹된다.

비즈니스의 세계에서도 묘약을 찾는 사람들이 많다. 비즈니스에서는 이 묘약을 '개념'이라고 부르는데, 실타래처럼 얽히고설킨 문제를 단번에 풀어줄 간단한 공식 같은 것이다. 우리는 근사한 이름으로 포장된 것이라면 분명 사업을 번창하게 해주리라 믿으며 만병통치약처럼 꿀꺽 삼킨다.

50년 넘게 직장생활에 몸담고 있으면서 성공적인 경영법에 관한 책을 수백 권 섭렵하고 잡지 기사와 학술 논문 수천 편을 탐독했다.

젊은 시절에는 교수와 컨설턴트들이 내세우는 경영 이론과 공식을 신봉하여 그대로 받아들였다. 이들은 관리팀, 생산직 종사자, 그리고 주주들을 만족시키는 동시에 생산성, 매출, 이윤을 높이는 비법을 제시한다. 그들의 논증은 언제나 탄탄하고 명쾌했으며, 지혜로운 가르침은 반박의 여지없이 정확했고, 결론은 필연적이었다.

그러나 내가 경영자가 되어 기업의 명운이 걸린 결정을 내려야 했을 때 나는 이론들이 실제적인 효력을 발휘하지는 못한다는 사실을 알게 되었다. 기업 경영 전반 혹은 일부 영역의 운영에 손쉽게 참조할 수 있는 일목요연한 매뉴얼 따위도 없었다. 몇몇 단편적 주장들은 유익했다. 그러나 이마저도 실제 비즈니스에 적용할 때는 돌다리를 두드려 보는 심정으로 신중을 기해야 했다.

지금껏 나는 어떤 공식이나 도표, 또는 경영 이론에 따라 회사를 운영했다는 CEO를 만나본 적이 없다. 이론 덕분에 성공했다는 경영자도 못 봤다. 반면 정규교육도 제대로 이수하지 못하고 변변한 경영서적 한 권 읽어본 적 없지만 자수성가한 사업가는 종종 목격했다.

이들의 성공 비결은 무엇일까?

그들은 사업체와 생사고락을 함께하며 사업 규모가 커짐에 따라 자신도 성장해왔다. 누구에게나 공평하게 주어진 사고 능력을 유일한 무기 삼아 한 번도 겪어본 적이 없는 비즈니스의 미로 속으로 용감하게 뛰어들었고 새로운 길목에 접어들 때마다 차곡차곡 지혜와 연륜을 쌓았다.

반면 노하우를 쌓을 겨를도 없이 너무 빨리 성공하거나 회사가 급격히 성장하는 바람에 기업의 본질과 목적을 잊어버리는 사람도 있다. 그러면 거의 예외 없이 매출은 평행선을 달리고 수익은 감소하는 가운데 기업은 서서히 쇠퇴한다.

대개 이런 현상은 회사 창업자나 책임자가 자기 사업을 제쳐두고 낯모르는 분야에 곁눈질할 때 발생한다. 회사는 남에게 떠맡기고 자신은 테이프 커팅을 하러 다니거나 지역 사회 발전에 이바지해야 한다는 등 외부 활동에 한눈을 판다. 하지만 그가 자신의 본업에 매진했더라면 오히려 공동체와 국가에 더 유익했을 것이다. 그랬더라면 그처럼 어이없게 실패하지도 않았을 것이고, 공동체에 기여하겠다는 명분에 흠집도 생기지 않았을 것이다. 그러나 그는 본업에 충실할 때보다 외부 활동에 나설 때 더 큰 만족감을 느꼈다. 사회적 명예와 같은 자아만족은 성공적인 기업인의 발목을 잡는 가장 치명적인 올가미이다.

현실에는 이런 사람이 수두룩하다. 그러나 하버드 도서관이나 〈포춘〉지를 아무리 뒤져보아도 이런 현상을 설명하는 이론은 없었다.

한편 경영책임을 남에게 맡기고 세상을 구하겠다며 밖으로 뛰쳐나간 대부분의 CEO들은 뒷사람들에게 '이럴 때는 이렇게 하라.'고 단단히 주의를 준다. 그러나 이런 가르침과 경영 이론은 CEO들이 밖으로 뛰쳐나가자마자 무용지물이 된다. CEO 자신에게는 생생한 비즈니스 체험의 결과이지만 뒷사람에게는 언제 어떻게 써먹어야 할지 모르는 쓸모없는 돌멩이와 같기 때문이다.

:: 한때를 풍미했던 이론들은 지금 어디로 사라졌는가? ::

비즈니스 이론들은 유행가처럼 한때를 풍미했다가 사라지는 경향이
있다. 작년 세간의 이목을 끌었던 이론이 올해 흔적도 없이 잊힌다.

몇 년 전, 나는 하버드대 경영대학원에서 발표한 최신 경영 이론 하
나를 소개받았다. ITT처럼 복수사업부를 거느린 기업의 현금 흐름을
조직화하는 방법에 관한 내용이었다. 소위 "캐시카우(cash cows)"와
"스타(stars)"에 관한 이론이었는데, 이를 통해 각각의 이익중심점을
꼼꼼하게 분석하고 다음의 공식에 따라 그들을 분류할 수 있다.

"스타"는 수익률과 성장 잠재력이 모두 높은 사업부를, "캐시카우"
는 수익은 높지만 성장 잠재력이 낮은 사업부를 지칭한다. 또 "퀘스
천 마크(question mark)"는 성장 잠재력은 높지만 수익률은 낮은 사업
부를, "도그(dog)"는 성장 잠재력과 수익률이 모두 낮은 사업부를 뜻
하는 명칭이다. 이런 구조를 토대로 "캐시카우"에서 짠 젖(수익)을 "스
타"에게 먹임으로써 "스타"의 성장 잠재력과 수익성을 높이는 식으
로 기업을 경영해야 한다는 주장을 편다. 심지어 성장 잠재력은 높지
만 수익성은 낮은 "퀘스천 마크"에도 젖을 먹여 기사회생을 기대할
수 있다. "도그"는 빨리 정리하는 게 상책이다.

일견 그럴듯하다. 하지만 나는 수용할 수 없었다. 이런 공식은 현실
에서는 통하지 않을뿐더러, 그대로 따라 했다가는 우리가 ITT에서 20
년간 쌓아온 공든 탑이 일시에 허물어질 가능성이 컸다. 우리가 ITT
에서 키워온 것은 합의된 하나의 목표를 향해 구성원 모두가 최대한

신속하고 일사불란하게 움직이는 단일팀 경영에 대한 믿음이었다.

만약 "캐시카우" 이론이 매력적으로 보인다면 스스로에게 물어보자. 당신이라면 "캐시카우"에서 일하고 싶은가. "캐시카우"라는 딱지가 붙여진 채 앞으로 성장 가능성도 없으면서 기껏 벌어놓은 돈으로 남 좋은 일만 시키는 회사나 부서를 위해 일하겠다고 나서겠는가? 캐시카우란 달리 보면 우수한 경영진이 꾸리고 있으며, 꾸준히 수익을 올리는 건실한 사업부이다. 그렇다면 더더욱 힘을 실어주고 확장시켜야 하지 반드시 하늘로 오르리라는 보장도 없는 소위 "스타"를 위한 제물이 되어서는 곤란하다. "도그"도 그렇다. 최소한 그들이 어떻게 해서 도그가 되었는지, 그렇다면 명견으로 바꿀 수 있는 방법은 없는지 해결책을 찾는 일이 경영진의 임무이다. 잡견 상태로 시장에 내놓으면 누가 돈 주고 사려고 하겠는가. 불가피하게 팔아야 할 때도 우선 개를 훈련시켜 똥개가 아닌 그레이하운드로 시장에 내놓아야 한다.

인재를 그들의 성격에 맞춰 적재적소에 배치할 수 있도록 인력을 분류하는 공식도 있다. 이 공식에 따르면 인재는 두 가지 유형으로 나뉘는데, 하나는 "두뇌형(brains)"으로 합리적인 의사결정 능력이 있고 뭘 해야 할지를 아는 유형이며, 다른 하나는 "용기형(courage)"으로 의사결정에 따라 행동할 수 있는 인재를 지칭한다. 이 기준에 따라 사람을 4가지 유형으로 나눈다. 즉 "두뇌와 용기를 두루 갖춘 유형", "두뇌는 있지만 용기는 없는 유형", "용기는 있지만 두뇌는 없는 유형", 그리고 마지막으로 "두뇌도 용기도 없는 유형"이다.

이렇게 분류 기준을 설정해놓으면 나머지 일은 참 쉬워 보인다. 머리도 나쁘고 겁도 많은 사원은 내쫓으면 그만이다. 머리는 좋으나 용기가 없는 직원은 참모직에 앉히고, 반대로 머리는 나쁘지만 추진력이 있는 직원에게는 평범한 일거리를 맡기면 된다. 가장 힘들고 중요한 임무는 당연히 머리와 용기를 두루 갖춘 인재의 몫이다.

이 역시 근사하게 들리지만 실제 비즈니스 세계에서는 무용지물이다. 지금껏 함께 일한 사람들은 다양한 장점과 단점이 버무려진 완전하고 세련되고 복잡한 개인들이었다. 나는 결코 그들을 어떤 편리한 이론적 틀에 억지로 구겨 넣을 수 없었다. 내가 ITT에서 사람을 평가하기 위해 사용한 방법은 업무 수행 능력을 테스트한 것이 전부였다. 즉 어떤 직원에게 일을 맡긴 후 그가 어떻게 하는지 지켜본다. 두뇌와 용기는 관찰 기준의 일부이다. 이에 못지않게 중요한 덕목이 많다. 판단력, 행동, 태도, 노력, 객관성, 그리고 일일이 나열하기 힘들 만큼의 많은 자질들이다. 설령 우리가 아는 모든 기준을 꼼꼼히 점검하더라도 인물 평가에 관해서 완전한 확신에 이를 수 없다. 나는 사람을 판단할 때 미리 정해진 공식을 참조한 적이 없다.

:: 이론이 아니라 사실에 근거하여 행동하라 ::

이 모든 이론과 공식들은 흔히 현대식 과학경영이라 불리는 풍조의 부산물이다. 매년 수만 명의 젊고 의욕에 불타는 학생들이 "MBA" 타

이틀을 달고 경영대학원을 졸업한다. 과학경영의 유행병에 뼛속까지 감염된 이들은 각종 이론과 공식과 점검표로 무장한 채 세상에 출사표를 던진다. 더구나 그들은 이런 공식들로 잘 설명되는 비즈니스 성공 사례들을 줄줄이 꿰고 있다. 그러나 MBA 학위 취득자들이 사리를 분별할 줄 안다면 머지않아 비즈니스 세계에서는 이런 공식들이 화학자나 물리학자들이 실험실에서 활용하는 불변의 공식들만큼 착착 들어맞지 않는다는 사실을 발견할 것이다. 비즈니스는 과학이 아니라는 진리에 눈뜨는 것이다.

비즈니스는 불변의 법칙을 따르지도 않거니와 기계처럼 예측가능하지도 않다. 기계는 놀라운 정밀성으로 강철조각을 1인치의 1/10,000 단위의 크기로 절단한다. 백이면 백, 원하는 결과물을 얻을 수 있다. 자동화된 조립라인에 원료를 넣으면 오차 범위 안에서 완제품이 나온다. 그러나 조립라인에서 일하는 근로자는 로봇이 아니다. 제아무리 자동화 설비로 벽돌을 찍어내더라도 비즈니스라는 건축물을 쌓아올리는 손길은 온갖 결함과 약점을 지닌 사람이다.

물론 논리와 이성과 기법과 습득된 기술이 100% 무용지물이라는 말은 아니다. 마케팅이든 매출, 회계, 재무관리, 또는 그 밖의 어떤 분야든 우리가 업무를 처리하는 데 나름의 도움이 된다. 실제로 응용해 본 결과 효과가 입증되었다면 얼마든지 활용할 가치가 있는 경영상의 도구는 있다. 하지만 대다수 사람들이 이론이나 공식을 검증 없이 신봉한다. 손쉬운 비법을 찾기 때문이다.

이론은 사실을 수집하는 수단으로서 유용할지 모른다. 그러나 사실을 모은 후에는 이론을 집어던지고 사실에 근거하여 행동 계획을 수립해야 한다. 당신이 인생에서 배우고 겪은 모든 것에 토대를 두고 눈앞에 닥친 상황이나 문제와 관련된 사실을 풀어가듯이 비즈니스 결정 역시 특정 이론이 아니라 당신 자신으로부터 이끌어내야 한다. 간단히 말해, 해야 할 일의 목록을 확인하거나 경영대학의 어떤 유명 교수가 고안한 특정 이론을 노예처럼 신봉해서는 기업이나 부서를 이끌 수 없다. 모든 진화하는 생명체가 그렇듯이 비즈니스 역시 어떤 점검표나 공식, 또는 이론의 틀 속에 맞추기에는 매우 유동적이고 변화무쌍하다.

물론 ITT 역시 과학경영의 도구들을 광범위하게 이용한다. 우리는 거대한 컴퓨터를 24시간 가동하고 텔렉스(제2차 세계대전 후 발달한 통신방법으로, 타자기처럼 건반을 써서 원하는 가입자와 문자를 주고받을 수 있다. – 옮긴이)를 통해 세계 구석구석의 자회사들로부터 시시각각 보고를 받는다. 책장 선반은 주간보고, 월례보고, 그리고 연례보고서로 가득하다. 또 수많은 전문가를 동원하여 본부로 쏟아져 들어오는 수치들을 분석한다.

그러나 우리는 절대 속지 않았다. 우리는 어떤 과학 도구도 ITT의 경영을 과학적으로 만들어준다고 믿지 않았다. 그 모든 컴퓨터, 보고서, 조사 결과, 그리고 직원들의 분석이 우리에게 제공해준 것은 딱 한 가지, 바로 정보밖에 없다. 개중에 잘못된 정보도 섞여 있지만 대체로 사실에 기반을 둔 정보이다. 의사결정을 내릴 시기가 임박하면 나는 한두 사람, 또는 몇 사람에게 물었다.

"여러분 생각은 어때요?"

우리는 손에 쥔 사실에 근거하여 아이디어를 주고받으며 성공이냐 실패냐를 놓고 하나의 길을 택했다. 우리는 시행착오를 통해 배웠고, 경험은 차곡차곡 쌓여갔다. 우리는 보다 복잡한 문제도 신속하고 노련하게 처리해갔으며 점차 자신감을 갖게 되었다. 그러나 결코 경영의 과정을 하나의 공식으로 고정시키지 않았다. 우리는 결코 우리가 내린 어떤 결정이 궁극적으로 옳았다고 확신하지 않는다. 결과가 좋더라도 나쁜 결정은 있기 마련이다.

:: 장작을 때는 스토브로 요리하듯 경영하라 ::

내가 사업상의 결정을 내리기 시작한 이래 반세기가 넘는 시간이 흘렀다. 그간의 경험을 통해 배운 것을 굳이 한마디로 요약한다면 이렇다.

"끝내 성공하리라는 희망을 잃지 않고 사업을 이끄는 가장 좋은 방법은, 장작을 때는 스토브로 요리하듯이 경영하는 것이다."

장작을 때는 구닥다리 스토브에서 요리할 때를 생각해 보자. 이때는 불, 나무, 기류 등 요리에 영향을 끼치는 모든 환경을 일일이 통제할 수 없으므로 요리사로서는 신경을 곤두세우기 마련이다. 큰 틀에서는 정해진 조리법에 따르지만, 요령을 발휘하기도 한다. 모든 양념과 조미료를 일일이 계량컵으로 재지 않는다. 눈대중으로 양념을 섞고 한 움큼 소금을 뿌린다. 그리고 요리가 진행되는 과정을 지켜본다. 결코 냄비에서 한눈을 팔지 않는다. 계속 지켜보며 때에 맞게 뚜껑을 열고 살핀다. 재료의 색깔이 어떻게 변하는지 관찰하고, 냄새를 맡고 간도 본다. 입맛에 따라 재료를 추가하기도 한다. 그리고 잠시 더 끓인 뒤 다시 맛을 본다. 이 과정을 반복한다. 싱거우면 소금을, 짜면 설탕이나 물을 넣는다. 무엇보다 가장 중요한 것은 냄비에서 시선을 떼지 않는 것이다. 다른 일에 정신이 팔리면 요리를 망친다. 요리를 완성하면 식탁으로 옮긴다. 드디어 근사한 쇠고기 찜 혹은 갈비탕이 완성된다. 맛도 훌륭하다. 당신은 자신의 요리 실력에 어깨를 으쓱한다. 전자레인지에 넣고 버튼 하나로 조리하는 그 어떤 인스턴트식품보다 입에 잘 맞는다. 전자레인지도, 인스턴트식품도 없다면 여러분은 분명 장작으로 불을 지피고 냄비에 물을 끓이고 재료를 꼼꼼히 손질하여 요리할 것이다. 이 과정이 경영을 성공으로 이끄는 데 필요한 사고방식이다.

　이야기로 이 책의 서두를 대신한다. 2장에서부터는 실제 비즈니스를 통해 배운 것 가운데 유용하다고 판단한 내용을 토대로 설명할 것이다. 이 도구들은 실용적이지만, 불변의 원칙으로 삼을 만큼 가치가 큰지 잘 모르겠다. 단지 지적해 둘 것은 이 설명들이 사업의 성공을 위한 공식이나 지침으로 잘못 받아들여져서는 안 된다는 사실이다. 내 설명은 공식이라기보다는 여러분의 할머니께서 들려주시는 요리법과 흡사하다. 거기에는 정해진 공식은 없고, 그때그때 기분이나 손님에 따라 조금씩 변하는 생생한 삶의 이야기가 있다.

남녀노소를 가릴 것 없이 많은 이들이 내게 성공 비결을 물어왔다. 지금까지 나는 어떤 답변도 사양했지만 이제는 그 비밀을 공개할 수 있다. 즉 비즈니스나 인생에서 성공하는 비결은 '비결이 없음을 아는 것'이다. 어떤 비 결이나 공식, 이론도 우리를 성공에 이르게 하지는 못한다.

이런 전제 아래 이제부터 이론이 아닌 실전 경영학을 강의하려고 한다. 나는 경영을 단 세 문장으로 요약할 수 있다. 구미가 당긴다면 다음 페이지를 보기 바란다.

Chapter 2

어떻게
경영할 것인가?

세 문장 경영 강좌
책은 첫 페이지부터 읽어나간다.
그러나 사업 운영은 반대로 한다.
즉 끝에서부터 시작한 다음 최종 목적지에 이르기 위해
필요한 일을 하나도 남김없이 처리한다.

말재간도 필요 없다. 명성과 인맥도 소용없다. 기업, 최고경영자, 그리고 전체 경영진을 평가하는 기준은 단 한 가지, 바로 성과다. 연설, 오찬회, 만찬회, 모임과 회의, 공적인 명분, 정·재계 주요 인사와의 각종 회합 등은 '성과'라는 이름 앞에서 의미가 무색해진다. 사람들은 회사의 기록과 실적에만 관심을 기울인다.

이 회사와 경영진은 다른 기업과 비교해 무엇을 얼마나 성취했는가?

경기 부침에 휘둘리지 않고 꾸준히 성과를 냈는가?

3개월이나 1년간의 손익계산서만으로 성과를 논할 수 없다. 성과란 장기간에 걸쳐 기업에 축적되는 어떤 것으로, 이 기업이 작년에 거두었던 실적을 올해도 똑같이 올릴 수 있을 뿐 아니라 매년 꾸준히 성장할 것임을 보증하는 증표 같은 것이다. 미래를 예측하기 어려운 비즈니스 세계에서 변함없이 실적을 올리고 성장을 이룩하는 것이 내가 생각하는 성과의 실체이며, 성공적인 사업 운영이다.

1959년 ITT에 왔을 당시 나는 이런 성과를 염두에 두고 있었다. 아마 이런 사고방식이 회사 운영 방식의 근간을 형성한 것으로 보인다. ITT 같은 복합기업을 어떻게 일으켜 세워야 하는가?' 하는 따위의 구상은 없었다. ITT 이사들로 구성된 심사위원회도 나에게 별다른 주문을 하지 않았다. 단지 "만족스런 결과"를 내놓으라는 조건으로 회사를 맡겼다. 그것이 내가 그들에게 약속한 전부였다.

만족스런 결과란 모든 비즈니스 활동의 기본 목표다. ITT에서 이끌어낼 "만족할 만한 결과"가 무엇이 될지는 오롯이 내가 판단할 일이었다. 물론 그런 뒤에는 이사회가 나를 판단하는 것이 당연한 수순이었다. 어떤 결과가 만족스런 결과가 될지는 참 애매한 문제였다.

:: 레이시언 부사장에서 ITT 사장 겸 CEO로 ::

내가 ITT의 사장이자 CEO로 영입된 이유는 레이시언(Raytheon)의 부사장 당시 내가 거둔 실적 때문이었다. 레이시언은 주로 전자제품과 군수계약 관련 업무를 하는 엔지니어들의 회사였다. 나는 재정을 관리하고 현대식 경영체제를 확립하라는 임무를 띠고 레이시언에 고용되었다. 쉽게 말해 벌이가 시원찮은 회사에 돈을 벌어달라는 것이었다. 레이시언에서 일한 4년 동안 수입은 3배 불었고 주가는 주당 14달러에서 65달러로 뛰었으며, 가장 중요한 주당 이익은 약 50센트에서 2달러로 4배 상승했다.

나는 장기간의 고용 계약은 물론 사실상 어떤 종류의 계약도 맺지 않은 채, 그러니까 아무런 임기 보장 없이 지금껏 겪지 못했던 새 역할을 맡았다. ITT호의 선장이 되는 일은 다른 사람을 위해 일해 온 내 33년의 경력에 정점을 찍는 사건이었다. 기업을 운영하는 첫 번째 기회였다. 비록 나는 보스턴의 명문가 출신이자 레이시언의 총수였던 찰스 애덤스(Charles Francis Adams)와 개인적으로 불편했던 적도 있었지만, 처음으로 내게 자문 역할을 넘어 현장에서 뛸 수 있는 기회를 준 그에게 늘 고마움을 느꼈다. 레이시언의 서열 2위인 부사장으로서 나는 회사 경영 전반에 대한 책임을 지고 있었다. 다른 회사에 다닐 때는 재무 관련 업무를 담당하는 감사관으로 근무했는데 그 활동 폭이 한정되어 있었다.

회장 취임 직후, 나는 ITT에 대해 읽거나 들은 정보가 엉터리였음을 알게 되었다. 물론 나는 허투루 준비하지 않았다.

수년 전, 나는 시카고에 있는 벨앤드하우얼(Bell & Howell)의 감사관으로 채용되어 다음 주 월요일부터 출근하기로 했다. 사무실 열쇠를 건네받으면서 주말 동안 사무실을 둘러보고 싶다고 허락을 구했다. 토요일과 일요일 양일간 우유 한 병과 샌드위치를 들고 오전 8시에 사무실을 찾아가서 자정이 될 때까지 두툼한 서류철의 문서를 하나도 빠짐없이 읽었다. 월요일 아침 나는 완전무장 상태로, 일말의 망설임도 없이 전임 감사관을 해고했던 벨앤드하우얼의 다혈질 사장과 대면했다. 나는 이 회사가 직면한 숱한 문제를 전임 감사관보다 더 많이 알고 있었다. 그러나 ITT에서는 사정이 달랐다.

나는 그해 4월 ITT에 고용되었지만 6월 19일 아침까지는 출근하지 말라는 통보를 받았다. 그날은 내 전임자의 65회 생일이자 그가 은퇴하는 날이었다. 그는 그날 전까지는 나를 보지 않으려 했다. 전임자 에드먼드 리비(Edmund Leavey) 장군은 웨스트포인트 출신으로 군대

의전을 확고히 신봉하는 사람이었다. 회사 설립자 소스테네스 벤이 사망하자 리비 장군이 ITT의 사장직을 물려받았다. 당시 리비 장군은 은퇴를 2년 앞두고 있었다. 이 2년 사이에 사장 적임자를 찾아 경영 교육을 시키는 것이 그에게 맡겨진 일이었다. 2년 뒤 리비 장군은 회사의 사령탑으로 자기 자신을 추천했다. 그러나 이사회는 거부권을 발동했다. 그들은 신임 사장을 영입하기 위해 5인의 이사회를 구성했고 곧 내게 연락하여 레이시언보다 규모가 두 배 이상 큰 ITT의 사장 자리를 제안했다.

신임 사장의 임명 결과는 곧 공개되었고 나는 그해 5월에 열리는 연례 주주총회에 초대받았다. 그러나 정식 취임일은 6월 19일이었기 때문에 주주들의 어떤 질문에도 답변하지 말라는 함구령을 받았다. 심지어 내게 직접 질문한 사람에게도 답을 해서는 안 되었다.

드디어 1959년 6월 19일 아침, 나는 뉴욕의 금융가 브로드 스트리트(Broad Street) 67번지의 오래된 건물인 인터내셔널텔레그래프빌딩(International Telegraph Building)에 발을 들여 놓았다. 그리고 건물 꼭대기에 위치한 집무실로 올라가 리비 장군 앞에 섰다. 그 건물에 들어간 것은 그때가 처음이었다.

리비 장군은 전설적인 소스테네스 벤의 크고 화려하게 장식된 책상에 허리를 곧게 세운 채 앉아 있었다. 유럽풍 인테리어가 인상 깊은 사무실이었다. 바닥에는 널찍한 이국풍의 양탄자가 깔려 있었고, 한쪽 벽에는 석재 벽난로가 설치되어 있었다. 가구 배치도 정교했다. 건물 꼭대기로 바람이 드나들 때마다 천장 높이 걸린 거대한 크리스

털 샹들리에가 흔들렸다. 인수인계 과정은 마치 위병 교대식처럼 절도 있고 정확했다. 리비 장군은 나에게 악수를 청한 뒤 8~9명에 이르는 직속 참모에게 나를 소개했다. 나는 그들과 일일이 악수했다. 그들이 나간 후 장군과 나는 잠시 우스갯소리를 주고받았다. 그는 내게 책상과 집무실 열쇠를 건네주었다. 또 집 전화번호를 알려주며 도움이 필요하면 언제든 연락하라는 말을 남기고 사무실을 떠났다. 그 뒤로 우리는 2년간 못 보았는데 어느 사교 행사에서 우연히 마주쳤을 뿐이다.

나는 의자에 앉아 이 회사의 건립자이자 이 의자에 처음 앉았던 소스테네스 벤을 떠올렸다. 1920년 그가 쿠바에 있는 어느 보잘것없는 전화회사를 매입한 것이 이 회사의 시작이었다. 그 후 ITT는 호주와 일본, 남아프리카를 거쳐 유럽까지 뻗어나간 뒤 다시 남아메리카와 미국을 아우르는 세계적인 전화 운영 및 제조회사로 성장했다. 매우 개성적이고 강직한 인물이었던 벤은 37년 동안 ITT에 몸 바쳐 일했다. 세상을 떠난 지 2년이 흘렀지만, 그의 성격은 이 집무실과 전 세계로 가지를 뻗어간 이 기업에 뚜렷한 흔적을 남겼다.

그의 자리에 앉아 있자니 두려움과 전율이 밀려왔다. 새로운 일을 맡을 때마다 늘 맛보았던 기분이었다. 나는 그 느낌을 있는 그대로 받아들였다. 새로운 도전을 거부할 마음도 없었고, 만일 거부하면 반드시 후회하리라는 것을 알고 있었다. 두려움이 내 마음 한 구석에 똬리를 틀었다. 불확실한 미래를 마주한 사람이라면 누구나 느끼는 정상적인 감정이었다.

그러나 정신적으로 지적으로 나는 새 출발을 갈망했다. CEO로 일하는 것은 처음이었다. 그러면서도 이 낯선 자리에서 정확히 무엇을 해야 하는지, 어떤 일을 할 수 있는지 감을 잡지 못했다. 이 조직에 대해 아는 게 별로 없었기 때문이다. 그러나 한편 내가 지금껏 나름의 경험을 축적했으며, 스스로 분발하여 경공업과 중공업 분야의 다양한 기업을 경영하는 위치에까지 도달했다는 사실을 알고 있었다. 그리고 나는 누구 못지않게 ITT에 필요한 일을 할 준비가 되어 있다고 느꼈다. 비유컨대 나는 흥분된 마음으로 출발 신호를 기다리는 육상 선수와 같았다.

:: ITT에 산적한 문제 ::

첫 일주일간은 사업부별, 부서별 재무제표와 각종 보고서를 검토하는 데 대부분의 시간을 할애했다. 직업 회계사이자 부기 업무의 천성을 지닌 나는 항상 숫자가 기업의 근간이라고 믿었다. 전 세계에 산재한 회사에서 보고되는 숫자들은 ITT의 자산과 소득의 원천, 현금 흐름 상태를 알려주는 지표였다. 나는 문장 행간에 숨은 의미를 파악하듯 각 수치들 사이의 연관관계에 주목했다. 이 과정을 통해 각 사업부의 운영 실태를 눈앞에 떠올릴 수 있었고, 이 보고서를 작성한 사람들의 심리 상태까지 엿보았다. 또 회사의 전반적인 건강상태, 능력자와 무능력자, 그리고 시한폭탄을 안고 있는 분야에 대한 감을 잡아갔다. 그 다음에는 질문을 던졌다. 간부들을 줄줄이 본사로 호출해 그들과 함께 재무제표를 점검했다. 그리고 소스테네스 벤이 장기간 개성적으로 일구어놓은 이 기업과 관계된 사람들을 하나 둘씩 파악해갔다.

그 첫 해, ITT 승무원들은 신임 선장으로 영입된 외부 인사의 스타일에 쉽사리 적응하지 못했다. 예상한 일이었다. 새 보스와의 관계를 어떻게 설정할 것인가를 놓고 정치놀음을 펼치는 자도 있었다. 두세 명의 최고 간부들은 자신들을 제쳐두고 외부 인사를 신임 사장으로 기용한 일이 두고두고 불쾌한 모양이었다. 촉각을 다투는 사안들이 산적해 있었다. 그러나 무엇보다 내부 재무보고가 중요했는데 그 실상을 확인하는 과정에서 나는 다소 충격을 받았다.

월스트리트 증권분석가의 보고서와 실제 ITT의 모습은 달랐다. 보통 사람들처럼 나 역시 ITT가 국내적으로, 특히 군수용 전자제품 부문에서 튼실한 기업이라고 믿고 있었다. 마침 사장으로 취임하기 직전 ITT가 전 세계의 모든 미군 기지를 연결하는 통신 시스템 사업을 수주했다는 발표가 있었다. 수백만 달러가 걸린 일이었다. 그 전에도 ITT는 이미 공군과 전략공군사령부를 위해, 그리고 다른 군사적인 용도로 세계적인 통신시스템을 구축하는 사업을 진행한 적이 있었다. 그러나 ITT의 전체 매출 및 자산 수익률은 매우 낮았다. 증권분석가들은, 국내 사업이 이렇게 활발한 데 비해 수익이 낮다면 아마도 ITT의 해외 회사에서 적자를 내고 있는 게 틀림없다고 믿었다.

실상은 정반대였다. ITT의 전체 국내 매출 가운데 군수 계약이

75%를 차지했음에도 불구하고 국내 사업이 회사 이익에 기여하는 비율은 약 15%에 불과했다. 깜짝 놀랄 일이었다. 소득의 85%는 해외 24개국(대부분은 서유럽 지역)의 전화 · 전신 사업에서 거두고 있었다. 게다가 소득도 보잘것없어서 순이익은 3% 언저리를 맴돌았다.

회사는 한쪽으로 몹시 기울어진 상태였다. ITT는 분명 미국 기업이었는데 미국 직원은 2만 3천 명이었고, 해외 직원은 11만 3천 명이었다. 더욱 큰 문제는 경영진 대부분이 사업 현장이 아닌 미국에서 업무를 처리한다는 점이었다. 부사장 15명의 사무실은 모두 브로드 스트리트 67번지에 집결해 있었고, 단 한 사람만이 해외에서 업무 전반을 조정했다.

그 한 사람이 헨리 스커더(Henry Scudder)였다. 키가 큰 스커더는 외교관처럼 차려 입고 기품 있게 행동했으며 영국식 억양이 섞인 부드러운 말투로 대화했다. 그는 지칠 줄 모르는 일꾼이었다. 그 다음 6개월에 걸쳐 그는 내 길잡이가 되어 서유럽, 남아메리카, 호주, 그리고 극동 지역에 있는 ITT 시설을 함께 둘러보았다.

그 6개월간 나는 매월 이사회 참석을 위해 미국으로 돌아올 때를 제외하고는 각지의 공장을 방문하여 책임자와 그들의 참모들을 만나고 공장을 둘러보며 우리가 생산한 제품들을 눈으로 보고 손으로 만져보았다. 또한 틈틈이 은행가, 고객, 그리고 정부 관리들과 식사를 하는 등 한시도 허비하지 않았다. 내가 회사를 운영하는 사람들에 대한 인상과 그들이 본부에 제출하는 보고서를 비교하고 조화시키기를 원했던 것만큼이나 그들도 ITT의 새 보스를 보고 싶어 했다. 그런 이유로 잠시도 쉴 틈 없이 ITT의 자회사를 찾아다녔는데 그때마다 번번이 소스테네스 벤에게 존경심을 품지 않을 수 없었다. 그가 활동하던 시기는 제트기가 상용화되기 전이었다. 전 세계에 산재한 ITT 제국의 전초기지들이 과연 배에서 기차로 갈아타며 세울 수 있는 것인지 경이로울 수밖에 없었다. 또 영국, 독일, 프랑스를 비롯한 세계 각지의 책임자들이 벤 대령과 ITT에 얼마나 충성스러운지도 느낄 수 있었다. 어쨌든 회사가 설립된 나라에서 사람을 뽑아 회사 운영을 맡겼는데 모두가 미국의 주주들을 위해 일하고 있었다.

유럽 공장들을 함께 둘러보면서 많은 시간을 함께했지만 헨리 스커더가 속마음을 열기까지는 시일이 필요했다. 그는 특유의 외교적인 수사로, 그러나 솔직담백하게 '지난 수년간 제가 회사를 위해 가장 힘쓴 일은, 뉴욕의 본사에 웅크리고 있는 명패뿐인 부사장 집단이 유럽의 회사들을 좌지우지하지 못하도록 막은 것'이라고 말했다. 그는 오직 그 일을 위해 뉴욕에 약 20명의 직원을 상주시켰다. 말하자면 뉴욕의 일부 이사들이 의례적이거나 사교적인 방문 이외의 목적으로 대서양을 건너올 필요가 없도록 만들기 위해 취한 조치였다. 유럽에 있는 어느 회사에서도 뉴욕의 간부에게는 사무실 하나, 심지어는 책상 하나도 배정하지 않았다. 스커더는 세계 곳곳의 ITT 회사를 방문할 때면 호텔 방을 사무실 삼아 사장들을 만났다. 스커더만이 해외 기업의 문제를 검토하고 그들의 예산, 계획, 자본지출 등의 사항을 승인하거나 불허했다. 외국의 사장들은 이런 방식을 좋아했다. 그들은 사실상 자기 뜻대로 사업을 운영했으며, 헨리 스커더를 통해 일을 처리한 뒤 미국으로 수입과 보고서를 보냈다.

물론 누구나 간섭받지 않고 일을 처리하고 싶어 한다. 그러나 이처럼 각자에게 회사 운영을 맡겨서는 안 되었다. 가장 큰 문제는 본사와 분리된 이런 독립적인 행보 때문에 유럽의 회사들이 경쟁기업보다 자기들끼리 격렬하게 경쟁하게 되었다는 사실이다. 유럽 각국의 책임자들과 대화하는 동안 깨달은 것인데, 그들은 제2차 세계대전에서 비롯된 개인적, 감정적 적대감을 종전 후에도 여전히 버리지 못하고 있었다.

유럽 회사들은 아무것도 공유하지 않았다. 회사마다 우수한 연구개발 시설을 갖추었는데 내 눈에는 서로 별 차이 없는 연구에 골몰했다. 시간 낭비, 인력 낭비였다. 이뿐이 아니었다. 그들이 설계한 전화교환 장치나 여타 장비는 제각각의 표준을 따른 탓에 호환이 불가능했다. 게다가 그들이 출시하는 상품은 종류도 비슷하고 시장도 겹치는 바람에 형제끼리 경쟁하는 형국을 빚었다. 길바닥에 돈을 뿌려도 이보다 아깝지는 않았을 것이다.

여러 달이 지나면서 나는 유럽과 미국의 경영 사이에 정리해야 할 일이 산적해 있음을 발견했다. 유럽과 미국의 ITT는 제품도 달랐고 시장의 성격도 달랐으며 경쟁에 대한 태도도 판이했다. 나는 유럽의 우리 기업들이 현재보다 가격을 인상하고 이윤도 높일 여지가 다분하다고 느꼈다. 그래서 그들에게 재고품과 수취채권(receivables)의 회전률을 높이고 그들의 가용자산을 잘 활용할 필요가 있다고 설득했다. 그러나 전통과 관습은 전문 경영의 영역에서조차 바꾸기가 쉽지 않다.

최소한 그들 중 일부는 요지부동이었다. 파리의 혼잡한 호텔 회의실에서 열린 최초의 유럽 총책임자회의에서 나는 왜 미국의 현대식 경영기법을 유럽 기업에 도입해야 하는지 자세히 설명했다. 발표를 끝낸 후 궁금한 점을 물어보라고 요청했다. 그러나 손을 드는 사람이 하나도 없었다. 점심시간에 왜 아무도 질문하지 않느냐고 물었다. 그러자 2년 전에 벤 대령이 주관한 회의에서 한 사람이 대령에게 질문했다가 목이 잘렸으며 그날 이후로 사람들은 입을 다물게 되었다는 답변이 돌아왔다.

또 어떤 이사는 나의 호칭 방법에 문제가 있다고 지적했다. 내가 사람들을 그들의 이름(first name)으로 부르는 것이 귀에 거슬렸던 모양이었다. 그는 내가 유럽 문화에 익숙하지 않기 때문이라고 알려주면서 유럽에서는 서로 친해지기 전까지는 이름을 부르지 않는다고 덧붙였다. 점심식사가 끝난 후 사람들 앞에서 단호하게 말했다.

"이 회사는 미국 기업이며 우리는 모두 한 가족입니다. 우리 모두는 서로의 이름을 부르는 미국의 관습을 따라야 하며 더 나아가 한 가족으로서 서로에게 마음을 열고 솔직해야 합니다."

질문은 언제나 환영받았고 대답은 늘 솔직하고 거짓이 없어야 했다.

변화는 즉각적이지 못했지만, 결국은 실현되었다. 이후 2년 사이에 그들은 서로를 이름으로 부르는 일에 익숙해졌는데 이를 계기로 이 다양하고 독립적인 사람들은 한 기업에 몸담고 있다는 소속감을 갖게 되었다. 영어가 ITT의 공식 언어가 되었고 영어에 서툴던 사람들은 차츰 배워갔다. 초창기 회의 때 유럽의 경영자들은 대개 일대일로 면담을 신청하여 '우리는 유럽에서 벌어들이는 소득으로 회사 전체가 지탱하고 있다는 사실을 잘 알고 있으며, 미국 방면 기업들이 수익을 끌어올리기 전까지는 미국인이 우리에게 설교할 권리가 없다.'고 항변했다. 그들은 솔직하게 유럽식으로 일하는 편이 더 좋다고 털어놓았다. 최소한 미국인들이 더 좋은 방법을 알고 있다는 사실을 입증하기 전까지는 간섭받지 않겠다는 태도였다.

일리 있는 생각이었다. 나는 초기의 내 시간과 노력을 유럽의 사업에 집중했다. 유럽이 사실상 ITT 소득과 수익의 주요 원천이었기 때문이다. 비틀거리는 미국의 회사를 지원하기 전에 무엇보다 유럽의 우승마에 투자해야 했다.

:: 매년 10~15% 수익 증가를 최종 목표로 설정하다 ::

유럽과 미국을 오가며 출퇴근하던 그 첫 6개월 동안 나는 ITT가 추구해야 할 최종 목표를 구상하고 있었다. 최종 목표가 무엇보다 중요했다. 그것은 ITT에서의 내 모든 노력이 지향하고 내가 무조건적으로 헌신해야 할 "목표"였으며, ITT에서의 내 성과와 실적이 평가될 잣대였다. 나는 오래도록 최고경영자의 주된 역할은 야전사령관이라고 믿어왔다. 공격 일선에 배치된 경영진의 뒤에 서서 부대 전체에게 목표점을 알려주고, 어떻게 해야 성공적으로 목표지점을 점령할 수 있는지 그 방법을 제시하는, 야전에서 부대를 이끄는 역할이라고 여겼다.

대부분의 성과는 수치로 측정되기 때문에 나는 ITT에서의 내 목표를 연 10%의 주당 수익 증가로 잡았다. 이것이 나의 최종 목표였다.

나는 어떻게 임의로 이런 결정에 도달한 것일까? 먼저 당시의 경기 상황에서 유사기업들은 어떻게 하고 있는지 살폈다. 당시 물가상승률은 2%였다. (나중에 그렇게 되었지만, 만약 물가상승률이 10%였다면 성장률은 18% 정도로 잡았을 것이다.) RCA와 웨스팅하우스(Westinghouse) 같은 다른 기업들은 운 좋게도 1959년에 주당 5%의 성장률을 보였다. 대부분은 약 3% 수준이었다.

나에게 있어 연(매년) 10%의 성장은 "도전적 목표(stretch target)"였다. ITT 규모의 기업에서 매년 수익을 10% 이상 끌어올리려면 전 직원이 혼신의 힘을 다해야 한다. 물론 ITT 같은 복수사업부 기업에서는 10% 이상의 목표를 달성하는 사업부도 있을 것이고 그에 못 미치는 곳도 있을 것이다. 실제로 가능할 경우 수익을 15% 증가시키는 문제를 논의하기는 했지만, 각 사업부의 실적을 합산한 전체 기업의 목표는 10%가 되어야 했다. 결국 우리는 15%를 달성 가능한 최고의 목표로, 10%를 수용 가능한 최소의 목표로 정했다. 그것이 최종 목표였다.

처음에는 상당수의 월스트리트 분석가와 금융 담당 기자들이 우리의 목표를 오해했다. 그들은 "1년에"라는 말에 집착한 나머지 내가

ITT 내에서 강조했던 "소득의 질"을 간과했다. 내가 염두에 두었던 성과는 연 10%의 성장을 "매년" 달성하는 것이었다. 누구든지 어느 한 해 반짝 성장을 거둘 수 있다. 소득을 집중시키고 비용과 경비를 다른 해에 전가하여 재무보고서를 교묘하게 작성하는 방법도 얼마든지 가능하다. 그러나 ITT의 모든 경영자들은 앞으로 매년 같은 수준으로, 아니면 그보다 더 높은 수준의 성장이 지속될 수 있는 방식으로 매년 10% 성장해야 한다는 사실을 이해했다. 즉 다음 해에도 성장을 이어갈 수 있도록 금년에 연구개발비를 책정하고 신제품을 개발하며 신규 시장을 개척해야 한다는 의미였다. 이것이 우리 계획의 참모습이었다.

나는 언론에 누차 이 점을 강조했다. 우리의 목표는 "어떤 조건에서도" 수익을 매년 10~15%씩 증가시키는 것이라고 말했다. 경기가 좋을 때는 비교적 손쉽게 목표를 달성할 수 있지만 경기가 나쁠 때는 아무리 먹어도 허기를 면치 못하는 아귀처럼 죽자 사자 일해야 한다는 뜻이라고 설명했다. 경기는 오르고 내리겠지만 목표는 변함이 없었다.

그리고 목표는 예상대로 달성되었다. 연속 58분기 동안, 즉 14년 반 동안 ITT는 매년 수익을 10~15%씩 증가시켰으며 그만큼의 상승폭이 주당 수익에 반영되었다. 당시 나는 ITT의 주식을 "금고 (lockbox) 주식"이라고 불렀다. 주주들이 우리의 주식을 금고에 보관하면 두 번 다시 쳐다볼 필요가 없다는 뜻이었다. ITT의 주식은 가만 내버려두어도 저절로 수익을 거두었다. 우리는 1959~60년과

1968~70년의 경기침체에도 불구하고 매년 10~15% 성장을 달성했다. 그러다가 1974년 제1차 석유파동이 전 세계를 뒤흔들고 설상가상 환율이 붕괴되면서 성장률 고공행진에 제동이 걸렸다.

그러나 처음부터 현실적이고 흔들림 없는 목표를 정하는 일─또는 2장 첫머리에서 말한 대로 끝에서부터 시작하는 것─의 장점은, 그것이 그 목표에 도달하기 위해 필요한 일들을 알아서 알려준다는 점이다. 만약 Z에 이르고자 한다면 먼저 Y에 도달해야 하고, Y에 도달하려면 그 전에 X를 달성해야 한다는 식이다. 각 목표는 그 목표에 도달하기 위해 취해야 할 행동들을 결정해준다. 각 목표는 그 자체로 실행 항목이 된다. 따라서 어떤 비즈니스에서든 성공하기 위해 해야 할 일들, 즉 실행 항목은 많다.

:: 최종 목표에 도달하기 위한 중간 목표 ::

ITT에서 내가 최종 목표로 설정한 "연 수익 10~15% 증가"라는 목적지에 도달하기 위해서는 몇 가지 주요 목표를 먼저 달성해야 했다.

첫째, 나는 회사를 느슨하고 굼뜬 지주회사에서 통합되고 잘 관리되는 조직으로 개편할 필요가 있었다.

둘째, 첫째 목표와 내가 가능하다고 생각한 성장률을 달성하기 위해 나는 먼저 본부의 경영팀을 철저히 분석해야 했다.

셋째, 둘째 목표를 달성키 위해서는 최고의 관리자와 참모가 필요했다. 나는 전문적 역량을 갖췄고 유능하며, 신속하게 움직이고 장시간 업무에 매달릴 만큼 끈기가 있으며 내가 구상한 최종 목표를 달성하는 데 필요한 혁신적인 사고를 갖춘 인재들을 원했다.

인재를 스카우트하는 것이 우선순위였다. 나는 이사회를 소집하여 포괄적인 목표와 계획을 설명한 뒤 무엇보다 ITT가 경영진의 임금을 타 기업보다 10% 높게 책정할 것을 요구했다. 덧붙여 보너스 제도를 도입하여 연간 실적에 따라 간부들의 주머니를 두둑이 채워주자고 제안했다. 이사회의 승인이 떨어졌다. 곧 고급인력 헤드헌팅 회사를 동원하여 인재를 수소문했고, 컨설팅 회사 맥킨지앤드컴퍼니(McKinsey and Co.)에 의탁해 임금기준표와 보너스 및 스톡옵션 계획을 수립하도록 했다.

경영진을 새로 꾸리는 일과 별도로 ITT를 성공적으로 이끌기 위해서는 무엇보다 국내 사업의 수익을 높여야 했다. ITT는 소득의 85%를 해외에서 거두었기 때문에 미국 주주들의 눈에 자칫 외국기업으로 비칠 수 있었고, 나아가 투자를 꺼리게 만들 수도 있었다. ITT를 진정 국제적인 기업으로 만들기 위해 나는 이사들에게 ITT의 국내 수익을 전체 소득의 15%에서 50%로 끌어올려야 하며 이를 위해 기업 인수 프로그램을 가동할 계획이라고 밝혔다. 나아가 국내 소득으로 주주에 대한 연 배당금을 충당할 수 있기를 바랐다. 유럽의 경제 기상도에는 실질적인 위험 요인이 상존했다. 유럽 국가들이, 미국 기업들이 유럽에서 벌어들인 돈을 미국으로 송금할 수 없다고 선언할지도 모를 일이었다. 만일 그런 일이 발생하면 ITT는 미국 주식시장에 미치는 대재앙의 충격을 피할 수 없을 것이다. 제2차 세계대전 직후 해외소득의 지급이 차단된 적이 있었다. 당시 ITT는 벼랑 끝까지 몰렸다가 과감한 은행 융자로 간신히 위기를 넘겼다.

국내 소득을 높이려면 인수를 통해 국내 자기자본을 늘려야 했다. 이를 위해서는 국내와 해외의 기존 재정 상태를 개선하고 인수 프로그램을 감당할 수 있도록 만반의 준비를 갖추어야 했다.

또 소득을 증가시키려면 일정 규모 이상의 유럽 기업들을 통합하고 그들의 수익을 늘려야 했다. 유럽의 기업들은 비록 상당한 돈을 벌기는 했지만 그 지역의 경쟁세력, 특히 필립스와 지멘스에 크게 밀리고 있었다. 사실 전후 유럽에서 우리 제품에 대한 시장이 크게 형성되었고 이 때문에 타 기업들의 관심이 고조된 데다가 유럽의 인건비가 낮았기 때문에 유럽 자회사들이 경쟁기업의 손에 넘어갈 위험이 있었다. 현지 경영진들도 감지하고 있던 문제였다.

그래서 가장 초기에 내려진 결정 가운데 하나가 유럽 사업 전체를 관장할 수 있는 현지 본부, 즉 "ITT-유럽"의 창설이었다. 이 과정에서 걸림돌이 생겼다. 경영상의 문제는 아니었다. 엉뚱하게도 독일, 프랑스, 영국, 벨기에, 네덜란드, 기타 지역 관리자들의 민족적 태도나 상이한 개성과 관련된 마찰이었다. 우리는 벨기에에 본부를 두기로 결정했다. 벨기에가 유럽의 중앙에 위치했기 때문도 아니고 브뤼셀이 유럽공동시장의 중심지였기 때문도 아니었다. 벨기에를 선택한 유일한 이유는 그곳이 민족적 중립지대였기 때문이다. 프랑스인과 영국인들은 독일 소재의 ITT 본부에서 이래라 저래라 간섭하면 기분이상하겠지만 벨기에로는 갈 것이다. 독일인들 역시 파리나 런던이라면 시큰둥해하겠지만 브뤼셀에서 만나는 데는 이의가 없을 것이다.

전후의 유럽에서 가장 곤란한 점은 프랑스나 영국 기업의 임원들을 어떻게 설득하여 독일이나 이탈리아인의 지시를 따르게 할 것인가, 혹은 반대로 독일과 이탈리아 임원들을 어떻게 설득하여 프랑스와 영국 경영자의 뜻을 따르게 할 것인가 하는 문제였다. 또 작은 국가의 기업들이 지배당한다는 느낌을 받지 않고 큰 기업에서 내린 결정에 순응하도록 설득해야 하는 문제도 남아 있었다. 우리의 초창기 회의는 부국과 빈국이 뒤섞인 UN총회와 비슷했다.

우리는 이 문제를 해결하기 위해 민족이나 국가가 아닌 제품 자체로 결집하는 조직체가 필요하다고 판단, 소위 전략/행동위원회 (Strategy and Action Boards)를 구성했다. 위원회는 제품라인에 따라 구성되었는데 특정 제품의 주요 생산업체들과 이보다 규모가 작은 생산업체 한두 곳을 묶어 하나의 단위를 이루었다. 특정 제품라인에 대한 전략/행동위원회의 결정은 유럽의 여타 모든 기업들에 구속력을 지녔다.

대부분의 작은 기업들은 부품이나 다른 제품들을 하나 혹은 그 이상의 큰 기업에 의존했기 때문에 위원회 구성이 서로간의 경쟁 문제를 해결해줄 것으로 기대했다. 결정은 8, 9명보다는 3, 4명에 의해 내려졌다. 그리고 각기 다른 국가의 기업들이 상이한 제품전략위원회에서 활동했기 때문에 민족적인 경쟁도 진정되었다. 전략/행동위원회의 결정들은 결국 하부조직에도 영향을 미쳐 통합유럽 사업의 엔진 역할을 했다. 내가 ITT의 키를 잡고 있던 시기(1959~1977)에 위원회는 공동의 성과를 통해 자랑스러운 통합조직이 된다는 목표를 달성했다. 그 시기에 "ITT-유럽"의 매출은 약 3억 달러에서 70억 달러 이상으로 불었다.

하나의 목표가 다음 단계의 목표를 달성하는 데 필요한 임무들을 결정해주었고, 최종 목표에 이를 때까지 이 과정이 되풀이되었다. 이는 마치 양파 껍질을 벗겨내는 일과 흡사했다. 껍질을 한 겹 벗겨내면 다시 새로운 껍질이 나타난다. 그러면 이제 새 껍질을 벗겨낼 차례이다. 우리는 이 과정에서 배운다.

초기에 나는 멀리 떨어진 뉴욕에서 유럽의 질문이나 요청을 받고 내리는 결정과, 유럽 현지에서 내리는 결정이 다를 때가 많다는 점을 깨달았다. 뉴욕에서는 문서만 읽고 결정을 내려야 한다. 반면 유럽에서는 담당자의 얼굴을 보고 목소리를 들을 수 있으므로 그가 얼마나 확신하고 있는지 파악할 수 있다. 노(no)라고 답할 것도 얼마든지 예스(yes)가 될 수 있다. 그래서 일찍부터 나는, 만약 나와 내 본부팀이 유럽의 사업을 감시하고 감독해야겠다고 판단하면 반드시 현장에 출두하여 유럽의 책임자들을 직접 대면하는 것을 원칙으로 삼았다. 다시 말하지만, 계획한 일을 달성하기 위해 나는 17년 동안 휴가와 크리스마스 연휴가 낀 8월과 12월을 제외하고 매달 일주일 동안 고위 참모진과 함께 유럽을 방문했다. 현장에서 서로 얼굴을 맞대고 문제를 처리하는 방식을 철저히 지켰다.

: : "하고 싶은 일이 무엇인지 결정한 다음 곧바로 일에 착수하라." : :

또 초창기에 나는, 단위 사업체들이 내년과 향후 5년을 위한 계획을 수립하는 데 너무 많은 시간을 할애하는 바람에 해당 분기 목표를 달성하지 못한다는 사실을 발견했다. 말하자면 그들은 "걱정 마, 이번 분기에 못한 것은 연말 전까지 채우면 돼." 하는 안일한 태도에 젖어 있었다. 그러나 나는 일을 미루어서는 절대 목표를 달성할 수 없다는 사실을 발견했다. 그들에게도 말했지만, 첫 분기의 목표 달성에 실패하면 그 해의 목표 달성도 물 건너가기 십상이다. 먼저 첫 분기의 목표 수익을 달성한 후 그 다음 2분기, 다시 3분기의 목표치를 달성하고, 이렇게 차례대로 이루어지면 4분기는 어떤 식으로든 해결되기 마련이었다.

또 나는 ITT 전 사원에게 한 줄짜리 메모를 공표했다.

"더 이상 장기계획은 없다(There will be no more long-range planning)."

사람들은 이 한 줄에 담긴 유머와 참뜻을 직감했다. 이 발표를 통해 분기 소득을 희생한 대가로 만들어진 그 정교한 5개년 계획은 종지부를 찍게 되었다. 물론 나중에 시간적 여유가 있을 때 우리는 수많은 장기 계획을 세웠다. 그러나 결코 당면한 분기나 금년의 목표에서 눈을 떼지 않았다.

전체적인 원칙은 실제로도 통했다. 책은 처음부터 끝으로 읽어나가지만, 사업 운영은 반대다. 끝에서부터 시작하여 그 목표 지점에 도달하기 위해 필요한 일들을 하나씩 처리해야 한다.

이 개념을 더 간결하게 표현할 수도 있다.

"하고 싶은 일이 무엇인지 결정한 다음 곧바로 일에 착수하라."

말만 번지르르하고 실천하지 않는 사람들을 볼 때마다 나는 놀라움을 금할 수 없다. 가장 중요한 것은 될 때까지 하겠다는 자세다.

Chapter 3

하나의 기업,
두 개의 조직

모든 기업은 두 개의 조직을 갖고 있다.
공식적인 조직은 도표에 드러나 있으며,
다른 하나는 조직 구성원들의 실제 관계 속에 숨어 있다.

가족기업의 규모를 넘어선 기업이라면 어느 곳이든 기업의 조직구조를 한눈에 보여주는 조직도를 갖추고 있다. 직원 수가 수만 명에 이르고 연 사업 규모가 수십억 달러에 달하는 포춘 500대 기업만큼 회사가 커지면 조직구조도 복잡해진다. 그러나 기업의 크기에 상관없이 조직도는 동일한 기능, 즉 누가 어떤 일을 책임지고 있으며 누가 누구에게 보고하는지 그 관계와 역할을 명시한다. 구성원들이 서로 질서 있고 합리적으로 소통하기 위해서는 정보의 자유로운 흐름을 촉진해야 하는데 이때 필요한 것이 조직화이다.

기업의 공식구조는 대개 피라미드 형태를 취한다. 노동력이 맨 아래에서 전체 구조를 지탱하며 다양한 관리자층이 위계를 따라 맨 꼭대기까지 포진하고 있다. 이 구조는 정식 지휘계통을 규정한다. 정보는 위계를 따라 위로 올라가고 명령은 아래로 내려온다. 조직 구성원은 이 위계에서 자신이 차지하는 위치와 책임을 알고 있다. 이 구조에서 가장 지배적인 가치로 통하는 것은 논리와 질서다.

:: 기업 관료 조직의 병폐 ::

사람들은 이런 시스템이 얼마나 타당한지 나름의 논리로 설명하지만 나는 그 설명에 만족한 적이 없다. 이 제도는 군대와 정부와 미국의 기업 대부분을 질식시킨 관료주의의 온갖 병폐를 잉태하고 있다. 미국의 대기업 가운데는 하나의 결정을 내리는 데 6개월이 걸리는 곳도 있다. 모든 사안이 지휘계통을 따라 위로 올라갔다가 다시 내려와야 한다. 관리자들은 서류나 만지작거리는 사무직원으로 전락한다. 보고서는 차곡차곡 쌓이고 아무도 함부로 건의하지 않으며, 결정은 내일 그리고 모레로 지연되고 행동은 취해지지 않는다. 기업 전체가 깊은 잠에 빠진다. 나는 지금껏 몸담았던 여러 기업에서 관료주의의 폐해를 누차 목격했다. 경영 구조의 경직성은 직원 수만큼이나 많은 유용한 아이디어를 질식시킨다.

물론 공식적인 구조와 지휘계통이 없으면 혼란이 가중된다. 그러나 조직을 짜게 되면 조직도의 각 구획은 일종의 독립적인 영지가 된다. 각각의 책임자는 자기 영토와 자기 사람과 자기 임무와 책임만을 챙기게 되고, 아무도 기업 전체의 입장에서 사업을 구상하거나 진행하지 못하게 된다. 이렇게 위기를 자초하기도 한다. 마이클은 "내가 할 일은 이게 전부야. 그 이상은 나도 몰라." 하고 말하고 스미스는 "내 일은 여기까지야. 그 사람이 무슨 일을 하는지는 나도 잘 몰라." 하고 말한다. 남 일 얘기하듯 나 몰라라 하는 상황이 발생한다. 고작 서류들만 마이클의 서류함에서 스미스의 서류함으로 옮겨갈 뿐이다. 상사가 개입하여 두 사람이 공동의 목표를 위해 손을 맞잡게 하기 전까지는 매사 그 모양 그 꼴이다.

그러나 더욱 심각한 폐해가 있다. 중차대한 정보가 지휘계통을 따라 위로 올라가는 과정에서 각 단계를 지키는 사람들은 정보를 가감한다. 그러다 보니 정보가 맨 꼭대기에 가까워질수록 사람들은 현장에서 어떤 일이 벌어지는지 정확한 실체를 파악하지 못하게 된다. 실제로 그들은 실상을 모른다. 라인조직의 사람들과 각 사업부의 실무 책임자들은 현장에서 벌어지는 일을 소상히 알고 있다. 그러나 수석 부사장들이 보고서를 작성한답시고 정보를 요약하기 때문에 최고경영자는 종종 네다섯, 혹은 여섯 명의 그룹총괄이사들이 자신에게 보고하는 내용이 전부라고 여기게 된다. CEO는 스태프에게 의존한다. 왜냐하면 스태프진이 자신보다 현장을 세세히 알고 있으리라 여기기 때문이다.

지휘계통의 모든 간부가 자기 역할을 성실히 이행하면 이 시스템은 효과적으로 작동할 수 있다. 그러나 이 핵심 인물들 가운데 한 명이 자기 업무에 소홀하면 어떻게 될까. 평소에는 문제가 안 된다. 그러나 위기가 닥치면 곧 심각성이 드러난다. 최고경영자는 위기를 극복하기 위해 대처 방안을 모색하려고 하는데 그러기에는 현장에 대한 정보가 너무 부족하다. 아마도 CEO가 할 수 있는 일은 문제를 일으킨 당사자를 해고하고 다른 사람을 채용하는 것이 고작일 것이다. 이 사회에서 실패한 사업에 대해 문제를 제기하면 이렇게 해명하면 그만이다.

"그건 제 잘못이 아닙니다. 저는 조 스미스(Joe Smith)를 믿었습니다. 대체로 괜찮은 사람이죠. 그런데 그가 저를 실망시켰습니다. 그를 해고할 수밖에 없었지요."

그러면 무슨 일이 일어날까? 실수를 저지르면 목이 달아난다는 소문이 삽시간에 퍼진다. 직원들은 자기 실수를 은폐하기 시작한다. 이런 소문만 없었더라면 직원들이 그렇게까지 하지는 않았을 것이다. 실수를 감출수록 그만큼 오래 버틸 수 있다.

그 다음은 어떻게 될까? 작은 불씨에 불과했던 문제가 위기로 번진다. 제때에 위기를 발견하지 못하면 위기가 불거져 걷잡을 수 없는 재앙이 되기도 한다. 매주 우리는 일간지 경제면 기사에서 기업의 파산 소식을 접한다. 위기와 재난은 갑작스레 닥치는 것이 아니다. 아주 오랫동안 은폐되고 가려져왔던 문제들이 곪아터진 결과다.

이뿐이 아니다. 크고 복잡한 기업에서 정보 전달이 원활치 못하면 우수하고 혁신적인 아이디어가 채 피지도 못하고 사장되는 경우도 적지 않다. 자칫 실패할지도 모르는 아이디어를 제안했다가 괜히 직장에서 쫓겨나지 않을까 걱정하는 간부들은 늘 있게 마련이다. 그래서 그들은 제아무리 그럴싸하고 참신한 아이디어라도 더 연구하라며 밑으로 내려 보내거나, 아니면 그냥 묵살한다. 아이디어는 결코 최고 경영진의 깊숙한 성소에 이르지 못한다.

그러면 어떤 일이 일어날까? 중간 관리자층의 재기 넘치는 젊은 사원들은 더 이상 제안을 하지 않고, 자기에게 부과된 임무에만 매달리며 창의적인 발상을 멈추게 된다. 아니면 사표를 던지고 다른 일자리

를 찾는다. 중역실에 앉아 있는 최고경영자는 자기가 무엇을 놓쳤는
지 알 길이 없으며, 회사는 결코 잠재력을 이끌어내지 못한다. 기업
의 공식적인 구조에 지나치게 집착하는 데 따르는 근원적인 문제를
아무도 알아차리지 못한다.

:: 하나의 기업, 하나의 팀 ::

1959년 ITT에 첫발을 내디뎠을 당시 그곳 역시 관료주의적인 틀에
서 크게 벗어나지 못했다. 지금까지 거쳐 온 회사에서 이미 겪을 만큼
겪었기 때문에 ITT 조직의 문제점을 쉽게 간파했고, 곧 체질 개선에
나섰다. 나는 ITT 왕국에 "열린 소통"이 자리 잡길 희망한다는 메시
지를 강하고 분명하게 또 자주 천명했다. 커뮤니케이션을 강조하는
최고 간부가 나 혼자는 아니지만, 그들의 실행에는 제한이 따랐다.

나는 ITT의 자율적인 자회사 책임자들로 하여금, 이 회사가 같은
곳을 바라보며 움직이는 하나의 기업, 하나의 팀, 하나의 경영자 그
룹이라는 사실을 깨닫게 하고 싶었다. 그러나 조직구조를 수술하고
한계를 극복하기 위해 도입한 새로운 시스템을 안착시키는 데는 시
일이 필요했다.

우리는 사업부에 지시를 내려 매월 보고서를 제출토록 했으며, 동
시에 전문지식과 경험으로 무장한 본부 참모진을 늘려 텔레커뮤니케
이션, 전자공학, 소비재상품, 공학, 회계, 법률, 마케팅 등 우리가 하

는 모든 일을 철저히 점검하게 했다. 그리고 참모조직의 직원에게는 권한을 부여하여 회사의 구석구석을 찾아가서 어떤 질문이든 던지고 어떤 종류의 답도 얻을 수 있고 자신이 알아낸 사실을 직접 내 사무실로 보고할 수 있도록 시스템을 갖추었다.

나는 이런 조치를 체질 개선을 위한 기본적인 주요 정책으로 삼았다. 단, 윗선에 보고를 올리기 전에 자신이 하고 있는 일이 무엇인지 관련 임원에게 사전 고지하도록 조건을 달았다. 보고를 올리는 것은 참모진의 자율이지만 관련 임원 모르게 해서는 안 된다는 판단이었다. 최소한 그 임원에게 문제를 바로잡을 수 있는 시간을 주어야 했기 때문이다. 만약 참모진과 임원이 해결책에 합의하면 그것으로 충분하다. 그러나 합의에 이르지 못하면 본부가 나서서 의견 차이를 조정하도록 했다.

나는 성과를 높이기 위한 모든 아이디어를 내 집무실로 보내라고 지시했으며 보고서에는 반드시 아이디어 제안자의 이름을 기입하도록 했다. 물론 직속상관도 아이디어 제안서에 머리글자로 서명하고 의견을 첨가할 수 있었다. 그러나 나는 궁금증이 생기면 의견을 첨부한 상사가 아니라 보고서의 초안을 작성한 당사자와 대화했다. 나는 회사에서 벌어지는 모든 일을 속속들이 알고 싶었다. 회사에 대한 완전한 파악이 필수적이라고 판단했다.

본부 소속의 참모진들은 공식적인 조직의 구조적인 경직성을 해체하고 각각의 자회사를 감시했다. 회계담당 참모직원은 수익을 점검했고, 공학담당 직원은 엔지니어링 부서를 감시했으며, 마케팅 · 인사부·법무팀 등도 마찬가지였다. 참모조직의 직원들은 현장 직원들과 긴밀하게 협력하며 서로 보고하고 건의했으며, 그들이 감시하는 부서에서 잘 되거나 잘못된 일에 대해 똑같이 책임을 졌다.

실제로 참모팀과 실무운영팀이 서로 충돌을 일으키면 다음 세 가지 시나리오 중 하나가 발생하게 된다.

1) 실무직원이 참모직원에게 그가 사실을 이해하지 못하여 잘못 생각하고 있음을 납득시킨다.

2) 실무직원이 자신의 잘못을 인정하고 상황을 바로잡는 데 동의한다.

3) 간혹 실무직원이 자신의 잘못을 인정하면서도 상사가 중재에 나선 후에도 그냥 자기 식대로 밀고 나간다(결국 그는 해고당할 것이다).

시간이 흐르자 가령 본부의 엔지니어링 담당 참모직원과 특정 자회사의 수석 엔지니어 사이에 공동의 유대감이 형성되었다. 그들은 회사의 공동 이익을 위해 협력하는 법을 배웠다. 예를 들어 참모직원은 외부인의 관점에서 실무 엔지니어의 문제를 지적하거나 본부를 설득하여 자회사의 자금 요청을 승인하는 데 힘을 보탰다. 물론 본부와 자회사 간의 긴밀한 협력은 하루아침에 이루어진 일이 아니다. 본부 직원과 현장 실무직원 사이에 갈등이 벌어질 때도 있었지만 그런 견해 차이가 결코 기업에 해를 끼치지는 않았다. 궁극적으로 실무직원은 본부직원을, 필요할 때 도움을 청할 수 있는 "외부 고문"으로 여기게 되었다.

이런 정식 직원 외에도 우리는 새로운 참모직을 추가했다. 당시 우리는 제품라인 관리자로 지정된 12~16명의 고위 참모직원을 두고 있었다. 그들 각자는 경쟁사의 입장에서 제품라인 전체를 순회하며 실태를 점검하고 ITT 자회사의 시장 경쟁력을 감시했다. 영업사원부터 관리자, 엔지니어, 또는 운영팀원까지 모든 내부 인력은 자사 제품의 장점을 부각시키는 데 익숙하기 때문에 경쟁사 제품의 결함에 주목하는 경향이 있다. 제품라인 관리자의 임무는 ITT 기업과 경쟁사를 냉정한 눈으로 비교하고 상황에 따라 적절한 질문을 던지는 것이다. ITT에서 제품라인 관리자의 업무는 누구에게든 아주 어려웠다. 그는 실무 책임자에게 업무 지시를 내릴 수는 없지만, 답변이 필요한 질문을 할 수는 있었다. 또 경쟁사를 냉철하고 정확하게 분석하며 그에 따라 신속하게 대응해야 한다는, 경쟁에 대한 바른 인식을 일깨워주었다.

제품라인 관리자들은 라인관리자들에게 자신이 이곳에 온 것은 간섭하기 위해서가 아니라 돕기 위해서이며, 자신이 제시하는 아이디어가 유익하고 효과적이며 실행 가능하다는 사실을 납득시킨 끝에 협력 관계를 형성했다. 제품라인 관리자들에게는 예산이나 성과와 관련된 어떤 책임도 지우지 않았다. 대신 그들은 무엇을 어떻게 다르게 더 잘할 수 있을지 궁리해야 했다. 덕분에 그들은 상상력과 창의력을 마음껏 발휘할 수 있었으며, 자신의 아이디어를 라인 관리자들에게 이해시키고 회사의 발전을 위해 그들과 협력했다. 다시 강조하지만 만약 그들이 서로 의견을 일치하지 못했을 경우에는 그 내용이 윗선에 보고, 공표되고 본부 차원에서 해결책이 모색되었다.

소통 문화의 정착과 함께 내가 ITT에 도입한 또 다른 주요 혁신은 각 사업부의 감사관들이 그들의 재무보고서를 뉴욕의 본부로 직접 제출하도록 만든 것이다. 그러자 사업부 책임자들은 제닌이 자신들의 재무책임자들을 본사의 스파이로 만들고 있다며 불만을 터뜨렸다. 그들은 자기 영토에 대한 완전한 통제권과 그들이 부리는 재무담당자들의 절대적인 충성을 원했다. 그러나 나는 감사관들로 하여금 자신이 본부에 제출하는 수치에 대해 개인적으로 책임을 지도록 했으며, 그리하여 감사관들이 책임자들의 행동을 독립적으로 점검하기를 기대했다. 말처럼 꾸미기 쉬운 것도 없지만 숫자와 관련된 사실 역시 속이거나 은폐하기가 너무 쉽다. 사람들은 늘 그런 유혹에 흔들린다. 의식적으로 자신을 속이는 경우는 없더라도 무의식중에 사건과 상황을 다르게 해석한다. 회사나 사업부 책임자들은 예상 매출을 과장하거나 비용 및 기타 요소들을 과소평가할 수 있고, 밑의 직원들은 못 본 척 넘어가기도 한다. 자기 밥줄을 그들이 쥐고 있기 때문이다. 나는 감사관들이 그런 부담에서 해방되어 본사에 정직한 의견을 전달할 수 있기를 바랐다. 만약 사업부 책임자와 그의 감사관이 의견 충돌을 일으키면 우리는 더 높은 단계에서 철저한 공개 청문회를 열어 해결책을 찾았다.

:: 거대 기업 ITT를 하나의 조직으로 관리하다 ::

어느 기업에서든 경영자의 기본적인 임무는 경영을 하는 것이다. 지금까지 나는 이 말을 수백 수천 번 반복했다. 경영자는 결정을 하고 이 결정이 이행되도록 함으로써 경영을 한다. 경영자가 이 작업을 성공적으로 해낼 수 있는 유일한 방법은 회사의 건강에 영향을 끼치는 모든 상황과 관련된 사실들을 철저히 파악하는 것이다.

CEO가 이끄는 최고경영진은 사실상 회사의 지주이며 받침대다. 최고경영진은 조직의 위와 아래로부터 성과에 대한 압박을 받는다. 우리 위에는 회사의 주인이자 이사회가 대변하는 주주들이 포진하고 있는데 이들은 보다 많은 수익과 발전, 그리고 더 높은 투자수익률을 원한다. 주주들은 늘 더 많은 것을 원하고, 또 더 원해야 한다. 우리 아래에는 생산라인에서 일하는 직원들이 포진해 있다. 이들은 더 높은 임금은 물론 더 좋은 기계와 근무조건, 그리고 경영진의 더 많은 지원을 원한다. 그들은 지금과 같은 근무 환경에서는 생산량에 한계가 있을 수밖에 없다며 불만을 터뜨린다.

위아래 양쪽에서 가해지는 압력으로 최고경영자의 집무실에서는 기둥이 우지끈 부서지는 소리가 난다. CEO와 그의 경영팀은 위아래에서 압박해오는 요구 사이에서 균형을 잡고 양쪽 모두를 공정하게 만족시켜야 한다. 이 때문에 모든 기업은 정보가 자유롭게 소통하도록 만들어야 한다. 자기 사업의 현실과 시장의 현실을 파악한 뒤에야 경영자는 만족스런 경영을 기대할 수 있기 때문이다.

ITT에서 정보는 연례 예산 및 사업계획과 월례 운영보고서 형태로 각 사업부 책임자나 회사의 이익중심점으로부터 뉴욕의 본사로 전달되었다. 다음 해의 사업계획을 담고 있는 예산안은 2월과 3월에 작성되어 해당 지역의 검토 및 수정을 거친 후 다시 본부에서 재검토되고 수정되었다. 우리는 사업부별로, 단위별로 각각의 사장 및 그의 고위 참모진과 직접 얼굴을 맞대고 앉았다. 한 해의 마지막 분기에 사업계획과 예산이 논의, 수정, 합의되었고, 이때 최종 합의안은 다음 해의 성과를 측정하는 기준점이 되었다. 각 사업부 책임자와 그가 이끄는 경영팀은 다음 해의 예산 및 사업계획을 놓고 본부와 의견을 조율했다.

이 과정은 일종의 약속과 같았다. 각 사업부 책임자들은 ITT에 계획을 실천하겠다고 굳게 약속했고, 그의 부하직원들은 사업부 예산의 중요한 부분에 대해 사업부 책임자에게 약속을 한 셈이다. 우리가 그에게 약속을 지키게 한 것처럼 그도 자신의 직원들에게 약속을 지키게 했다.

우리는 다음 4분기를 위해 세밀한 계획을 세웠다. 반면 우리의 2년, 3년, 그리고 5년 계획은 언제든지 바뀔 수 있었고, 다음 1년 계획에 비하면 비중이 작았다. 새 공장과 중장비 등에 관련된 일부 자본투자 계획은 3년이나 5년 전에 수립되어야 했다. 그러나 나는 원칙적으로 장기 계획을 믿지 않았다. 5년이나 10년 앞을 예측하며 계획을 세울 만큼 혜안을 가진 사람은 아무도 없다.

우리는 무엇보다 내년을 준비하는 일에 힘을 모았고, 후년에 대해서는 상황이 어떻게 변할지 예측하는 정도에서 그쳤다. 물론 그런 뒤에는 미래를 대비하기 위한 후속계획의 밑그림도 그렸다. 우리 역시 5년이나 심지어는 10년이 걸릴지 모를 프로젝트에 손을 댔다. 그러나 나는 ITT의 5년 혹은 10년 앞을 내다보는 프로젝트를 그리 중시하지 않았다. 1년 계획을 수립하는 일조차 만만치 않았다. 낱장을 자유롭게 넣다 뺐다 할 수 있는 루스리프(loose-leaf) 형태의 서류철로 만들어진 모든 사업부의 예산 및 사업계획서는 9미터가 넘는 책장 선반을 가득 채울 만큼 많았다. 1년 계획이 담긴 이 보고서들이 우리 기업의 버팀목이었다.

각 이익중심점에서 올라오는 월례 운영보고서에는 매출, 소득, 재고품, 수취채권, 고용통계, 마케팅, 경쟁사, 연구개발, 당면 문제와 예상되는 문제, 마지막으로 연말까지 달성할 수 있는 성과 등에 대한 모든 관련 자료들이 담겨 있었다. 책임자들은 그들의 운영에 영향을 끼쳤거나 끼칠 수 있는 내용이라면 하나도 빼놓지 않고 월례보고서를 통해 알려야 했다. 여기에는 그들이 활동하는 나라의 정치·경제적 상황도 포함시켰다. 그 외에도 각 사업부 감사관들은 본부의 수석 감사관인 허버트 노르츠(Herbert Knortz)에게 매월 재무보고서를 제출했다. 또 우리는, 자신의 전문분야에서 현장 실무직원들과 협력하는 본부의 참모직원들(엔지니어링, 회계, 연구개발 등 제 분야의 전문가들)로부터도 꾸준히 보고를 받았다. 마지막으로 제품라인 관리자들로부터 특별한 상황에 대한 보고를 받았다. 이런 정보의 물결이 전 세계에서 본부로 쏟아져 들어왔다.

보통 각각 15~20쪽에 이르는 이 월례보고서가 본사에 도착하면 우선 각 전문 분야의 본부 직원들이 꼼꼼히 점검하고 그런 뒤에 나와, 사장실의 내 최고경영팀이 재검토했다. 매년 ITT가 덩치를 불려가고 더 복잡해짐에 따라 내 참모진과 사장실도 규모를 넓혔다. 적어도 처음 10년 동안 나는 ITT의 사장 업무를 혼자 감당했다. 지금까지 내 경험으로 보면 믿을 만한 사무보조원이 드물었기 때문이다. 그들은 실권도 없으면서 사장 대변인처럼 행세하거나 혹은 주변인들이 그들을 실세인 양 떠받들었다. 나는 비서들이 교묘하게, 또는 그들이 모시는 윗사람 모르게 지시하는 모습을 본 적이 있다. 그 때문에 내가 직접 의사소통을 하거나, 아니면 최소한 당면 문제에 대한 책임을 공유하는 간부를 통하여 대화하는 방법을 선호했다.

그런데 ITT의 몸집이 계속 불어나면서 우리는 부사장을 3명에서 5명으로 늘리고 그들이 함께 일할 수 있도록 사장실도 넓혔다. 하지만 3~5명의 부사장을 둔 후에도 나는 업무량을 분담하지 않았으며, 특히 회사가 내리는 최고 결정의 토대가 되는 기본적인 정보는 절대 나누어 점검하지 않았다. 나는 운영사업부에서 올라오는 월례보고서를 전부 읽었고, 5명의 부사장에게도 일일이 검토하도록 하여 ITT 전체 사업에 대한 깊이 있는 지식을 쌓게 했다. 우리는 어떤 하나의 문제나 일련의 여러 문제들을 해결하는 데는 하나보다는 여섯 명의 머리가 더 낫다는 단순한 진리 위에 사장실을 하나의 팀으로 만들었다.

:: 비판을 멈추고 함께 해결책을 찾아라 ::

ITT가 연 10~15%의 비율로 계속 성장하자 본부로 들어오는 정보도 봇물처럼 쏟아졌다. 한때 우리는 별도로 분리된 250개의 이익중심점을 갖추고 있었고, 이들 각각은 책임자의 월례보고서, 감사관 보고서, 특정 상황에 대한 전문적인 내용의 보고서를 제출했다. 1960년대 말 ITT는 미국에서 제9위의 산업기업으로 성장했으며, 오직 5개의 주요 석유회사와 GM, 제너럴일렉트릭, IBM만이 규모 면에서 우리를 앞섰다. 우리는 전 세계 115개국에서 직원 약 37만 5천 명을 거느렸고, 간부사원은 미국에서 2,400명, 유럽에서 1,600명 이상이 활동했다. 또 ITT는 고도로 정교한 통신 시스템에서 빵과 케이크, 자동차 대여, 호텔, 자동차 부품, 주차장, 잔디 씨앗, 산업장비, 화장품, 그리고 금융 및 보험 서비스에 이르는 광범위한 상품을 생산하고 판매했다. 우리는 세계에서 가장 크고 가장 복잡한 다국적 기업으로 널리 알려졌다.

우리 경영팀은 이처럼 거대하고 복잡한 기업 활동을 어떻게 일일이 점검할 수 있었을까? 어떻게 우리는 이 엄청난 기업에 대한 통제력을 유지하고 해마다 지속적인 성장을 거듭할 수 있었을까?

나는 매년 이 의문을 심사숙고했다. 정말 우리가 어떻게 한 것일까. 이에 대한 답은 언제나 똑같았다. 즉 기업이 커지면 커질수록 우리는 더 열심히 해야겠다고 느꼈고 실제로 열심히 했다. 달리 무슨 방법은 없었다. 물론 단순히 죽어라고 노력만 한 것은 아니다. 그 사이 정보의 질은 점차 우수해졌고, 집단적 의사결정 과정 역시 몰라보게 향상되었다.

서류상으로 보면 ITT의 구조와 조직은 미국의 대다수 대기업과 크게 다르지 않았다. 그러나 조직도는 사실 정적이고 아무 힘도 없는 종잇조각에 불과하며 각자의 임무와 지휘계통을 나타낼 뿐이다. 직원 전체를 하나로 규합하여 조직도보다 중요하고 인간적인 상호관계 속에서 함께 일할 수 있도록 조직을 정비할 때 진정한 경영이 시작된다. 그때 비로소 회사가 하나의 팀이 되어 최고경영자가 설정한 목표를 향해 일사불란하게 움직일 수 있게 된다. 이러한 인간적인 관계 맺음이 모든 면에서 한 회사와 다른 회사를 구분짓는 유일한 요소다. 겉보기에 똑같아 보이는 기업도 실제로는 완전히 다를 때도 있다. 기업의 중요한 정책, 결정, 활동은 임무가 아니라 사람을 다루는 데 집중되어야 한다.

ITT는 매달 개최한 경영자 회의의 규모와 범위, 그리고 방식에 있어서 대부분의 기업들과 달랐다. 본부의 최고경영팀은 유럽과 미국에 산재한 이익중심점의 책임자들을 직접 만나서 전월의 영업 활동을 점검했다. 다른 기업들 역시 회의를 열고 그들의 사업 활동을 점검하지만 뻔한 소위원회 회의가 되기 십상이다. 그들이 작성한 보고서와 건의사항은 상위 위원회에 제출되기 마련이며 결국은 위원회를 통한 간접 경영이 이루어지게 된다. 대부분의 기업에서 경영은 위원회 결정에 의해 구획화된 나머지 정보의 흐름에 제한이 따른다. 제안은 지휘계통을 따라 위로 올라가고 결정은 아래로 내려오며, 관료

조직에서처럼 그 속도는 대개 느리다. ITT는 나와 경영진이 각 사업부와 이익중심점의 실적을 책임지는 제일선 담당자와 직접 대화하고 접촉할 수 있도록 상층 관리자층의 두세 단계를 없애버렸다.

ITT로 둥지를 옮긴 후 나는 곧 전화나 텔렉스로 문제 해결책을 강구하는 것보다 유럽의 지사장들과 직접 대면하는 것이 효과적임을 알았다. 표정을 살피고 목소리의 미묘한 변화를 느끼고 몸짓을 관찰하는 동안 나는 보다 확실한 감을 잡을 수 있었다. 우리는 담배 연기가 자욱한 유럽의 작은 호텔방에서 시작했지만, 회사가 확장되고 브뤼셀에 자체의 유럽 본부를 둔 뒤로는 120~150명의 사장들이 참석하는 월례 총책임자회의를 열기에 이르렀다.

매달 나는 본부 직원 약 40명과 함께 유럽으로 갔고, 우리는 함께 둘러앉아 월례 운영보고서를 검토했다. 감사관들의 보고서와 사장들의 보고서에 적힌 관련 수치들이 회의실 모퉁이 세 곳에 설치된 거대한 스크린에 투영되었다. 본부 임원들은 한 사람도 빠짐없이 모든 월례보고서를 읽은 후에 검토 작업에 참여했다. 우리는 사전에 정보를 꿰고 있었다. 나는 두 권으로 된 가죽 장정의 커다란 갈색 루스리프 보고서 묶음을 검토하면서 궁금한 점이 생기면 빨간색으로 표시하고, 페이지 귀퉁이를 접어두었다가 회의 때 질문했다.

우리는 각각의 월례보고서를 하나씩 점검했다. 나뿐 아니라 회의 참석자 전원에게 자유로운 발언권이 주어졌다. 각자에게 주어진 마이크를 통해 질문을 던질 수도 있었고 타당한 것이라면 어떤 제안도 가능했다. 우리는 스크린에 표시된 숫자들을 점검하며 매출, 소득,

수취채권, 재고품 따위의 항목을 중심으로 각각의 이익중심점이 어떻게 예산을 집행했고 원래 계획했던 예산과 실제 집행된 예산 사이에 어떤 차이가 있으며 작년의 실적과 어떻게 달라졌는지 확인했다. 늘 있는 일이지만 문제가 발생하면 우리는 모두 달라붙어 문제 해결에 집중했고, 심지어 그 자리에서 해결책을 찾기도 했다. 특히 낭비적인 중복 활동이 많았던 초창기의 유럽에서 문제 해결을 위해 둘 이상의 자회사들이 협력해야 할 때도 있었다. 이런 자회사의 수장들이 서로의 견해 차이를 좁히기 위해 연례회의에 참석했다. 또 우리는 몇몇 자회사가 직면한 문제와 유사한 어느 자회사의 문제를 상대할 때도 많았다. 참석자들은 다른 이들의 고통에 귀 기울이면서 배웠다. 그것은 때로 거의 집단치료 효과를 냈다. 한 자회사의 경영자는 종종 자기와 비슷한 문제를 지닌 다른 자회사의 사장에게 자신이 어떻게 난관을 극복했는지 그 해결책을 소개했다.

우리는 서로 얼굴을 마주보며 녹색의 펠트(felt)로 뒤덮인 커다란 U자형 테이블에 둘러앉았고, 나는 그들이 제출한 월례 운영보고서에 기록해놓은 메모를 기초로 질문했다. 매출이 왜 줄었나? 그 때문에 떨어진 게 확실한가? 실제로 그 때문이었는지 확인했는가? 어떻게 했는가? 그 후에 어떤 조치를 취했나? 한 달이나 두 달 후에는 어떻게 되리라고 보는가? 도움이 필요했는가? 경쟁사에 어떻게 대처할 것인가? 그들을 어떻게 이길 계획인가?

상황을 깊이 탐사해 들어감에 따라 우리는, 문제의 원인이 우리가 생각했던 것과는 완전히 다른 데서 비롯되었다는 사실을 발견할 때가 많았다. 나는 미리 답을 들고 회의에 참석하지 않았다. 우리는 대안을 모색하고 시험했다. 많은 사람들이 머리를 맞대고 눈앞의 문제와 씨름했다. 나는 누군가 도움이 필요하다고 느끼면 일단의 참모진에게 그를 지원하는 임무를 부여했다. 그리고 우리가 모인 것은 어려움에 처한 사람을 돕기 위해서임을 설명했다. 우리는 모두 한 팀이었고 한 회사였다. 나는 문제의 당사자를 개인적으로 비판하기보다 목전의 문제를 해결하는 데 관심을 기울였다. 초기에는 사정이 달랐다. 거대한 규모의 자회사를 대표하고 독립적인 행보에 익숙했던 많은 사장들이 본부에서 온 "외부인들"이 간섭한다며 아주 못마땅해 했다. 한 사장은 이렇게 말했다.

"이것 보세요. 나는 오래 전부터 내 회사를 이끌어왔고 뭘 해야 할지 알고 있습니다. 그냥 내버려뒀으면 좋겠어요. 이건 내 책임입니다. 만약 내가 실패하면 그때 해고해도 늦지 않습니다. 하지만 지금은 내 방식대로 하게 내버려두십시오."

나는 고개를 저었다.

"그건 적절한 해결책이 아닙니다. 만약 당신이 실패하고 내가 당신을 해고해야 한다면, 그 2천만 달러의 손실을 어디서 충당해야 합니까. 반면 당신이 얼마나 도움을 필요로 하고 또 얼마나 많은 도움을 받든 상관없이 당신이 이 문제를 해결하면 원래 계획했던 예산에 맞춰 임무를 완수한 공로로 연말에 보너스를 챙기게 될 겁니다."

이 정책의 효과가 뿌리를 내리고 ITT 자회사 책임자들에 의해 수용되기까지는 수년이 걸렸다. 몇몇은 이를 견디지 못하고 회사를 떠났다. 그들은 이 방침을 자신의 능력에 대한 불신이자 공격으로 간주했다. 그러나 대다수 사람들은 내가 주도한, 그들의 활동에 대한 모든 감시행위가 나만큼이나 그들에게도 이익이 된다는 사실을 인정하게 되었다. 이 모든 활동은 우리가 지향하는 열린 소통이라는 기본 정책의 일환이었다. 경영자가 어려움을 겪고 있거나 능력 이상의 일로 버거워할 때 나는 그에게 유익한 해결책을 찾아주려고 했다. 그들은 우리가 사람을 평가하기보다는 문제를 해결하고 비효율성을 제거하는 데 관심을 집중한다는 사실을 깨닫게 되었다. 나중에 나는 다섯 개에 이르는 각기 다른 전문가 팀에게 까다로운 문제를 전담시켜 해결토록 했다.

회사 정책은 이런 과정을 거쳐서 산출되었다. 우리는 문제의 재발을 경계하면서 해결책을 찾아갔으며, 반복적으로 발생하는 문제들 사이의 유사성을 인지하기 시작했고 시간이 가면서 해결책도 보다 정교해졌다.

:: 깜짝 사건을 없애라(No suprises!) ::

연례 회의의 경험에서 우려낸 ITT의 기본 정책 중 하나는 "깜짝 사건을 없애라!(No surprises!)"였다.

비즈니스에서 모든 깜짝 사건들의 99%는 부정적이다. 우리 경영 팀이 아무리 노련하다 해도 실수는 피할 수 없으며 예상치 못한 일은 벌어지며 문제는 발생하게 마련이다. 그러나 아무리 예상치 못했던 문제라도 재빨리 발견하고 대응하면 해결도 용이해진다. 초기 단계에서 문제를 모두 해결하지 못할 수도 있다. 그러나 95%만 처리하면 우리는 그물을 빠져나간 몇 개의 큰 문제들을 처리할 수 있는 시간을 벌게 된다.

그래서 아주 일찍부터 나는 자회사 경영자들에게 월례보고서를 작성할 때 심각한 문제들을 꼼꼼히 기록할 것을 요구했다. 나는 은폐하거나 깜짝 놀랄 일은 원하지 않았다. 어느 날 한 자회사 사장이 우리에게 자기 회사에 닥친 대규모 파업에 대해 입을 열었다. 언제부터 파업의 조짐이 있었을까? 3개월 전부터다. 그는 왜 월례보고서를 통해 알리지 않았을까? 사실 그는 경고했다. 어디에? 찾아보니 18쪽의 페이지 중간 어느 단락 속의 한 문장에 숨겨져 있었다. 그래서 나는 정책을 수정했다. 경영자들은 그들의 모든 심각한 문제들을 월례보고서 첫 페이지, 즉 위험을 뜻하는 "붉은 깃발(red flag)" 페이지에 기록하고 문제가 해결될 때까지 "붉은 깃발" 표시와 함께 계속 기록해야 했다.

ITT에 입성한 지 처음 몇 년 동안 나는 알맹이 없고 애매모호한 보고서를 너무 많이 접했기 때문에 그 내용의 속뜻을 헤아리는 과정에서 울화가 치밀 때가 잦았다. 나는 일선조직과 참모조직의 간부들에게 누누이 강조했다. 건의한 내용이 무엇인지, 왜 그런 의견을 개진했는지, 이 제안의 책임자가 누구인지 내가 파악할 수 있어야 한다고 말이다. 그래서 나는 분명한 어조로 내가 보고서에서 기대하는 것이 무엇인지를 설명하는 메모를 발송했다.

당장 지금부터 모든 보고서 첫머리에 다음의 순서대로 다음의 사실들을 포함하는 내용을 구체적이고 직접적으로, 그리고 명확하게 요약해주기 바랍니다.

1. 무엇을 어떻게 하자는 것인지 짤막하고도 명확하게 진술할 것
2. 실제 문제가 무엇인지 간략하게 요약할 것
3. 이 의견이 얼마나 일목요연하고 균형 잡힌 시각에서 작성된 것인지 증명할 필요가 있을 경우에는 이번 건의를 하게 된 논리적 근거와 당사자의 판단 범위를 파악할 수 있는 실증 논거와 수치를 제시할 것
4. 작성자 개인의 추가 의견, 확신하는 정도, 이 문제와 관련된 기타 의문점 등을 작성자 자신이 간략히 진술할 것

이처럼 직접적이고도 분명한 판단에서 비롯된 진술을 하려면 깊이 있고 명료하게 사고해야 할뿐더러 사전에 충분한 연구가 필요합니다. 그렇지 않으면 작성자의 입장과 그 근거가 무엇인지 애매모호해질 수밖에 없습니다. 앞으로 이런 종류의 "불명확한" 진술과 보고서는 작성자와 함께 검토의 대상이 되며 이 점과 관련해서 모종의 조치를 취할 것입니다.

사실 회사 간부들이 서로를 알아가던 초창기에 나는 보고서의 한 두 줄을 읽으며 어떤 의도로 이런 내용을 썼는지 파악하느라 숱한 시간을 허비했다. 만약 그 사람이 보고서 이면의 사실을 알면서도 모른 척 둘러댄 것이라면 나는 질문을 통해 반드시 사실을 털어놓게 했다. 만일 그가 자신의 보고서 내용을 모르고 있거나 이해하지 못했을 경우(직접 작성하지 않았기 때문에 이런 경우도 종종 있었다), 나는 더욱 곤혹스러운 질문을 던져 그가 스스로 자신의 숙제를 하도록 만들었다.

잘못된 판단을 하거나 이따금씩 실수하는 것은 전혀 수치스럽거나 굴욕스런 일이 아니라고 누누이 강조했다. 그러나 사람들의 의심스런 눈초리를 없애기까지는 시간이 필요했다. 실수는 비즈니스의 일면이고 그렇게 받아들여져야 한다. 중요한 점은, 자신의 실수를 직시하고 분석해야 하며 실패로부터 배워서 계속 전진해야 한다는 사실이다. 정말 유일하게 심각한 실수는 실수하기를 두려워하는 마음이다.

나는 오래 전부터 미국 경영자들의 가장 큰 약점으로 의지 상실을 꼽았다. 그들에게는 모험에 대한 열정, 위험을 무릅쓰는 용기, 전인미답의 영역을 개척하려는 의지가 없다. 왜 그들은 의지박약이 된 것일까. 전문 경영자는 자신감으로 무장되어야 하며 절대 실수를 범해서는 안 된다는 잘못된 믿음이 널리 퍼졌기 때문이다. 학교에서는 정답의 90~95%를 맞혀야 A 학점을 준다. 그러나 비즈니스는 이보다 후하다. 나는 83~87% 옳은 판단을 한 임원에게 A를 준다. 그는 45~55% 옳은 결정을 내린 평범한 경영자를 능가한다.

그러나 점수보다 더 중요한 것이 있다. 경영자가 어떤 결정에 직면할 때 보이는 태도다. 나는 ITT의 임원이 상상력과 창의력을 발휘하길 원했다. 만일 우리가 눈앞에 벌어진 현상 이면의 사실을 객관적으로 바라볼 수만 있다면 우리는 얼마든지 상상력과 창의력을 발휘할 수 있을뿐더러 또 성공에 이를 수 있다. 나는 사실에 대한 객관적인 관점이 성공적인 경영의 가장 중요한 요소 중 하나라는 사실을 깨달았다. 사람들은 손에 넣을 수 있는 사실에 대한 불충분한 지식에 근거하여 결정을 내릴 때 실수를 저지르기 쉽다.

초기의 ITT 경영자 회의에서 나는 누차 사람들에게 그가 제시한 사실들을 놓고 질문을 퍼붓곤 했다. 당신은 그 정보를 어디서 얻었는가? (대개는 다른 사람에게서 얻는다.) 그 정보가 정확하다는 것을 어떻게 확인했는가? 그것은 정말 사실이었는가? 그래서 나는 "확고부동한 사실"이 무엇인지 전 직원에게 공유시키기 위해 메모를 작성했다.

어제 우리는 장시간에 걸쳐 강도 높은 회의를 진행했습니다. 결정하기 어려운 경영상의 문제가 있었던 것은 아닙니다. 이보다는 결정의 근거가 되는 사실을 확인하느라 그토록 많은 시간을 허비했습니다. 어제 회의를 통해 한 가지 간단명료한 결론에 도달했습니다. 영어에서 "사실(fact)"이라는 말보다 논박의 여지가 없는 진실, 즉 "최종적이고 믿을 수 있는 진실"의 의미를 강력하게 전달하는 말은 없습니다. 그러나 한편, 이 말보다 그 실제 용법이 잘못 사용되는 경우도 없습니다.
예컨대 아래와 같은 여러 사이비 사실들이 존재하고 있음을 우리는 어제 확인했습니다.

"분명한 사실" "추정되는 사실" "보고된 사실" "기대되는 사실"
사실로 받아들여지고 그렇게 분류된 "사실", 즉 "인정된 사실" 기타
비슷한 의미를 갖는 많은 사이비 사실들!

대부분의 경우 이들은 전혀 사실이 아니었습니다.

일상생활에서는 그렇게 중요한 문제가 아닐지 모릅니다. 그러나 경
영과 관련된 결정에서는 너무도 중요합니다. 전체적인 경영을 위한
일련의 사건과 결정들이 비록 의도하지는 않았다 해도 바로 여러분
이 받아들이거나 제출한 하나의 "비사실적인 사실"에 의해 엉뚱한
방향으로 튈 수 있습니다. 이 경우 불가피하게 돈과 시간이 낭비되
고, 직원의 사기도 떨어집니다.

최고 수준의 전문경영에는 무수한 사이비 사실들 가운데서 "진짜배
기 사실"을 "냄새 맡을" 수 있는 확실한 능력이 필요합니다. 그 외에
자신이 알고 있는 것이 진정 "확고부동한 사실"이라고 확신할 수 있
는 무모함, 지적 호기심, 그리고 필요하다면 용기 혹은 뻔뻔한 무례
함도 갖춰야 합니다.

이것이 바로 우리가 다루어야 하는 종류의 "사실자료"입니다. 또 그
것이 바로 여러분이 팀원으로서 수용하거나 제출해야 하는 유일한
종류의 사실자료입니다. 우리 경영진은, 팀에서 공동으로 활용하기
위해 제출하는 자료가 틀림없는 사실에서 도출되도록 최대한 주의
를 기울이는 팀원에게 의존해야 하기 때문입니다.

따라서 나는 여러분이 진짜와 가짜를 구별하는 눈으로 수많은 사실
가운데서 진짜 사실을 분별해내는 "감식가"가 될 것을 권유하는 동

시에 촉구하는 바입니다. 그래야만 앞으로 "확고부동한 사실"을 추려낼 수 있고, 이렇게 추려진 사실과만 씨름할 수 있을 것입니다.

앞으로 진행하면서 여러분은 이 "확고부동한 사실"이라는 표현을 훨씬 자주 만나게 될 것입니다. 그것은 반드시 필요하며 결코 끝나지 않는 훈련입니다.

행운을 빕니다. 그리고 지금부터 시작하십시오. 그것은 사실입니까? 더 중요한 것은, 그것은 확고부동한 사실(unshakable facts)입니까?

추신 1 : 여러분의 생각이 무엇이든 확신을 갖기 전에 "잘 흔들어보십시오."

추신 2 : 이 메시지를 밑으로 전달하십시오.

이 메시지는 관리자층을 통해 그 이하 일선조직에까지 전달되었다. 우리가 각 사장들에게 요구한 것을 그들은 자기 직원들에게 요구했기 때문이다. 자회사 책임자가 총책임자회의에 대비할 수 있는 유일한 방법은, 자기 사람들에게 회사에서 벌어지고 있는 모든 일을 철저하게 알려줄 것을 요구하는 것이다. 약효는 더뎠다. 훈련을 명령할 수는 없다. 그러나 시간이 흐르면서 (유럽 기업들을 위한) 브뤼셀의 총책임자회의와 (미국 내 기업들을 위한) 뉴욕의 회의에서는 비즈니스 문제의 현실에 대처하는 데 점점 더 사실적인 객관성을 중시하는 경향이 강화되었다. 사람들은 사실 여부를 꼼꼼히 확인하기 시작했고, 이는 ITT 근무에 대한 자부심으로 이어졌다.

:: 하나의 팀이 되기 위해서는 인간적인 교류가 필요하다 ::

한 달에 2주일씩, 즉 일주일은 브뤼셀에서, 그리고 또 일주일은 뉴욕에서 회합을 가지면서 해가 갈수록 우리는 서로를 잘 알게 되었다. 똑같은 사람들 – 본부에서 온 40여 명의 최고 간부들, 그룹총괄이사들, 그리고 250개 ITT 자회사의 사장들 – 이 최소한 한 달에 한 번 얼굴을 마주했고 뜻 깊은 상호교류의 시간을 가졌다.

이를 통해 우리는 개인적인 친분도 쌓았다. 그들은 내가 그들에게 무엇을 기대하는지, 그들이 내게 무엇을 기대할 수 있는지 알게 되었고 나는 그들의 마음이 어떻게 움직이는지 이해할 수 있었다. 개성도 성향도 다 제각각이다. 상상력이 풍부한 사람도 있었고, 논리적 사고력이 뛰어난 사람도 있었다. 지나치게 보수적인 사람, 지나치게 낙관적인 사람, 또 특별히 신뢰가 가는 사람도 있었다.

이런 것들은 보고서를 읽어서가 아니라 직접 얼굴을 맞대고 대화를 나눠야 알 수 있다. 회의실에 앉아 사람들과 대화하고 그들의 생각을 듣고 질문에 답하고 문제를 해결하는 과정에서 우리는 상대의 능력을 가늠할 수 있게 된다. 더욱이 어떤 인물과 그의 특이한 성격을 알게 되면 그가 작성한 서면 보고서를 해석하는 데도 훨씬 능숙해진다. 마치 가족이 오랜 세월의 상호교감과 식탁에서의 대화를 통해 본능적으로 서로를 아는 것처럼 말이다. 또 어떤 사람이 그의 보고서를 통해 표현하거나 회의장에서 말하는 내용을 평가하는 법을 배우고, 그를 얼마나 믿고 의지할 수 있는지 파악하게 된다. 대개 인물에 대한 평가는 그가 당신에게 제출한 보고서만큼이나 중요하다.

어떤 의미에서 우리의 회의는 작은 가족기업을 운영하는 데 수반되는 개인적인 역학관계가 복잡하게 확대된 데 불과하다. 우리는 대화하고 논쟁하고 문제를 해결했으며 참신한 아이디어를 찾았다. 중요한 점은 어느 누구도 말하기를 두려워하지 않았다는 사실이다. 새로운 사실, 새로운 발명, 새로운 대안을 찾아내고자 하는 열정이 분위기를 지배했다. 아이디어와 사실과 제안된 해결책들이 뒤섞인 이 용광로에서 회의 전까지 아무도 생각하지 못했던 해법이 탄생했다.

사람들은 자신이 대표하는 회사의 크기나 연공서열, 또는 연봉에 상관없이 대등한 위치에서 회의에 임했다. 감히 그 누구도 자기 연봉이 많다고 해서 자기 생각이 더 훌륭하다고 말하지 못했다. 사실을 속이거나 중요한 질문을 회피하거나 아니면 회의장에서 대충 얼버무려 발표하려는 사람은 곧 나뿐이 아니라 다른 회의 참석자들의 눈에 금방 그 치부를 드러냈다. 타인에 대한 개인적인 공격을 통해 반사이익을 얻으려는 사람은 동료들 앞에 자신의 그릇 크기를 드러내는 꼴이었다.

우리는 서로를 통해 배우고 서로 도우며 하나의 팀으로 일하기 위해 그곳에 모였으며, 온갖 비즈니스 문제를 경쟁사들보다 더 잘 해결할 수 있는 능력을 지닌 것에 자부심을 느꼈다. 우리는 쉼 없이 최선책을 탐색했으며, 이를 위해 우리의 시야를 벗어난 곳까지 상상력을 확대했다. 우리는 이처럼 쉬운 답이라면 경쟁사에서 이미 찾았으리라 여겼고 그들보다 한 발 앞서기를 바랐다. 우리는 충분한 능력을 갖고 있었고, 실제로 앞서 나갔다. 수치가 이를 증명했다. 해가 갈수록 ITT는 각 제품 매출에서 경쟁사들을 줄곧 앞질렀다.

비즈니스에서는 "팀 정신(team spirit)"이 중요하다고 이구동성 입을 모은다. ITT는 정말 하나의 팀으로 일했다. 연례 예산회의에서 경쟁사의 행동을 예측하여 경기를 어떻게 풀어나갈지 계획을 짰고, 월례 경영자총회에서는 다음 플레이를 어떻게 전개할지 합의점을 찾았다. 우리는 현장의 상황에 맞춰 계획의 일부를 수정하기도 했으며, 새로운 것을 시도하고 다음 작전회의 때 그 생각을 바꾸기도 했다. 그 덕분에 신속히 행동하고 반응할 수 있었다. 이 방법은 통했고 우리는 우리가 최고임을 알았으며 스스로 세계 최고의 경영자들이라 믿게 되었고 이 믿음을 지속시키기 위해 분투했다. 새로운 기업들과 합병하고 새로운 플레이어들을 끌어들였으며, 그들이 우리 팀의 일원이 된 것을 자랑스러워하고 세계시장에서 이전보다 더 대범하고 더 힘차게 전진하게 했다.

총책임자회의에는 각계각층의 전문가들이 참석했다. 법률, 회계, 엔지니어링, 마케팅, 정부 분야의 고도로 숙련된 전문가들이 한 방에 모여 서유럽 주요 국가들의 경험 많고 유능한 경영자들과 상호 교류했다. 유럽에서는 각기 다른 나라에서 동일한 제품라인, 텔레커뮤니케이션, 전자공학, 산업용 제품 등의 분야를 담당하는 사람들이 한자리에 모였다. 미국에서는 같은 나라 사람들이 광범위한 종류의 다른 제품과 다른 시장에서 활동하는 사람들과 만났다.

거대한 인간의 기억 창고를 상상해보라. 이들 각각의 총책임자회의는 평균 120명 정도로 구성된 매우 유능한 인재들의 모임이었고, 이들 각자는 세계 곳곳에서 그리고 상이한 제품라인에서 20년 이상의 사업경험을 쌓았다. 이는 달리 말해 각 회의 때마다 2,400년의 노하우를 활용할 수 있다는 뜻이다. 우리는 매달 두 차례씩 이런 모임을 가졌다.

모두가 서로의 견해에 귀 기울이면서 시장, 세계경제, 세계무역, 국제법, 엔지니어링, 그리고 물론 경영기법에 대해 더욱 풍성한 지식을 축적해갔다. 더구나 우리는 모두 한 팀이었다. 사실상 우리는 일하는 "싱크 탱크"이자 경영에서의 문제해결 기구가 되었다.

우리는 서로를 통해 배우고 도움을 얻으며 문제를 신속하고 직접적으로 처리했을 뿐 아니라, 우리의 모임도 종종 굉장한 역동성과 열정으로 충만했기 때문에 상당히 들뜬 기분일 때가 적지 않았다. 누구도 생각지 못했던 새로운 아이디어를 발굴하여 우리는 새로운 제품, 새로운 사업, 새로운 업무수행 방식을 창조해냈다.

총책임자회의는 보통 오전 10시부터 밤 10시까지 계속되었다. 유럽 회의에서는 우리가 그곳에 오래 머무를 수 없었기 때문에 자정을 넘기기 일쑤였다. 예산 및 사업계획 회의는 거의 항상 밤 12시 이후에 끝이 났다. 우리는 시계를 보지 않았고, 해결책을 찾을 때까지 쉬지 않고 일했다.

이런 회의에 소비된 시간은 얼마나 될까. 내년을 위한 임시의 개략적인 사업계획과 예산을 위해 2월과 3월에 3주를 보내고, 연말에 이런 계획들을 검토하고 합의하는 데 12주를 보냈다. 전부 합하면 15주다. 총책임자회의는 브뤼셀과 뉴욕에서 1년에 열 달 동안 각각 1주일씩 개최되었고, 이것은 20주의 시간이다. 전부 합하면 35주이며, 여기에 4주간의 휴가기간을 더하면 39주가 된다. 순수하게 회사 경영에 투입하는 시간은 고작 13주 정도다. 우리는 어떻게 했을까? 잠자는 시간과 주말을 빼고는 할 수만 있다면 언제든 초과근무를 했다. 우리는 진정 회의와 자회사에서의 직접대면 회합을 통해 ITT를 운영했다.

이 모든 것이 조직도 어디에 나타나는가? ITT는 외견상 비슷한 크기의 여타 기업과 똑같이 조직화되어 있는 것처럼 보인다. 그러나 우리는 전혀 달랐다. ITT맨들과 다른 기업에서 일하는 사람들은 인간적이고 살아 있는 일상적인 관계와 상호작용 측면에서 차원이 달랐다. 그리고 이 모든 것의 80%는 우리가 직접 얼굴을 맞대는 경영자회의에서 일어났다는 것이 내 생각이다.

Chapter 4

경영자는
경영을 해야 한다

경영자는 경영을 해야 한다
(Management must Manage)!

경영자는 경영을 해야 한다!

경영자는 경영을 해야 한다!

경영자는 경영을 해야 한다!

도대체 몇 번을 말해야 알아듣겠나?

이는 아주 간단한 신조이자 비즈니스 · 직장생활을 비롯하여 우리가 하는 대부분의 일을 성공적으로 이끌 수 있는 가장 확실한 비결일 것이다. 사람들이 이를 모를 리 없다. 그런데 희한하게도 그들은 늘 잊고 산다. 혹은 이 말을 현실에 적용하기에는 뭔가 설명이 부족하다고 여긴다.

용어를 정의해보자. "경영진(management)"이란 사업체 등을 운영하는 경영자로 구성된 팀을 가리키는 용어이며, "경영하다(manage)"는 어떤 일을 실행한다는 말로 당신이나 경영진이 계획한 일, 시도할 만한 가치가 있는 어떤 일을 완수한다는 뜻이다. "해야 한다(must)"는 말 그대로 해야 한다는 뜻으로, 이 문장에서 가장 핵심이 되는 단어이다.

경영자들은 정해진 회계기간 말까지 만족할 만한 수익을 창출하기 위한 사업계획과 예산을 수립한다. 사업계획이란 당신이 "겨누고 있는" 표적이다. 그러나 목표 달성을 "원하는 것"만으로는 목표를 달성할 수 없다. 경영한다는 말은, 일단 한 해의 사업계획과 예산을 세웠으면 매출, 시장 점유율, 수입, 그리고 당신이 공들인 어떤 일에서든 의도한 목표를 달성해야 한다는 의미다.

:: 한 가지 방법이 실패하면 다른 방법을 시도하는 것이 경영 ::

만약 이런 성과를 달성하지 못하면 당신은 경영자가 아니다. 당신의 사무실 문패에는 "사장"이니 "부사장"이니 또는 "영업부장" 따위의 거창한 직함이 걸려 있을지 모른다. 그러나 성과를 달성하지 못하면 최소한 내가 말하는 의미에서 당신은 경영자가 아니다. 실패하거나 성공하거나 사무실 밖에서는 어떤 일이 벌어지고 있을지 모른다. 그러나 당신은 그 일을 주도하지 못한다. 당신은 밖에서 벌어지는 일을 경영하고 있지 않다. 당신이 평범한 사람이라거나 무능한 경영자라는 뜻은 아니다. 그저 경영자가 아니라는 말이다.

예컨대 타고난 두뇌와 능력이 엇비슷한 대학생 세 명이 있다고 가정해보자. 이들은 경영대학원에 진학하여 공부를 마친 뒤 돈 잘 버는 경영자, 성공한 경영자가 되는 것이 꿈이다. 첫 번째 친구인 캘(Cal)은 자신이 평균 B학점은 받을 수 있으리라 생각한다. 전에도 그 정도는 했기 때문이다. 그는 필요한 수업을 빠짐없이 이수하고 대부분의 과제물을 제출하고 이 정도면 감당할 수 있다고 여기는 일들을 한다.

어느 해 기말시험 전에 독감에라도 걸리면 그의 평균점수는 C를 약간 웃도는 수준으로 떨어진다. 그러나 그는 자기가 게을렀기 때문이 아니었다고 말하며, 내년에는 평균 A를 받을 수 있다고 생각한다. 그러나 예기치 못한 일이 발생한다. 그는 시험 보는 도중 지문 하나를 잘못 이해하여 C를 받는다. 이처럼 뜻밖의 일들이 무슨 심술보인지 그를 괴롭힌다. 결국 그는 평균 B마이너스로 졸업하고, 운이 좀 따르면 B마이너스 수준의 경영대학원에 들어갈 수 있을지 모른다.

두 번째 경영 후보자 앨(Al)은 최고 수준의 경영대학원 12곳 중 한 곳에 들어가겠다고 목표를 정한다. 이를 위해서는 평균 A학점이나 그에 못지않은 점수를 따야 한다. 첫 시험에서 B를 받자 그는 밤에 공부하던 시간을 한두 시간에서 세네 시간으로 늘린다. 2~3학년 때도 여타 과목에서는 A를 받았지만 한 과목에서 B를 받는다. 그는 화가 났지만 더 이상 뭘 어떻게 해야 할지 모른다. 그래서 매년 3~4과목에서 A를 받고 1개 정도 B를 받는데 이 정도면 그리 나쁜 것은 아니라고 생각한다. 그러나 4학년 때 그는 A 두 개, B 하나, 그리고 예상치 않게 한 과목에서 C를 받는다. 그는 12곳에 지원서를 내고 행운을 기원한다. 이제 그가 최고 수준의 경영대학원에 입학할 수 있는지는 자신의 학점만큼이나 그의 경쟁자들에게 달려 있다.

세 번째 학생은 스탠퍼드나 하버드대 경영대학원에 입학하기로 결심한다. 다른 곳은 필요 없다. 이를 위해서는 전 과목에서 A를 받아야 한다. 그를 핼(Hal)이라고 부르자. 왠지 이 이름은 내 귀를 즐겁게 한다('핼'은 제닌의 이름 해럴드의 애칭 – 옮긴이). 그는 몽땅 A를 받아야 한다는 사실을 알고 있다. 원하는 점수를 받기 위해 그는 매일 밤 서너 시간 또는 다섯 시간 동안 공부한다. 4학년 때 전 과목 평균 A를 받았지만 고급회계 한 과목에서 낙제점을 받았다. 발등에 불이 떨어진다. 학기가 끝나기 전까지는 B학점을 따야 한다고 생각하고 이를 악문다. 더 열심히 공부한다. 학기 중간에 이르렀지만 그 과목의 평균은 여전히 B마이너스다. 어떻게 해야 할까? 그는 과제물의 범위를 넘어 독서량을 늘린다. 그래도 이 과목을 마스터할 수 없기는 마찬가지다. 그는 담당 교수님께 도움을 요청한다. 그러나 교수님은 그의 마음을 이해하면서도 그를 위해 따로 시간을 내줄 수는 없다. 어떻게 해야 할까? 친구인 캘과 앨은 그가 너무 소심하다며 코웃음을 친다. 4년 동안 B 하나면 그리 나쁘지 않다는 것이다. 그러나 핼은 자신의 목표에 대한 의지가 확고하다. 그는 고급회계 과목에서 꼭 A를 따야 한다. 그는 자존심이 상했지만 자신을 가르칠 만한 대학원생을 찾는다. 핼은 밤을 지새워가며 공부에 매달리고 학습 내용을 깊이 파고든다. 한마디로 그는 열심히 공부했고 결국 A를 받는다. 그리고 자신이 선택한 학교에 들어간다.

　앞의 두 학생은 경영자가 아니라는 것이 내 판단이다. 캘은 그저 물결 따라 흘러갔을 뿐이고, 앨은 목표를 정하고 성실하게 노력했지만 뜻하지 않은 사건에 휩쓸려 갈피를 잡지 못했다. 이 학생들의 성공은 어떤 형태의 것이든 소위 "운"에 좌우된다. 그들보다 더 잘하는 사람이 아무도 없다면 그럭저럭 해나갈 수 있을지 모른다. 세 번째 학생 핼은 경영대학원에 들어가기 전부터 경영자였다. 그는 본능적으로 경영의 본질을 파악하고 있었다. 그가 공부를 열심히 했기 때문에 그렇다는 것이 아니라, 한 가지 방법이 실패하면 목표를 달성할 때까지 계속 다른 방법을 시도했기 때문이다. 이게 경영이다.

캘과 앨과 핼이 비즈니스 세계에 자리를 잡을 때면, 틀림없이 자신과 같은 사람들이 이미 밟아간 경영자의 길을 좇게 될 것이다. 캘은 낮은 수준의 성취를 이루며 터벅터벅 걸어갈 테고, 앨은 양심적으로 끈기 있게 노력하면서도 상상력은 거의 발휘하지 못할 것이다. 그러나 핼은 ITT 같은 기업의 최고 위치에까지 오를 것이다.

비즈니스 세계에서는 모든 사람이 자기의 이익을 위해 행동하며, 적법하지만 서로 양보하기 어려운 목적을 위해 노력한다. 고객은 더 낮은 가격을 원하며 공급자는 더 높은 가격을 요구한다. 노조는 임금 인상을 외치고 주주들은 늘 수익에 목마르다. 경쟁사는 우수한 품질의 제품을 싼 값에 판매한다. 당신이 경영자라면 이 모든 것을 관리하는 동시에 당신이 자신과 회사를 위해 설정한 목표는 물론 이러한 상충되는 목적들을 만족시키는 성과를 내면서 한 해를 마무리해야 한다. 비즈니스에는 항상 문제가 따르기 마련이고 당신은 경영자로서 이 문제를 해결해야 한다. 만약 한 가지 문제를 해결하기 위해 22가지 방법을 활용했는데도 계속 실패했다면 23번째 방법을 시도해야 한다. 당신의 태도는 다음과 같아야 한다.

"필요하다면 난 여기서 밤을 새우겠어. 하지만 어떻게든 문제는 해결해야 해."

비록 나 역시 종종 밤을 새웠고 때로는 다른 사람들에게도 밤샘 작업을 권했지만, 사무실에서 불 밝히고 일한다고 끝이 아니다. 무엇보다 문제를 해결하는 것이 핵심이다. 경영에서는 결과가 중요하다. 만일 손 안 대고 코를 풀 수 있다면, 즉 문제를 해결할 수 있다면 이보다 좋을 수는 없다. 우리가 날밤을 새우는 것은 문제를 해결하고 자신을 만족시킬 답을 찾기까지 그 정도의 시간이 걸리기 때문이다. 그결과는 분기 말과 연말의 손익계산서에 나타난다. "경영자는 경영을 해야 한다."는 말은 당신이 그런 결과를 얻어야 한다는 뜻이다.

:: 우리는 기대하는 만큼 얻게 된다 ::

비즈니스 세계에서 이런 태도에 이의를 제기할 사람은 아마 거의 없을 것이다. 그러나 분명한 사실은 이 세계의 많은 사람들이 말은 그렇게 하면서도 실제로 행동은 그렇지 못하다는 점이다. 중간 경영진은 최고 경영진에게 이렇게 보고한다.

"목표를 달성하지 못해 죄송합니다. 하지만 목표에 근접은 했습니다. 저희가 부딪친 문제들을 말씀드리자면……." 이렇게 보고서는 이 부서와 저 부서에서 위로 전달되고, 다시 최고경영자는 이사회에 이런 식으로 보고한다. "이런 보고를 하게 되어 정말 죄송합니다만……."

노련한 최고경영자는 언제든 그럴듯한 이유를 찾아낸다. 그는 날카로운 논리와 이성으로 무장하여 이사회와 주주들에게 보고한다. 그는 국가경제의 침체, 인플레이션, 공급 부족, 날씨, 신기술, 해외의 경쟁사 등을 이유로 꼽거나 혹은 이런 악재가 겹쳤기 때문이라고 둘러댈 것이다. 사실 그의 논리는 대부분 논박의 여지가 없다. 그의 결론은 거의 항상 "상황은 더 나빠질 수도 있었습니다."가 되기 때문이다. 그는 종종 이런 열악한 환경에서도 아주 뛰어난 활약을 펼친 그의 경영진에 대해 칭찬을 늘어놓는다. 우리는 매년 쏟아지는 수천의 기업 연례보고서에서 이런 설명을 접할 수 있다.

그러나 만약 당신이 경영자는 경영을 해야 한다고 믿는다면, 흠잡을 데 없이 완벽한 논리로 무장된 그 모든 설명들이 아무 의미 없음을 알게 된다. 중요한 것은 오직 원하던 목표를 달성했느냐 못했느냐이다.

그러나 대부분의 사람들이 꼭 목표를 달성하는 사람만 경영자냐고 반문한다. 또 너무 많은 미국 기업의 경영자들이 원하던 결과를 얻지 못한다. 목표를 달성할 때까지 죽어라고 노력하는 사람이 없기 때문이다. 온갖 변명과 합리화가 너무 쉽게 받아들여지며 심지어는 예측되기까지 한다. 모두가 이를 알고 있다. 사장은 매출 목표를 정하고 영업부장과 그가 이끄는 전체 영업사원들은 사장이 그 목표의 80%만 채워주면 그런대로 만족하리라는 것을 알고 있다. 그래서 그 정도가 그들이 올리는 실적의 전부가 된다. 만약 목표를 80% 이상 달성하게 되면, 할당 목표가 올라갈 내년을 위해 그 수치를 숨기는 일도 벌어질지 모른다. 이런 일은 늘 일어난다. 우리는 우리가 기대하는 만큼 얻는다. 기대치를 넘어서 목표를 달성하는 경우는 아주 드물다.

산업에서 품질관리의 문제가 좋은 사례다. 과거에 위험한 산업에서는 한 번 사고가 일어나면 한두 명 또는 열 명이 사망하고 그보다 많은 사람이 부상당할 것으로 추정되었다. 그 정도의 인명피해는 피치 못할 일로 간주되었고, 매년 그 모양이었다. 그러다가 인명을 보호하기 위한 품질관리가 필수적인 문제로 제기되었다. 단 한 명의 목숨을 잃는 것도 용납할 수 없었다. 그래서 관련 기업들은 사고율 제로를 목표로 삼았다. 어떻게 되었을까? 이들은 조립라인에서의 고장이나 결함으로 발생한 사망사건이 제로가 될 때까지 관리 방식을 계속 수정했다. 직원들에게 부주의로 인한 실수를 막는 법을 가르치기 위한 추가 절차가 마련되었다.

존스앤드러플린에 있을 때다. 매순간 노동자들이 화덕이나 용광로, 그리고 마무리 압연기(finishing mill, 복수의 압연기군으로 압연작업을 할 경우 최후의 압연기 – 옮긴이)의 위험에 노출된 철강업계에서 단 한 건의 사망사고도 없이 며칠이 경과했는지 게시했던 적이 있다. 무사고 일수가 365일 정도 이어지자 모두 이 기록이 깨질지 모른다며 긴장했다. 우리는 지나치게 안전을 의식하게 되었다. 그러나 그런 시도조차 하지 않았다면 빈발하는 사고를 막을 수 없었을 것이다.

제품에서 불량률 제로의 개념이 미국 산업의 기준이 되기까지는 이보다 훨씬 더 긴 시간이 걸렸다. 1년에 1백만 개의 토스터기를 생산하는 업체는 이 가운데 일정 비율로 결함이 있거나 표준 이하의 제품이 생산될 것으로 예측한다. 이를테면 2%, 3%, 또는 5% 등이 될 수 있다. 그리고 예측한 만큼 불량품이 나온다. 이 수치들은 예산에 반영된다.

만약 토스터기, 아니 다른 어떤 제품이더라도 생산량의 7%나 10% 가 불량품으로 반품되면 제조사는 비로소 그들의 품질관리 실태를 점검할지 모른다. 이때 경영진은 결함제품 비율을 얼마나 줄여야 하고 이를 위해 어느 정도의 품질관리가 필요하며 얼마의 경비를 지출해야 하는지 결정하게 된다. 첨단기술 제품에서는 결함제품을 수리하기 위해 엄청난 정비 인력을 현장에 두는 것보다 생산라인에 관리 시스템을 도입하는 편이 훨씬 싸게 먹힌다. ITT 전화교환 장비의 경우 우리 기준은 불량률 제로였다. 그래야 한다는 것이 우리의 방침이었다. 항공기 설계 및 생산에서도 마찬가지다. 이 분야에서 결함 부품은 어떤 경우라도 용납되지 않는다.

그러나 다른 제품의 경우에는 품질관리와 가격 사이에 상충관계가 존재한다. GM, 포드, 크라이슬러와 같은 기업은 20년 동안 타고 다닐 수 있는 무결점 자동차를 만들 수 있을지 모른다. 최소한 나는 그럴 수 있다고 생각한다. 스테인리스강으로 차체를 만들고 각각의 기능을 모니터하는 컴퓨터 장치를 장착할 수도 있다. 그러나 그 자동차 가격은 터무니없이 비싸질 테고 낡아서 폐차시키기 전에 (신기술 자동차의 등장으로) 구식 모델로 전락할 것이다.

ITT에는 필립 크로스비(Philip Crosby)라는 탁월한 품질관리 전문가가 있었다. 그는 비용분석을 통해 라인관리자들에게 제품을 나중에 현장에서 수리하는 것보다 애초에 생산라인 단계에서 품질을 관리하는 것이 더 싸게 먹힌다는 사실을 증명했다. 그는 생산자가 품질기준을 정하고 그 기준을 지키기 위한 관리수단을 마련한 다음 이 관리비용을 제품가격에 반영해야 한다고 주장했다. 그의 요점은, 품질관리 자체가 더 좋은 품질의 제품을 생산한다는 의미는 아니라는 점이었다. 품질관리란 말 그대로 품질을 관리한다는 뜻이었다. 100달러짜리 장비를 쓰면서 400달러의 기능을 기대할 수는 없다. 그러나 경영자가 한번 품질기준을 정하면 그 수준에 미달하는 제품을 용납해서는 안 된다.

품질관리란 마이너스를 관리하는 것이다. 우리는 제품 결함이나 매출 및 수익 감소 등의 마이너스 수치들을 얼마나 수용할 것인지 기준을 정한다. 플러스를 창출하는 것은 경영자가 하는 일의 일부에 불과하다. 매출과 소득도 품질관리와 동일한 방식으로 다루어져야 한다. 무엇보다 경영자는 생산, 매출, 시장점유율, 소득 등과 관련된 자신만의 기준을 정하고 그 기준에 미달하는 것은 그 어느 것도 받아들여서는 안 된다.

:: 경영자와 경영자가 아닌 자의 차이 ::

그러면 무엇을 기준으로 삼아야 할까? 이때의 기준은 산업, 제품, 그리고 경영자 자신에게 달려 있으며, 경영자가 수용할 수 있는 것이어야 한다. 만약 경영자라면 그는 자신이 뭘 해야 할지를 알고 있다. 분명 동종업계와 그의 경쟁자들은 확고한 기준을 갖고 있다. 그러나 경쟁자들보다 더 잘하기 위해서는 경영자 스스로 그들보다 높은 기준을 설정해야 한다. 그런 뒤 기준을 충족시키기 위해 경영을 해야 한다.

최근에 나는 백화점 몇 곳에서 보석상을 운영하는 사람을 만났는데, 그가 내게 이렇게 말했다.

"저는 백화점 손님의 4%를 확보하지 못하면 제가 일을 게을리 했기 때문이라고 여깁니다."

내가 물었다. "왜 꼭 4%가 되어야 하는지 어떻게 알지요?"

"모릅니다." 그가 답했다. "그냥 그런 식으로 계산이 나옵니다."

"5%는 안 되나요?" 내가 물었다.

"안 됩니다. 딱 4%가 적당합니다."

그는 딱 잘라서 이렇게 말하며 4%가 백화점 내 다른 판매대보다 더 높은 수치라고 설명했다. 이 사람은 확실한 근거도 없이 기준을 설정했다. 그는 이 4%를 얻지 못하면 잠을 자지 못했고, 죄의식마저 느꼈다. 그는 밤새도록 일했고 필요하다면 무슨 짓이라도 해서 4%를 달성했다. 그가 어떻게 했는지 자세히는 모른다. 아마 5%나 8%도 가능했을지 모르지만 별 차이는 없다. 그는 경영을 하고 있었고, 영락없는 기업가였다.

기업가와 전문경영인 사이의 주된 차이는 대개 태도에 있다. 기업가는 특히 처음 시작할 때 자신이 성공과 실패의 기로에서 외줄타기를 하고 있음을 잘 알고 있다. 단 한 걸음만 삐끗해도 곤두박질칠 수 있기 때문에 한 번의 실수도 용납지 않는다. 그는 특정 시장에 진입하여 정해진 액수의 매출을 달성하고 사업을 지속하는 데 필요한 만큼의 충분한 돈을 벌어야 한다. 남들은 5시에 퇴근하지만, 그는 뒤에 남아 풀리지 않는 사업상의 문제들을 해결하기 위해 머리를 싸맨다. 그는 경영을 해야 한다. 그는 귀가할 때도 사업 문제를 생각하며, 하루 24시간 일과 더불어 산다.

전문경영인은 처음에는 이런 헌신적인 열정을 보여주다가도 나중에는 시들해지는 경우가 흔하다. 그는 일정한 틀에 맞춰 경영을 하려고 하며, 자기 회사가 수차례의 실수에도 꿈쩍하지 않을 만큼 크기 때문에 가끔 실수를 저질러도 괜찮으리라 생각한다. 전문경영인은 실수를 하거나 시장에서 발생하는 뜻밖의 악재도 얼마든지 벌어질 수 있는 일이라고 여긴다. 그는 성공을 원하며, 무의식중에 합리적 수준의 잘못이 발생할 여지를 감안한다. 그러나 그들은 자기 사업체를 운영하는 기업가보다 더 많은 잘못을 용인한다. 대개 이사회는 전문경영인의 설명에 그럴 수 있다며 고개를 끄덕인다. 공장장이나 영업부장은 그 상황을 사업부 책임자에게 설명하고 책임자는 부사장에게 설명하고 사장은 이사회에 설명한다. 논리적이고 타당한 온갖 구실들이 쏟아져 나오고 이 변명들은 모두 수용된다. 이런 분위기가 회사를 곤경에 빠뜨린다. 경영자의 변명을 다 받아준 결과 경영자는 더 이상 경영을 하지 않는다.

이사회, 주주, 그리고 금융분석가들은 왜 애초에 설정했던 기준에 못 미치는 결과를 받아들이는 것일까? 성과보다 무성과(non-performance)를 측정하기가 훨씬 어렵기 때문이다. 성과는 한 무더기의 다이아몬드처럼 눈에 확 띄지만, 무성과는 거의 항상 교묘한 말로 얼버무려질 수 있다. 만약 다음 번 사업보고서에서 전국을 휩쓴 한파 때문에 국가 전체의 소매 매출이 감소했다는 말을 듣게 되면, 미네소타의 어떤 소매업자는 그 주에 매출과 수입이 증가한 반면 선벨트(Sunbelt, 미국 남부 노스캐롤라이나 주에서 캘리포니아 주에 이르는, 북위 약 37도 이남의 따뜻한 지역 – 옮긴이) 지대의 또 다른 소매상은 손해를 보았다는 뜻으로 받아들여도 좋다. 왜 그럴까? 한 사람은 자기 사업을 경영하는 경영자였고 다른 사람은 자기 힘으로 통제 불가능하다고 여겼던 사건들의 희생자였기 때문이다.

:: 경영은 성과로 평가된다 ::

경영 효율성은 주관적으로 평가되어서는 안 된다. 이는 분기 말이나 연말에 손익계산서를 통해 측정될 수 있다. 수치를 보면 어떻게 경영했는지 알 수 있다. 즉 경영자가 목표를 달성했거나 달성하지 못한 것이고, 경영을 제대로 했거나 그렇게 하지 못한 것이다. 내가 보기에 그 외의 모든 것은 무의미한 헛소리에 지나지 않는다. 특히 새로 시작하는 상황에서는 3년쯤 지난 뒤에 평가를 내려달라고 요구할 수도 있다. 3년 사이 아마 이 경영자는 자신의 실적을 평가할 수 있는 명확한 지표를 마련할 수 있을지 모른다. 그러나 그가 어떤 구실을 찾아내더라도 결국 경영자는 손익계산서를 통해 평가받는다.

왕성하게 활동중인 회사에서는 분기별 평가가 가능하다. 나는 ITT의 경영진에게 1분기의 목표를 달성하는 것이 1년 사업에서 가장 중요하다고 재차 강조했다. 만약 1분기 목표 달성에 실패하면 아마 남은 3분기에도 계속 그 타령이기 쉽다. 한편 1분기 목표를 무난히 달성하면 2분기와 3분기, 그리고 아마 4분기에도 계속 탄력을 받아 어렵지 않게 목표를 달성할 수 있을 것이다. 한번 궤도에 오르면 큰 탈 없이 진행된다.

당신은 당신의 회사나 사업부, 또는 부서가 1분기 목표를 달성하지 못하면 어떻게 하는가? 제일 먼저 문제가 무엇인지를 알아낸다. 다음에는 그 원인을 찾아내고 바로잡는다. 바로 이런 이유로 우리는 모든 ITT 기업의 감사관들에게 매주 각 자회사의 각종 수치들을 본부로 올려 보내도록 했던 것이다. 만족스럽지 못한 결과는 보고서에 명료하게 드러난다. 우리의 라인관리자들이 주요 문제를 "붉은 깃발"로 표시한 것도 바로 이런 이유 때문이다("붉은 깃발"에 대해서는 90쪽 '깜짝 사건을 없애라'에 자세히 기술되어 있다.). 또 매월 경영자회의를 열었던 것도 이 때문이다. 우리는 문제의 원인을 정확하게 짚어 최대한 빨리 최상의 해법을 찾아내고자 했다. 만약 매출이 떨어지면 왜 떨어졌는지 알아내려고 했다. 원인이 무엇이냐에 따라 광고와 판촉을 늘리거나, 마케팅 전략과 유통망을 변경하거나, 아니면 포장이나 제품 자체의 모델을 바꾸기로 결정한다. 또는 가격 인하를 위해 생산비용을 줄이기로 결정할 수도 있다.

우리는 성과를 달성하기 위해 모든 수단을 동원했다. 또 학교에서 배운 것, 사업 경험을 통해 배운 것, 그리고 서로에게 배운 것까지도 모조리 활용했다. 그리고 직관과 두뇌를 이용했다.

"경영자는 경영을 해야 한다."는 원칙은 ITT의 신조가 되었다. 그것은 원하는 결과를 얻기 위해 (정직하고 합법적인 범위 내에서) 필요한 일을 모두 다한다는 뜻이다. 문제에 대한 한 가지 해법이 효과가 없으면 다른 방법을 시도했다. 붉은 깃발로 표시된 주요 문제들은 계속 각 회사의 월례보고서 첫 페이지에 수록되고 바뀐 상황에 맞춰 업데이트 되었다. 해결될 때까지 매달 그랬다. 붉은 깃발이 걸린 문제는 ITT 경영자의 목에 걸린 가시였고 그의 능력에 대한 자부심에 상처를 입히는 요소였다. 그는 이 문제를 해결해야 했다. 회의장에 앉아서 자기에게 문제가 있으나 아무것도 바뀐 것이 없다는 식의 변명만 늘어놓을 수는 없다. 그는 나와 본부 경영진, 그리고 그의 동료들에게 그가 이 문제 해결을 위해 무엇을 하고 있고, 또 무엇을 하자고 제안했는지 밝혀야 한다. 그는 그저 상황을 보고하기 위해서가 아니라, 자신이 어떻게 경영하고 있는지 알리기 위해 이곳에 참석한 것이다. 그가 정말 곤경에 처해 있다면 우리는 필요한 모든 도움을 아끼지 않을 것이다. 우리는 함께 경영한다.

내가 ITT를 이끌던 초기에 라틴아메리카 사업 책임자가 수백만 달러가 투입된 우리의 최신 전화교환장치를 브라질 정부에 팔지 못했다고 보고했다. 그때 나는 총책임자회의에서 우리가 함께 경영한다는 사실을 뚜렷이 각인시켰다. 나는 그동안 들인 노력과 활동, 발표 내용, 그리고 상황과 관련된 사실들을 꼼꼼히 살폈고, 그는 내게 자신이 강구한 모든 대책을 설명했다.

"구매 여부는 최종적으로 누가 결정을 내립니까?" 내가 물었다.

"쿠비체크(Kubitschek) 대통령입니다."

"그를 만났나요?"

"안 만났습니다."

"왜 안 만났죠?"

"결정을 내리는 사람이 따로 있기 때문입니다. 그가 의견을 내면 대통령이 따르는 식이죠. 게다가 저는 쿠비체크를 만날 기회도 못 만들 것 같습니다."

"한번 시도는 해보지 그래요? 성공하면 얻을 건 많고, 설령 실패하더라도 잃을 건 없잖아요."

한 달 뒤, 그는 느긋한 얼굴로 싱글거리며 자신이 브라질 대통령을 만났고 물건을 팔았다고 발표했다. 이 소식은 대히트를 쳤고 회의장에 있던 사람들은 그에게 박수갈채를 보냈다.

또 이런 일도 있었다. 유럽 총책임자회의에서 우리는 재고품 관리라는 심각한 문제와 씨름하고 있었다. 보통 20억에서 30억 달러 규모에 이르는 유럽의 물품 재고량은 적정 수준을 넘어 약 5억 달러 초과했고, 우리는 이 놀고 있는 비축물자에 대해 매달 이자를 지불했다. 우리는 전화 및 전자제품 생산회사에서 쓰이는 부품이 넘치지 않도록 물량을 조절하기로 하고, 수시로 대책본부를 꾸려 실태를 조사했다. 그러나 재고물량은 매달 쌓여갔다. 그러던 차에 회의석상에서 한 경영자가 각 공장의 하역장에 사람을 배치하여 불필요하거나 주문되지 않은 물품을 돌려보내게 하는 방법으로 재고품 문제를 해결했다고 말했다. 참으로 간단하고 효과만점인 방법이었다. 우리는 유럽에 있는 모든 공장의 하역장에 전담직원을 두고 우리가 주문도 하기 전에 하역장에 부려지던 엄청난 양의 물품을 돌려보내게 했다.

물론 중요한 점은 경영자라면 사업이 궤도에서 일탈하지 않도록 통제해야 한다는 사실이다. 만약 사업에 문제가 생기면 원인을 찾을 때까지 탐색작업을 멈추지 않고, 한 가지 해결책이 안 통하면 계속 다른 방법을 시도해야 한다.

유능한 경영자는 문제를 해결하는 데 그치지 않는다. 이미 계획 단계에서 사후에 발생할지 모르는 문제를 미리 예측하고, 이 문제가 발생하지 않도록 대비하고, 나아가 뜻밖의 문제가 발생했을 경우 즉시 손을 쓸 수 있는 방법까지 구상한다. 훌륭한 경영자는 자신의 경험을 통해 배우고, 회사나 하나의 사업부를 이끌 때쯤에는 무엇이 효과적인지 일종의 육감을 갖게 된다. 또 상황과 문제, 그리고 관련된 사람들을 분석할 수 있는 능력을 획득하여 다양한 대안들 가운데 최선책을 선택할 수 있게 된다. 그리고 만약 그가 신중하다면, 첫 번째 방법이 실패할 경우를 대비하여 두 번째 방법을 미리 마련해둘 것이다. 이것이 바로 자신의 숙제를 한다는 뜻이다.

:: 무엇보다 "사실"이 중요하다 ::

"경영자는 경영을 해야 한다."는 신조 속에는 능숙해질 때까지 계속 담금질하면서 훈련을 쌓아야 한다는 메시지도 담겨 있다.

이 훈련의 일부로서, 우리는 우리가 얻어낸 첫 번째 답이 반드시 최상의 해결책이 아니라는 사실을 인식하는 것이 필요하다. 내가 확고부동한 사실에 대한 탐색작업을 그토록 강조하는 이유도 바로 이 때문이다. 이런 사실은 쉽게 얻을 수 없다. 소위 "사실"이라는 것은 거의 항상 이를 제시하는 사람의 편견에 물들기 마련이다. 따라서 다양한 소스에서 "사실들"을 얻는 것이 좋다.

영업사원들은 늘 고객의 의견에 치우쳐 있으며 매출과 관련된 실제 상황을 부풀리는 경향이 있다. 마케팅 담당자들은 고객의 말은 거의 무시한 채 우리 제품에 대한 시장의 반응은 어떨 것이라는 통계적 분석을 신뢰한다. 엔지니어들은 보통 신제품에 대한 아이디어를 내놓는다(이것은 해당 시기에 시장이나 고객이 원하는 것일 수도 있고 아닐 수도 있다). 순전히 가정적인 상황에서 어떤 일이 일어날 확률에 대해 공상이나 하는 자들도 있을 테고, 잘못될 가능성이 있는 모든 일에 대해 악몽을 꾸는 자들도 있을 것이다.

경영자는 그들 각자가 제시한 "사실들"을 취한 뒤 그 사실들로부터 자신을 포함한 모든 이들의 편견을 걷어낸 다음, 무엇이 실체인지 진짜 그림을 보려고 노력해야 한다. 마치 동전 위에 종이를 대고 연필로 문지르는 어린 시절의 놀이처럼 손을 분주히 놀리다 보면 상은 점차 도드라진다. 보다 많고 다양한 소스에서 전달되는 "사실들"을 접할수록 현상의 이면에 있는 실상(또는 그에 근접한 것)이 차츰 그 자취를 드러내게 될 것이다.

그러면 당신은 경영자로서 결정을 내리고 행동을 취해야 한다. 나는 현상을 바로 인식할 때 결정도 분명하고 쉽다는 사실을 발견했다. 사실들이 당신을 위해 결정을 내려준다. 때로 이미지가 모호할 때도, 충분한 사실을 확보할 수 없을 때도 당신은 행동해야 한다. 그러나 아직 모든 게 확실치 않다는 사실을 인식하고, 또 상황이 급변할 수 있다는 사실에 유의하며 신중히 움직여야 한다. 확실치 않은 상황에서도 행동에 나서거나 행동의 탄력을 유지하는 것이 더 중요할 때가 많다. 왜냐하면 돛단배에서처럼 바람을 타고 항해하는 중에만 방향을 바꿀 수 있기 때문이다. 바람이 잠잠하면 돛단배는 꼼짝도 못한다. 경영한다는 것은 죽어라 연구만 하다가 기회를 날려버리는 것이 아니라, 뭔가가 일어나게 만든다는 뜻이다.

오래 전부터 나는 기업의 위계에서 낮은 위치에 있을수록 행동의 근거가 되는 사실들의 정확성을 증명할 시간은 더 많지만, 실제로 그렇게 할 가능성은 낮다는 느낌을 받아왔다. 반면 직위가 오르고 책임이 무거워질수록 사실들을 확인할 시간은 더 줄어들지만, 이 확인 작업의 중요성은 더욱 커진다. 나는 경력 초기에 공인회계사로서 기업에 대한 감사 업무를 수행하면서 장부나 재고목록을 점검하는 데 필요한 시간을 충분히 확보했다.

나는 한 회사를 위해 석탄 통을 세는 데 여러 날을 보냈고, 석탄 통이 아주 많다는 "사실"을 직접 확인했다. 그러나 감사관으로 승진한 뒤에는 다른 사람이 실행한 감사의 진실성에 의존해야 했다. ITT의 사장이 되었을 때는 "사실들"로 가득한 수백 개의 보고서에 의지해야 했으며, 내가 내려야 하는 결정들은 매우 중요했다. 바로 이것이 내가 확고부동한 사실을 강조한 이유였고, 또 이 때문에 그 "사실들"을 들고 찾아온 자들에게 이것저것 꼬치꼬치 캐물었던 것이다. 물건이 몇 개인지 손수 세고 있을 시간이 없었다. 내게는 감독해야 할 자회사가 250개에 달했던 반면, 한 이익중심점(profit center, 원가와 수익 모두에 대해서 통제 책임을 지는 책임중심점이다. 이익중심점은 기업 자체가 될 수도 있고 생산부서, 판매부서와 같이 기업의 특정부서로 구성될 수도 있다. − 옮긴이)의 책임자에게는 단 한 곳밖에 없었다. 그래서 그는 나보다 사실을 확인할 시간이 더 많았다. 그리고 그에게 보고하는 사람들은 자기 부서에서 사실들을 확인할 시간이 그보다 더 많았다. 그러나 우리에게는 각자 맡은 책임이 있었다. 나는 ITT 전체를 책임졌고 그들 각자는 자기 사업부나 부서를 책임졌다. 나에게는 사실을 확인하는 작업이 무엇보다 중요했다. 경영자의 결정 자체가 잘못된 경우는 별로 없다. 문제는 사실들이다. 경영자가 자칫 잘못되고 오도되거나 간과된 "사실들"을 기초로 "옳은" 결정을 내릴 때 일이 틀어지기 쉽다. 이때는 틀어져도 아주 크게 틀어질 수 있다.

ITT 역사상 가장 손해가 컸던 경영상의 실수가 있다. 우리는 1968년 산림제품 회사 레이오니어(Rayonier)를 인수했는데 이 회사의 확장 계획의 일환으로 퀘벡의 포트−카르티에(Port−Cartier)에 거대한 목재-셀룰로오스 가공공장을 건설할 계획이었다. 우리는 레이오니어를 인수한 뒤 어떻게 해야 성장 잠재력을 높일 수 있을지 고민을 거듭하고 있었다. 그때 레이오니어의 경영진이 오래 전부터 가공공장을 세우려고 했다는 사실을 알아냈다. 그들에게는 계획을 추진할 만한 자본이 부족했었다.

우리는 캐나다 정부로부터 수백만 에이커에 달하는 테네시 주만 한 크기의 처녀림을 퀘벡 지역에서 아주 싼 비용으로 임대받았다. 그리고 신기술을 통해 목재를 셀룰로오스로 전환할 수 있는 처리공장을 삼림지의 가장자리에 건설할 계획이었다. 공장 건설비용은 1억 2천만 달러로 추정되었다. 새로운 현대식 공장이 완공되면 2억 9,300만 달러 상당의 ITT 보통주와 우선주로 인수한 레이오니어는 이 나라 최대의 셀룰로오스 생산업체로 거듭날 수 있었다.

레이오니어의 계획은 수차례 점검되었고, 위험과 보상을 꼼꼼하게 분석한 끝에 마침내 일을 추진하기로 했다. 통상적인 문제들이 발생했지만 이들은 다소간 예상된 것이었다. 그때 노조 문제가 불쑥 튀어나왔다. 설상가상으로 목재 처리용 화학물질을 재활용하는 신기술에 심각한 결함이 있는 것으로 밝혀졌다. 그러나 일단 사업을 진행하다 보면 차차 해결되리라고 판단했다.

그런데 정작 우리의 발목을 잡은 것은 프로젝트 초기에 범했던 근본적인 계산착오였다. 캐나다 북쪽 끝의 황야를 빽빽하게 수놓은 그 아름다운 나무들이 극심한 추위 때문에 직경이 7.6센티미터를 넘지 못했다. 이 목재를 수확하여 공장으로 운송하기까지 소요되는 비용을 감안하면 타산이 맞지 않았다. 우리는 나무의 크기를 "경영"할 수 없었다. 착수 10년 뒤, 우리는 사업을 포기하고 대략 3억 2천만 달러의 손실을 감수해야 했다. 그 손실의 상당 부분은 레이오니어 캐나다 자회사 전체를 3억 5,500만 달러에 매각했을 때 복구되었다. 그러나 만일 우리가 일을 시작하기 전에 누군가 직접 숲으로 달려가서 나무의 상태를 살펴보았더라면 그 어떤 손실도 없었을 것이다. 우리는 몇 가지의 매우 불확실한 "사실들"에 의지했다. 우리는 숲과 공장과 이윤에 대해서만 살펴보았을 뿐, 이보다 중요한 "사실"에는 장님이었던 것이다.

:: 경영의 좋은 사례, 쉐라톤 호텔을 흑자로 전환시키다 ::

ITT가 호텔사업으로 진출했던 것은 "경영자는 경영을 해야 한다."는 개념에 충실했던 좋은 ─ 심하게 말하면 극단적인 ─ 사례다. 1960년대 말, 우리가 레이오니어 문제에 휘말렸던 때와 거의 같은 시기에 우리는 한 호텔 체인을 매입하기로 했다. 호텔사업의 기본 조건들은 좋아 보였다. 사실 우리는 클리블랜드 지역에서 홀리데이인 모텔 8개에 대한 영업권을 구매했고, 그 체인을 매입하기 위한 협상을 진행중이었다. 호텔과 모텔의 향후 성장 잠재력은 매우 커 보였다. 전체 운영의 상당 부분, 특히 예약 시스템이 막 전산화 작업을 마친 상태였기 때문이다. 홀리데이인은 무료 전화번호 하나로 전국 숙박시설 어디나 예약할 수 있는 중앙 컴퓨터를 갖고 있었다. 또 이 컴퓨터는 각 호텔과 모텔의 객실 이용률을 모니터했기 때문에 회사는 상당히 정확하게 차후의 확장을 계획할 수 있었다. 그러나 홀리데이인 체인의 매입 협상은 결렬되었다.

다음 수순으로 우리는 힐튼에 접근했다. 힐튼은 유럽의 호텔들을 트랜스월드항공(Trans World Airlines)에 팔았다. 콘래드 힐튼(Conrad Hilton)이 시카고의 팔머하우스(Palmer House)로 나를 안내하며 자신의 성공적인 호텔 체인 운영 실태에 대해 설명했다. 그러나 그가 요구하는 가격이 너무 높았기 때문에 우리는 쉐라톤코퍼레이션오브아메리카(Sheraton Corporation of America)로 눈을 돌렸다. 이곳의 수익률은 업계 최저였고, 숙박시설은 30년 전에 지은 낡은 건물들이 대부분이라 수리가 절실한 상황이었다. 게다가 이 호텔은 도시 중심부의 불황지역에 위치하고 있었다. 쉐라톤의 전체적인 상황을 개선할 수 있는 방법을 찾기가 쉽지 않았다. 그러나 ITT 내부의 일부 반대를 무릅쓰고 우리는 1968년에 쉐라톤 체인을 사들였다. 우리는 그곳을 호전시킬 수 있으리라 판단했다.

앞으로 부딪치게 될 문제들을 알고 있었기에 우리는 호텔 수리비용과 새 호텔 신축 비용으로 약 7억 달러를 책정했다. 이 정도면 적당하다고 생각했다. ITT 내에 호텔 건축 전문인력이 확보되어 있었고 필요한 건축비는 거의 100% 빌릴 수 있으리라 판단했다. 이 비용은 새 호텔에서 벌어들이는 돈으로 갚을 수 있다는 것이 우리의 계산이었다. 그러나 일이 뜻대로 풀리지 않았다. 우리는 호텔 건축에 그리 대단한 전문가도 아니었고 은행들은 100% 융자에 난색을 표했다. 한편 남아메리카의 신축 호텔들은 제 몫을 다해주었지만, 서유럽에 지은 새 호텔들의 수입은 예상을 크게 밑돌았다. 수년간 적자 운영이 계속되었으며, 이것은 우리가 1960년대에 달성한 뛰어난 기록에 오점이 되었다. 우리가 쉐라톤에 점점 더 많은 돈을 수혈하면서, 일부 증권분석가들은 ITT가 지금 밑 빠진 독에 물을 붓고 있다고 말했다.

갖가지 방법을 다 시도해봤다. 그만 포기하고 쉐라톤을 매각하라고 조언하는 회사 사람들도 있었다. 우리는 계속 대책 본부를 꾸려가며 쉐라톤의 경영 문제를 연구했다. 이 호텔 체인 때문에 현금 유출입에 지장이 있었다. 우리는 회사와 함께 인수한 경영진을 교체하고 에이비스렌터카(Avis Rent-A-Car)를 운영하던 내부 인력을 투입하여 쉐라톤을 이끌게 했다. 이 두 사업은 크게 다르지 않다는 것이 우리의 판단이었다. 에이비스는 자동차를 구매한 후 처음에는 거리 기준으로, 나중에는 일수 기준으로 대여했다. 쉐라톤은 객실과 침대를 구매한 후 체류 일수에 따라 대여했다. 그러나 신임 경영자도 쉐라톤 문제를 해결하지는 못했다. 우리는 그 자리를 우리의 최고 재무담당자 한 사람으로 대체하고 그가 재정 문제를 관리해주기를 바랐다. 그러나 그도 뾰족한 수가 없었다. 그래서 다시 노련한 호텔경영자인 하워드 제임스(Howard James)에게 그 자리를 맡겼다.

제임스는 일반적인 경영기법을 모두 다 써본 후에 근본으로 되돌아갔다. 쉐라톤에 공통적으로 나타나는 문제들을 검토한 후 그는 새롭고도 창의적인 아이디어를 생각해냈다. 제임스는 ITT는 부동산회사가 아니라 경영기업이라는 사실을 지적했다. 일단 우리가 이 "사실"을 받아들이자, 제임스는 우리에게 호텔사업의 실제 운영 문제에서는 완전히 손을 떼고 호텔 관리에만 집중할 것을 권했다. 우리는 그의 생각을 지지했고, 그는 전면에 나서 오래된 호텔들과 새 호텔에 대한 ITT의 소유권을, 부동산 소유에 따르는 세제 혜택으로부터 득을 볼 수 있는 투자자들에게 팔기 시작했다. 우리는 호텔 운영에 따르는 관리비용을 챙겼다. 이는 누이 좋고 매부 좋은 멋진 해법이었다. 그리고 제임스가 유쾌하게 표현했듯이, 우리는 "남의 돈으로 성장"할 수 있게 되었다.

쉐라톤 매입 후 운영을 정상화하기까지 8년이 걸렸다. 오늘날 세계 전역에서 1급의 ITT 쉐라톤 호텔들이 1년에 약 1억 달러의 세후 소득을 긁어모으고 있다. 호텔들을 매각하고 공동사업을 추진함으로써 쉐라톤 호텔에 대한 ITT의 자본투자는 거의 0의 수준으로 축소되었다. 최근에 ITT는 쉐라톤 체인을 팔라며 10억 달러가 훨씬 넘는 돈을 제의받았지만 이를 거절했다. 이야말로 자부심을 가질 만한 경영인 것이다.

:: 경쟁자보다 한 발만 앞서라 ::

쉐라톤 과제에 직면하여 우리는 호텔 체인의 문제에 대한 해법을 찾아 여러 가능성을 시도했다. 나는 쉐라톤의 문제가 기본적으로 경영 문제이며, ITT가 이를 해결할 수 있으리라 확신했다. 쉐라톤이 계속 적자 운영에 시달리고, 연방정부가 제기한 독점금지 소송을 해결하기 위한 방편의 일환으로 ITT가 10억 달러의 자산을 포기해야 했던 1971년에도 나의 이런 믿음은 철석같았기 때문에 쉐라톤 대신 에이비스를 팔기로 했다. 에이비스는 성장 잠재력을 최대한 끌어올렸기 때문에 더 이상 성장할 여지가 없으며, 지금이 좋은 값을 받고 팔수 있는 최적기라고 판단했다. 한편 쉐라톤은 성장 잠재력이 사실상 무한했고, 우리가 경영진으로서 해야 할 일은 그 가능성을 현실화시키는 작업이었다.

레이오니어 역시 내가 오래도록 지녀온(그리고 개인적으로 경영 관련 결정을 할 때 많이 이용해온) 또 다른 경영 원칙의 좋은 사례다. 즉 내가 처한 환경의 문제들을 해결할 수 없다면 나 자신의 환경을 바꾸라는 것이다. 우리는 그 나무들을 바꿀 수는 없었다. 그것은 근본적인 계산착오였다. 또한 다른 문제들이 발생하는 바람에 우리는 더 이상 포트─카르티에 문제에 손을 쓸 수 없었고 그래서 해당 사업을 팔아버렸다.

"경영자는 경영을 해야 한다."는 말은 경영자라면 완벽해야 하고, 모든 문제를 해결해야 하며, 모든 목표를 달성하고, 모든 사업에서 탁월한 성공을 거두어야 한다는 뜻이 아니다. 스포츠에서는 제아무리 우수한 팀도 백전백승을 거두지 못한다. 단지 경쟁 팀보다 승률이 높으면 그만이다. 비즈니스에서도 경쟁자보다 앞서기만 하면 족하다. 경쟁자보다 얼마나 치고 나가느냐는 당신이 설정하는 기준에 따라 달라진다. 당신은 그 기준을 토대로 목표를 설정하고, 이로부터 성과를 거둘 수 있도록 경영해야 한다. 만약 성과 달성이 불가능하다고 판단되면 어떨까. 그 판단 역시 여러 가능성 가운데 하나이다. 그때는 당신의 환경을 바꾸면 된다. 즉 문제의 사업을 팔아버리고 다른 곳으로 눈을 돌린다. 단 사업을 팔 때는 이 사업이 지닌 잠재적 생산 능력에 맞게 값을 받아야 한다. 비록 그 기준이 당신의 기준에는 못 미치더라도 말이다. 당신이 변하는 것이다. 그것이 경영이다. 부실한 결과를 용인해서도 안 되고, 이를 변명하는 말을 찾아서도 안 된다.

변명이 아무리 논리적이고 합리적이라 해도 당신의 경영 능력을 증명해주지 못한다. 최선을 다하지도 않고 불만족스런 결과를 만족스러운 양 받아들이는 자는 경영자가 아니다. "경영자는 경영을 해야 한다."는 말은 실제로 경영자는 경영을 해야 한다는 뜻이다. 그것은 이토록 단순한 개념이다.

어떤 기준을 정하느냐에 따라, 그 기준을 충족시키기 위해 어떻게 하느냐에 따라 경영자와 경영자 아닌 사람이 갈린다. 내가 경영자로서 ITT에 한 진정한 공헌은, 대다수 사람들의 예상을 뛰어넘어 경영 기준을 높게 잡은 것이다. 내가 요구한 성취 수준은 전체 회사로 파급되었다. 우리는 계속 목표를 크게 잡았으며 결국 목표를 달성했다. 그렇게 경영했고 원하던 것을 이뤘다. 그리고 우리는 이에 대해 만족해했다. 나는 "경영자는 경영을 해야 한다."는 이 개념을 회사 전체에 퍼뜨리는 것이 사람들이 말하는 리더십이라고 생각한다. 그러나 리더십은 단순한 경영 행위 이상을 의미한다.

Chapter 5

리더십

사실 리더십은 가르칠 수 없다.
그저 학습될 수 있을 뿐이다.

리더십은 경영의 정수이자 핵심이다. 숫자를 주물럭거리거나 조직도를 정비하거나 경영대학원에서 가르치는 최신의 공식을 적용하는 것만으로는 기업을 제대로 운영할 수 없다. 비즈니스에서 당신이 경영하는 것은 다름 아닌 사람이다.

경영과 리더십은 떼려야 뗄 수 없는 관계이다. 그러나 둘 사이의 차이를 보다 명확히 하기 위해 나는 경영을 객관적인 어떤 것으로 파악한다. 목표를 달성하거나 사업 방향을 전환하거나 성과를 측정하는 일, 즉 경영은 누가 보더라도 명백하다. 또한 내 전문분야, 즉 경영에서 쓰이는 도구들은 경영대학원에서 얼마든지 배울 수 있다. 대학원 시험을 무사히 통과하면 "경영학석사(MBA)" 학위를 딸 수 있다. 그러나 계산기와 컴퓨터 과학으로 무장한 채 매년 경영대학원을 졸업하는 수많은 남녀들은 기껏해야 좀 배웠다는 경영자일 뿐 리더는 아니다.

리더십은 경영과는 또 다르다. 리더십은 순전히 주관적인 개념이며 정의하기도 어렵거니와 객관적으로 측정하기란 사실상 불가능하다. 더욱이 학교에서 배울 수도 없다. 수십 권의 야구 교본을 독파하더라도 커브 던지는 법을 배울 수 없는 것과 같은 이치이다. 그럼에도 리더십은 모든 기업에 분명하게 존재한다. 각 개별 기업이 다른 기업과 구별되는 이유는 리더십 때문이며, 리더십에는 최고경영자와 그가 이끄는 최고경영진의 성격과 특성이 반영된다. 리더십의 질이야말로 비즈니스의 성패를 결정짓는 단 하나의 가장 중요한 요소라는 것이 내 판단이다.

물론 리더십은 비즈니스, 정치, 전쟁, 또는 축구경기장 등의 어느 분야를 막론하고 사람들이 당신의 지휘에 따라 하나의 팀으로 협력하도록 고무하여 공동의 목표를 달성토록 만드는 능력을 말한다. 리더 혼자만 잘한다고 끝이 아니다. 사람들이 리더를 따르고 싶어 해야 한다. 나는 천부적인 재질의 리더가 있다는 이론에 동의하지 않는 편이다. 물론 리더십이 어떻게 터득되는지 확실히 설명할 수는 없다. 그러나 리더십은 학습된다. 남들을 이끌고 고무하는 일은 사전 계획을 통해 달성할 수 있는 것이 아니다. 리더십은 일에 부딪칠 때 자연스럽게 튀어나오는 본능적인 것에 가깝다. 이 때문에 리더십은 일상생활의 체험을 통해 습득되며, 그 리더십의 궁극적인 성격과 특성은 리더 자신의 고유한 인격과 개성에서 비롯된다.

ITT에서의 내 리더십 스타일은 정해진 목표를 달성하기 위해 의도적으로 계산된 것이 아니었다. 어떻게 이끌어야겠다고 사전에 포석을 짜지 않았다. 오히려 본능에 가까웠다. 내가 ITT를 위해 크고 도전적인 목표를 설정한 것은 이 회사에 왔을 때부터 내가 이미 그렇게 생겨먹은 사람이었기 때문이다. 당시에는 어떻게 해야 리더십을 발휘할 수 있을지 생각하지도 않았다. 그저 느끼는 대로 반응했을 뿐이다.

돌이켜 보건대 아마 내 리더십은 서프필드아카데미에서의 학창시절에 뿌리를 두고 있을지 모른다. 나는 우수한 성적을 거두고 싶었기 때문에 열심히 학업에 매달렸고, 성적이 나쁘면 자존심이 상했다. 내가 제출한 과제물에 선생님께서 "우수" 또는 "재미있다"라고 써주시면 날아갈 듯 기뻤다. 서프필드 시절 나는 단지 갖고 싶다는 마음만으로는 그 어떤 것도 얻을 수 없다는 사실을 깨달았다. 또 우수한 성적을 거두면 기분이 상쾌해지고, 나아가 자부심마저 느끼게 된다는 사실을 발견했다. 그 때문에 나는 더욱 분발했다. 내가 〈월드-텔레그램〉을 위해 퇴근 시간을 잊고 광고를 팔러 다녔던 것도 실은 두려움 때문이었다. 혹여나 게을러지지 않을까 두려웠다. 실패하고 싶지 않았다. 비즈니스 세계에 발을 내디딘 후에도 남 못지않게 잘하고 싶었고, 이를 위해 지옥에라도 뛰어들 준비가 되어 있었다. 나는 비즈니스 세계의 도전 앞에서 마음을 진정시킬 수 없었고, 내 한계를 뛰어넘으며 난관을 헤쳤을 때는 짜릿한 성취감에 온 몸을 부르르 떨었다.

그래서 나는 무의식중에 ITT의 회사 경영진을 나와 똑같은 사람으로 만들려고 했다. 나는 출근길이 참 즐거웠다. 사실은 일하러 간다는 생각도 없었다. 일은 내 삶의 일부였고 내가 생활하고 숨 쉬는 환경의 일부였다. 나는 종종 동료들에게 비즈니스는 골프, 테니스, 요트, 댄스, 또는 그 밖의 어떤 놀이 못지않게 재미있다고 말했다. 하지만 일을 통해 얻는 기쁨은 아이스크림선디(기다란 유리잔에 아이스크림을 넣고 시럽, 견과류, 과일 조각 등을 얹은 것 – 옮긴이)의 달콤한 맛과는 달랐다. 비즈니스는 정신을 자극하고 살찌우는 지적인 도전과제를 안겨주었다. 비즈니스는 마치 맛있는 디저트를 먹을 때처럼 순간적인 즐거움을 주었고, 그 달콤한 느낌은 디저트보다 오래 지속되었다. 비즈니스는 대단한 모험이자 큰 즐거움이었다. 나는 매일 아침 들뜬 마음으로 오늘은 어떤 일이 벌어질지 기대했다. 비즈니스의 즐거움은 단순히 연봉이나 보너스로 따질 수 있는 것이 아니었다.

:: 배에 뛰어들어 함께 노를 저어라 ::

나는 ITT 사람들이 나처럼 활기 넘치고 도전적이며 창조적인 마인드를 갖기를 바랐다. 이곳의 구성원들이 자신의 능력 너머에 있는 목표를 향해 손을 뻗고 그들이 가능하다고 생각했던 것 이상을 성취하게 하고 싶었다. 또 그들이 회사와 자신의 경력뿐 아니라 재미를 위해서도 일하게 하고, 어려운 난관에 맞서 임무를 수행하며 나아가 더 크고 더 가치 있고 더 강력한 도전에 맞서는 과정을 즐기게 하고 싶었다. 그리고 이 일을 자신의 입지를 높이기 위해서가 아니라 팀 활동의 일부로서 해내기를 바랐다. 이런 활동을 통해 구성원 자신이 팀에 기여하고 있음을 자각하고 자신이 회사에 필요한 존재이며 그 가치를 인정받고 있다는 사실을 알고, 필승의 게임을 펼치는 과정에서 자부심과 자기만족을 만끽하길 바랐다.

이 사람들을 불안하게 만드는 금지 조항이나 두려움의 족쇄를 풀어주는 것이 최고경영자로서 내가 해야 할 일이었다. 즉 누구나 성장할 수 있고 기회를 잡을 수 있다는 분위기를 조성하는 일이었다. 그럴 때 비로소 각자는 자기 몫을 다하게 되며, 단지 윗사람이 지시하기 때문이 아니라 동료들의 압박과 자부심 때문에 최선을 다하겠다고 의지를 불태운다.

내가 생각하는 리더십의 관점에서 보면, 이런 분위기를 창조할 수 있는 가장 좋은 방법은 배에 뛰어들어 노를 잡고 함께 젓기 시작하는 것이다. 아마 이를 참여적 리더십이라 부를 수 있을지 모르겠다. 나는 배 뒤편에 느긋하게 앉아서 선원들에게 손가락만 까딱거리는 선장이 되고 싶지 않았다. 또 채찍을 쌩쌩 휘두르며 자신의 노예들을 벌벌 떨게 하는 갤리선 선주가 되고 싶지도 않았다.

나는 ITT의 어느 누구 못지않게 열심히 일했으며, 그들도 내가 얼마나 일하는지 알고 있었다. 하루 12~16시간은 기본이고 틈틈이 유럽을 제 집처럼 들락거렸으며 주말에는 서류로 가득 채운 가방을 들고 귀가했다. 다른 이들에게 모범을 보이고 싶었기 때문이 아니었다. 내게 주어진 일을 완수하려면 그럴 수밖에 없었기 때문이다. 어쨌든 나는 성실하게 모범을 보였고, 내 열성은 관리자층에 전염되었다. 덕분에 회사 사람들은 퇴근 시간 이후까지 업무에서 손을 놓지 않았다. 어쨌든 내가 할 수 있다면 다른 사람도 할 수 있다. 그가 자기 능력에 대해 일말의 자부심을 갖고 있다면 말이다.

초과근무가 얼마나 효과적인지 잠시만 생각해 보면 안다. 지능과 능력이 비슷한 두 사람을 비교해보자. A는 10년 동안 하루에 8시간씩 일하고, B는 같은 기간 12시간씩 일한다. 10년 뒤 A는 10년의 경험을 축적하지만, B는 15년의 경험을 쌓게 된다. 당신이라면 누구를 채용하겠는가? 라이벌 관계의 두 경영자나 경쟁 관계에 있는 최고 간부 두 사람을 생각해보라. 한 명은 8시간을 일하고 다른 한 명은 10시간이나 12시간을 일한다. 누가 더 뛰어난 사업가가 될 것 같은가?

실전 경영에서 모든 최고경영자의 첫째 임무는 자기 회사가 나아갈 방향, 즉 목표를 정하는 데 있다. 회사 사람들에게 목표 지점을 알려주고, 목표에 이르는 방법을 제시해야 한다. CEO는 목표를 설정하고 계획을 수립할 수 있는 유일한 사람이다. 이 일은 리더의 성격이나 개성이 빚어내는 작품이 될 것이다. 만약 그가 평범한 결과에 만족한다면, 성과 역시 평범할 것이다. 철도회사의 1차 목표는 기차 운행 시간을 어기지 않는 것이고, 공익기업의 주요 목표는 전기, 가스, 또는 전화서비스가 중단되지 않도록 만드는 것이다. 그러나 나는 이 정도로 만족할 수 없었다. 경쟁심을 고취시키고 도전의식을 불러일으키는 목표를 설정했다. 바로 매년 주당 이익을 10~15% 꾸준하고 안정되게 증가시키는 일이었다. 우리는 5년 만에 수익을 두 배로 불릴 계획이었다.

나는 한순간도 긴장의 끈을 늦추지 않았다. 틈만 나면 우리의 성장 목표와 목표 달성 방안을 거론했고, 성장률을 끌어올리는 문제에 대해 이야기했다. ITT 부임 초기에는 매일 밤 회사 운영 방안을 놓고 경영진과 토론했다. 한 해 두 해 지나면서 새로운 기업을 인수할 때마다 우리는 새 회사의 경영진을 환영하는 만찬회를 열고 연 10%의 최소치 성장 목표에 대해 설명했다. 경기가 좋건 나쁘건 목표에는 변화가 없다. 경기가 좋으면 목표 달성이 어렵지 않겠지만, 경기가 추락하면 밤낮을 잊고 일해야 한다. 무슨 수를 써서라도 매년 목표를 달성해야 한다. 그것이 내가 전한 메시지였다. 새 회사의 경영진은 우리의 말을 믿었다. 흰소리가 아니라는 것을 알았기 때문이다.

여기서 분명히 짚고 넘어가야 할 것이 있다. 우리는 이 사람들에게 목표 달성을 명령한 적이 없다. 대신 우리가 늘 여러분과 함께할 것이며 최고경영자를 포함하는 본부의 경영진이 목표 달성을 위해 지원할 거라고 말했다. 요컨대 우리는 가라앉든 살아남든 한 배에 탄 공동운명체였기 때문에 모두가 온 힘을 다해 노를 저어야 했다. 물론 머지않아 우리는 이런 공동의 노력이 우리 모두에게 유익하고 가치 있었음을 알게 되었다.

:: 그릇에 맞게 대우하라 ::

조직력을 강화하려면 구성원으로 하여금 불공평하다는 생각이 들게 해서는 안 된다. 만약 최고의 인재를 원한다면, 또 그들이 평범한 수준을 넘기를 바란다면, 나아가 그들이 자신의 한계를 뛰어넘어 더 높이 도약하기를 소망한다면 그에 합당한 보상을 마련해야 한다. 내가 ITT에 부임했을 때 우리가 제일 먼저 한 일 중 하나는 업계 최고의 인재들을 영입하기 위해 신속하고 대담하게 움직인 것이었다. 남에게 잘 보이려는 사람, 인맥으로 지금껏 버텨온 사람, 입만 살아 있는 사람은 필요 없었다. 너무 똑똑해서 평범한 동료들과 융화할 수 없는 천재도 사양했다. 우리가 선택한 사람들은 의욕이 넘치고 성공을 꿈꾸는 사람, 자기 인생을 특별하게 만들고 싶어 하는 사람, 원하는 것을 위해 두려움 없이 열정을 불태울 수 있는 사람, 즉 유능하고 경험 많은 인재들이었다. 물론 이성적이고 지식이 많고 경험이 풍부한 인물도 찾았는데 이 가운데서 몇 사람을 추려야 할 때는 무엇보다 일에 대한 나의 열정을 공유할 수 있는 사람을 골랐다.

이런 종류의 간부들을 스카우트하고 붙들어두기 위해 우리는 기본 연봉을 업계 평균보다 10% 상향 지급했으며, 푸짐한 연말 보너스와 실적에 따른 임금 인상으로 이를 보강했다. 더 나아가 그들에게 고속 승진의 기회를 제공했다. 나이나 경력에 상관없이 우리는 그들에게 그들이 원하고 감당할 수 있는 한 많은 책임을 부여했고, 그들은 이런 환경에서 날개를 펴고 드높이 비상했다. 결국 이들에게 ITT는 살 맛 나는 직장이었다.

물론 중간에 마음이 바뀌어 ITT의 속도에 보조를 맞출 수 없거나 싫증이 난 사람들은 자발적으로, 아니면 우리의 요청에 의해 회사를 떠났다. 그러나 30대의 나이에 출세를 거듭하여 ITT 자회사의 수장이 된 사람도 있었고, 몇몇 40대는 여러 기업들을 관할하는 그룹총괄이사로 승진하기도 했다. 시간이 가면서 경영 인력은 잘 솎아졌고, 안정을 찾아갔다.

한편 사람들이 내 곁에 남아 있는 이유가 높은 연봉과 부수입 때문이라며 등 뒤에서 수군거리기도 했다. 하지만 이는 절대 사실이 아니다. 실적을 올릴 줄 아는 경영자는 보기 드문 인재다. 그는 기업체를 골라서 갈 수 있을 뿐 아니라 어디서든 고액 연봉과 대형 리무진의 호사를 누릴 수 있다. 우리와 함께 일하는 이유는 ITT 환경에 만족했기 때문이다. 이곳에서 우리는 열심히 뛰었고 끊임없는 도전에 맞섰으며 넉넉히 보상 받고 계속 성장할 수 있었다. 또 그들이 떠나지 않은 것은 행복감과 충성심 때문이기도 했다.

초기에 ITT를 떠난 자들 대부분은 우리의 중단 없는 강행군에 적응하지 못한 사람들이었다. 반면 나중에 우리를 떠난 사람들은 대체로 거절키 어려운 좋은 조건의 직책을 제안받은 경우였다. 이럴 때는 그들에게 행운을 빌어주었다. 사람은 누구든 자기 앞에 다가온 커다란 기회를 잡을 권리가 있고, 나는 그들을 방해하고 싶지 않았다. 남의 앞길을 막는 것은 불공정한 처사이다. 만약 그들을 억지로 붙잡았다면 나는 장기적 관점에서 그들의 신뢰와 충성심을 잃었을 것이다. 어떤 CEO도 팀플레이를 해치면서까지 사람을 붙잡아두려고 하지 않는다. 그러나 내가 보기에 가장 최악의 상황은 보상이 충분치 않아 인재를 잃는 경우이다.

:: 비판을 환영하라 ::

일단 인재의 적재적소 배치가 끝나면 이제는 회사의 근무환경이 기업의 성패를 좌우하게 된다. 분위기 관리는 최고경영자의 손에 달려있다. 직장 내 공기의 온도와 질은 바로 그가 정한다. 나는 경험을 통해 최고경영자가 전체 기업의 개성을 결정한다는 사실을 알고 있었다. 아랫사람들은 그의 명령을 수행하고 그의 방식을 모방하는 경향이 있다. 그가 하는 일과 일하는 방식은 어느 정도 회사 전체에서 반복된다.

행복하고 활기찬 직장 분위기를 조성하기 위해 나는 어떤 방법을 택했을까. 위아래를 막론하고 조직 전체에 자유롭고 솔직한 열린 소통의 문화가 자리 잡히도록 장려했다. 우리가 총책임자회의부터 예산검토회의, 문제중심회의, 임시특별회의까지 쉴 틈 없이 회의를 개최한 것도 바로 그런 이유 때문이었다. 모든 관리자는 본부의 최고경영진과 직접 소통할 수 있었다. 우리는 모든 임직원들이 계급장 떼고 대면할 수 있게 함으로써 이중 삼중 관리자층을 거치는 단계를 없앴으며, 증명된 사실들에 토대를 두고 현실을 직시했다.

그러나 이것은 겉모습에 불과하다. 그 속살이 중요하다. 우리는 항시 서로에게 정직한 의견을 제시할 의무가 있다고 분명히 이해하고 있었다. 임직원들은 최고경영자나 여타 간부들의 생각에 반대하거나 또 나를 비롯한 누구의 의견도 비판할 수 있었다. 그렇다고 해서 불이익이 돌아가도록 내버려두지도 않았다. 나는 비판을 환영하려고 노력했다. 비판받기를 좋아하는 사람은 없다. 공격을 받으면 사람은 반사적으로 방어 태세를 취하고 반격을 준비한다. 그러나 본능적인 자기 방어는 이곳에서는 금물이었다. 나는 누군가가 내 의견에 반대할 때 혹시라도 머리를 치켜드는 일이 없도록 하기 위해 의식적으로 몸을 뒤로 기댔다. 또 늘 누군가가 나도 모르는 내 실수를 지적해주기를 바랐고, 결코 이런 사람을 힘으로 위압한 적이 없다. 나는 그의 말에 귀 기울이고 의견을 주고받았다. 명백히 내가 틀린 경우도 있었고 그가 잘못 생각할 때도 있었다. 둘 다 조금씩 틀린 경우가 많았다. 거의 항상 새로운 아이디어와 새로운 사실들이 등장했다. 우리는 의견 교환을 통해 전에는 생각지 못했던 더 나은 방법을 찾기도 했다.

그러나 이런 의견 교환 자체보다 더 중요한 것이 있다. 참석자들은 회의석상에서 벌어지고 있는 일을 두 눈으로 목격했고, 곧 우리 회사에서는 자유로운 의견 발표는 물론, 보스에게 반대 의사를 표명해도 된다는 소문이 퍼져나갔다. 비판의 소리에 귀를 열어놓는 태도는 예상치도 못했던 수확을 안겨준다. 또 사람들은 부담 없이 나를 비롯하여 다른 누구에게든 정직하게 도움을 요청하고 받을 수 있었다. 물론 자기 지위나 신분에 해가 있을지 모른다는 두려움은 없었다. 우리 모두는 같은 배에 탄 채 하나의 목표지점을 향해 노를 저었다. 이것이 우리의 기본철학이었다.

진지하고 솔직한 열린 소통의 정책이 실효를 거두기 위해서는 어떤 형태의 것이든 절대 사내정치를 용납해서는 안 될 것 같았다. 나는 이 점을 분명히 천명했다. 만약 누구든 특혜를 봐준다는 조건으로 다른 임원에게 자신이 애지중지하는 프로젝트를 지지해달라고 요청하거나, 부하 직원에게 의견을 바꾸라고 강요하다가 적발되면 목이 잘릴 수 있다고 경고했다. 좋은 경영의 핵심은 진실이다. 사실에 대한 엄격한 검토 후에 결정을 내려야 하며, 절대로 지위, 위협, 호혜주의, 우정 따위의 요소가 개입해서는 안 된다. 나아가 강요를 받은 사람은 나에게 조용히 보고하라고 권했다. 나는 신변 보장을 약속했고, 내가 직접 나서서 아무도 모르게 잘 처리하겠다고 말했다.

지금도 생생히 떠오르는 일이 있다. 한 부사장이 내 집무실로 찾아와 어렵게 말을 꺼냈다. 내용인즉 본부의 한 고위 간부가 그에게 자신이 아끼는 프로젝트를 지지해줄 것을 부탁했다는 것이었다. 그러면서 그 간부는 이 호의를 잊지 않겠다고 했단다. 우리와 함께한 지 얼마 안 된 그 부사장은 어떻게 처신해야 할지 몰랐던 것이다. 나는 솔직히 말해주어서 고맙다, 더 이상 이 문제에 신경 쓰지 말고 계속 비밀로 덮어두기 바란다, 나머지 일은 내가 알아서 처리하겠다고 그를 안심시켰다. 곧 문제의 간부를 호출했다.

나는 앉으라는 말조차 하지 않았다. "한마디도 하지 마세요. 만약 그랬다간 당장 해고시킬 테니까." 그리고는 내가 들은 이야기를 그대로 되풀이했다. 나는 그가 다른 사람에게도 같은 짓을 했으리라 확신했기 때문에 이야기의 출처를 밝히지 않았다. "이게 내가 들은 전부입니다. 나는 이 말이 사실이라고 믿습니다." 나는 재차 경고했다. "한마디도 하지 마세요. 대답은 듣고 싶지 않으니까. 그냥 내가 알고 있다는 사실만 알아둬요. 다시 경고하는데 차후에 또 이런 짓을 하거나 그런 소문이 들리는 날엔 그날로 끝장입니다. 그땐 이유도 설명하지 않을 겁니다. 당신도 잘 알 테니까요. 한마디도 하지 말고 그냥 나가요. 이 얘기는 더 이상 하지 않겠습니다." 그는 끽 소리도 못하고 방을 나섰다.

나는 그가 다시는 이런 짓을 시도하지 않았고 ITT에서 사내정치도 근절되었다고 말하고 싶지만, 불행히도 그런 황금시대는 결코 도래하지 않았다. 그러나 ITT에서 사내정치는 대다수 미국 산업기업의 실상과 비교할 때 최소한의 수준에 머물렀다는 것이 내 믿음이다. 해고하겠다는 내 위협도 그다지 효과적이지는 못했다. 사내정치는 성장이 둔화된 기업에서 가장 극성하기 쉽다. ITT는 매우 빠른 속도로 팽창하고 있었기 때문에 우리 임원들은 개인적인 실력 행사나 추잡한 술수 없이도 발전하고 성장할 수 있는 여지가 많았다. 모든 경영자가 명심해야 할 중요한 사실은 사내정치를 절대 용납해서는 안 된다는 점이다. 사내정치는 기업의 사기와 동력을 파괴할 수 있는 부당한 자기권력 확대 수단의 하나이기 때문이다.

:: 걸림돌이 되는 사람, 어떻게 할 것인가? ::

임직원을 해고하는 일이 아마 기업의 지도부가 직면하는 일 가운데 가장 괴로운 시험일 것이다. 누가, 언제, 어떻게, 왜 해고되는가를 보면 한 기업과 그곳의 경영진, 그리고 리더십의 성격을 가늠할 수 있다. 공장장이든 그룹총괄이사든, 또는 최고경영자든 조직에 별 기여를 하지 못하거나 주변 사람들의 활동에 걸림돌이 되는 자들을 걸러내는 것은 분명 리더의 책무이다.

불행히도 어느 기업에든 업무에 태만한 사람은 있게 마련이다. 게으른 사람, 불만 있는 사람, 다른 데 정신이 팔린 사람 등 경우야 다양하지만 이유가 무엇이든 그들은 업무에 소홀할뿐더러 일을 하고 싶어 하지도 않는다. 또 동료나 부하직원들과 사사건건 부딪치는 성격이 까다로운 자들도 있다. 공장의 조립라인에서는 근무 태만인 자를 발견하기가 쉽지만 관리자층에서는 어렵다. 그럼에도 주변 사람들은 그가 쭉정이이며 골칫거리라는 사실을 알아차린다. 그러나 "보스"에게 보고하지는 않는다. 단지 누가 게으름을 피우는지 관찰하고 판단할 뿐이다. 이처럼 주변 사람들에게 나쁜 평가를 받는 관리자를 발견하고 솎아내는 것이 리더의 책무다. 이 쭉정이가 변명이나 번지르르한 말, 또는 새빨간 거짓말을 일삼다가 자기 덫에 걸리기까지는 시간이 좀 걸릴지 모른다. 그러나 기민한 리더는 단서를 발견하고 사실을 알아차리자마자 칼을 빼든다. 그럴 때 비로소 리더는, 성실하고 상상력이 있고 생산적인 다른 직원들, 그리고 오랫동안 공짜 밥을 얻어먹은 식충이들을 눈엣가시로 여겨온 모든 사람들의 존경을 받을 것이다. 이런 의미에서 직원을 해고하는 것은 회사 경영진이 수행하는 건설적인 역할이 될 수 있다. 그것은 공기를 정화하고 기후를 쾌적하게 만든다.

　사람을 내보내는 일은 늘 어렵다. 이때만큼 경영자에게 양심의 가책을 느끼게 할 때도 없다. 누군가를 해고해야 하는 상황에 부딪칠 때마다 그는 혹시 자신의 잘못 때문은 아닌지 진솔하게 돌아보지 않을 수 없다. 그를 자르는 이유가 무엇인가? 회사가 원가 절감 압박을 받고 있기 때문인가, 아니면 경영자가 적자 운영을 했거나 시장 점유율이 떨어졌기 때문인가? 만약 그렇다면 이는 경영자의 잘못이다.

경영자는 회사가 직원을 해고하지 않고도 불황을 견뎌낼 수 있을 만큼 튼실한 기업이 되도록 운영해야 하며, 시장에 나와 있는 신제품이나 새로운 마케팅 경향에 민감하게 반응해야 한다.

어떤 직원의 실적이 신통치 않기 때문에 그를 해고할 수도 있다. 당사자도 자신의 실적을 놓고 자책하고 있을 것이다. 그러나 당신은 자문해야 한다. 그의 실적이 저조한 이유가 우리의 지원 부족 때문은 아닐까? 그는 도움 받을 권리가 있었다. 만약 그가 혼자서 감당키 어려운 일을 하고 있었다면 사전에 꼼꼼히 살펴서 그를 도왔어야 했다. 어쩌면 그의 잘못만은 아닐지 모른다. 아마 당신이 또 실수한 것일 수도 있다. 누구도 해결하지 못한 난제를 떠안았거나 자신의 통제 범위를 벗어난 상황에 말려들면 누구라도 실패하기 마련이다.

가장 난감한 경우는, 열심히 일하고 최선을 다했지만 능력이 자신감에 못 미치는 직원을 해고할 때이다. 그는 능력 밖의 일을 하고 있다. 그의 판단력이나 판단력 부족은 전체 운영에 심각한 위험을 초래할지도 모른다. 열심히 일한 사람에게 무능하다고 말하는 것만큼 가슴 아픈 일이 있을까. 어쨌든 10년 동안 그의 연봉을 올려주고 승진시킨 것은 아마 당신일지 모른다. 바로 당신이 그를 매우 곤란한 상황에 몰아넣었다.

또는 20년이나 30년 동안 회사에 헌신했지만 이제 건강과 능력이 의욕을 못 따라주는 직원을 생각해보자. 그는 은퇴를 2~3년 앞두고 있다. 이런 사람은 어찌해야 하는가?

해고를 위한 간편한 공식은 없다. 우리가 마련하는 모든 규칙에는 항상 예외가 있을 것이고 또 그래야 한다. 그러나 위의 사례들을 어떻게 처리하느냐에 따라 당신이 어떤 유형의 리더인지, 또 동료들로부터 얼마나 인정과 존경을 받는지, 궁극적으로 당신이 이끄는 회사의 개성과 성격이 어떤지 그 평가가 달라진다. 당신은 결정을 내려야 한다. 당신은 자신의 기준에 맞게 업무를 수행해야 할 뿐 아니라 함량 미달인 사람들의 몫까지 감당하느라 허리가 휘청거리는 다른 사람들을 위해 교통정리를 해주어야 한다. 그들은 당신이 칼을 빼들길 바라고 있다.

우리가 물리 시간에 배운 대로 모든 작용에는 반작용이 따른다. 최고경영자가 회사의 누군가를 상대로 해고든 승진이든 인사 결정을 내릴 때마다 회사 전체적으로 그에 대한 어떤 반작용이 뒤따른다. 반작용은 단순히 보스와 당사자 사이에만 존재하지는 않는다. 보스가 상황을 처리하는 방식은 주변의 모든 사람에게도 울림을 주며, 그들은 보스가 한 일과 그 방식에 대해 판단을 하고 그에 따라 반응한다.

따라서 당신은 은퇴가 얼마 안 남은 그 임원만 제외하고 나머지는 모두 내보내야 한다. 그 임원은 그동안의 헌신을 통해 자신의 자리를 지킬 권리를 얻었다. 심지어 회사는 그를 위해 얼마쯤 효율성의 희생을 감수할 수도 있어야 한다. 아마 그를 어딘가 다른 곳으로 수평 이동시키고 다른 누군가를 그의 자리에 들어앉힐 수도 있을 것이다. 그는 일의 진상을 알고 있고 주변의 모든 사람들도 마찬가지다. 만약 그를 쫓아내면 사람들은 이를 어떻게 받아들일까? '내가 쓸모가 있는 동안은 돈을 주겠지만 늙고 쓸모가 없어지면 가차 없이 쓰레기통에

버릴 것이다.' 이런 회사에 누가 충성하겠는가?

그 임원을 제외한 나머지의 경우는 어떨까. 설령 심장을 도려내는 것 같은 아픔이 따르더라도 그들을 내보내는 것이 당신의 의무다. 하지만 그 과정은 가능한 품격 있고 고통 없이 진행해야 한다. 의욕은 넘치지만 능력이 달리는 그 임원의 경우, 그의 자신감에 상처를 주지 않도록 주의하며 그가 잘 적응할 수 있는 다른 일자리로 찾도록 도와주는 방법이 있다. 그를 좌천시키는 것은 그와 회사 모두 득보다 실이 크기 쉽다.

결국 훌륭한 리더는 공평하고 품위 있게 일을 처리해야 하며, 그런 행동이 어떤 것인지를 알아야 한다. 주변 사람들은 모두 알고 있다. 어떤 직원도 자신의 리더가 무지 때문이든 또는 우유부단함이나 나약함 때문이든 무능력에 관대하기를 원치 않는다. 나약한 리더를 따르고 싶어 하는 사람은 없다. 그는 최악의 리더다. 이런 리더는 어려운 상황에 처하여 어떻게 행동할지 알 수 없기 때문에 부하직원들은 그의 판단력을 신뢰하지 못한다. 아랫사람들을 상대함에 있어 친절하고 공평하며 신뢰할 만하다고 인식되는 한, 어렵고 심지어는 직원들이 꺼리는 결정을 두려워하지 않는 강인하고 단호한 리더에게 사람들은 훨씬 더 많은 존경과 충성을 바친다.

제 몫을 다하지 않는 식충이를 솎아내는 문제에 대해 한마디만 더 하겠다. 이런 일은 리더의 아주 중요한 책무이기 때문이다. 조직의 구성원들은 그 사람 일로 당신을 찾지 않는다. 그러나 유능한 경영자는 시간이 가면서 거의 본능적으로 회사 직원들의 특성은 물론 결함을 감지하게 된다. 이 식충이가 믿을 수 없는 사람이건, 우유부단한 사람이건, 또는 참을 수 없을 정도로 오만한 사람이건 상관없다. 리더가 이 사람에 대해 갖는 판단은 다른 사람들이 내린 판단과 거의 다르지 않다. 당신이 리더로서 그에게 해고를 통지하는 순간 다른 직원들도 비로소 속마음을 털어놓을 것이다. 그들은 당신이 얼마나 빨리 현실을 직시하는지 감시하고 있었던 것이다.

한편 좋은 직원이 어려움에 처했을 때는 (이런 일은 최고의 직원에게 일어난다.) 그를 최대한 지원하고 밀어주는 것이 리더의 의무다. 당신은 그 직원에게 충성을 빚지고 있다. 충성심은 항상 호혜적 관계이기 때문이다. 이번에도 당신의 행동은 회사 전체에 널리 알려질 것이다.

:: 명령을 내릴 것인가 동참케 할 것인가 ::

ITT의 사장이자 회장으로서 나는 외부인의 눈에 함께 일하기 까다로운 사람으로 인식되었다. 언론에 종종 그런 식으로 묘사되었다. 자기 목표를 달성하기 위해 아랫사람들을 가혹하게 혹사시키는 까다롭고 무자비한 냉혈한은 좋은 기사거리가 되며 잡지의 판매부수를 높여준다. 하지만 줄곧 나와 함께 일하다가 나의 은퇴와 함께 바통을 이어받은 경영진은 그간의 발 빠른 기업 행보와 우리가 싹 틔운 성장의 토대 위에서 계속 번영을 구가했다. 은퇴 이후 최근 몇 년간 나는 많은 편지를 받는데, 그들은 초기에 ITT에서 경험한 그 성장의 시기가 그들의 삶에서 가장 흥분되고 짜릿한 시기였다고 고백했다.

우리는 정책상 ITT의 전체 250개 이익중심점을 책임지는 경영자를 개별 기업가로 대우했다. 우리는 요구할 것은 철저히 요구하면서도 예의를 잃지 않았다. 나는 종종 내가 그런 요구를 하는 이유는 일부러 귀찮게 하기 위해서가 아니라 당시 상황과 관련된 사실들 때문에 부득불 이런 요구를 할 수밖에 없다는 점을 지적했다. 나는 자회사 책임자의 실적을 놓고 비판하기도 했지만, 절대 개인적인 감정은 없었다. 크고 작은 회의에서 나는 결코 한 사람의 능력을 깎아내리거나 그를 위협한 적이 없다. 어디에서든 빈정거림이나 개인적인 공격은 용납되지 않았다. 나는 우수하고 창의적인 많은 아이디어들이 논리적이고 유익한 비판보다는 교묘하고 빈정대는 말에 의해 꽃도 못 피우고 싹이 잘리는 것을 목격해왔다. 열린 소통이란 모든 사람이 제 목소리를 낼 수 있다는 뜻이다. 나는 내 사람들이 최대한 상상력을 발휘하고 창의적이기를 바랐다. 만약 누군가가 어떤 일로 인해 엄한 질책을 받을 만하다고 판단되면, 나는 조용히 불러서 따로 처리했다. 나는 다른 사람들이 아니라 내가 어떻게 느끼고 있는지를 그에게 알려주고자 했다.

좋은 아이디어는 쉽게 얻어지는 것이 아니다. 나는 늘 최고경영자로서 창의적인 생각을 환영하고 장려하는 것이 내 의무라고 생각해왔다. 최고경영자는 언뜻 엉뚱해 보이는 아이디어에 예산을 배정하기도 한다. 그만큼 모험을 감행하기에 가장 적합한 위치에 있다. 최소한 CEO라면 모험을 시도해야 한다. 아랫사람들은 행여나 실수를 저질러 해고되지는 않을까 두려워한다. 재정적 자원을 확보하고 있는 ITT 같은 대기업들은 이런 위험을 감수할 여유가 있다. 우리가 시도한 여러 모험적 사업들은 근무환경에 재미와 흥분을 더해주었다. 어떤 것들은 예상을 뛰어 넘는 성과를 이루었다. 덕분에 우리는 미지의 영역을 개척할 수 있다는 자신감을 키웠다. 대부분의 미국 대기업에서 가장 부족한 두 요소가 바로 상상력과 창의력이다.

각각의 경영자를 기업가로서 존중한다는 원칙에 따라 나는 사업부나 회사 책임자에게 절대 그의 뜻에 반하는 어떤 일을 하도록 명령하지 않는 것을 정책으로 삼았다. 어떤 최고경영자도 그래서는 안 된다. 누군가에게 어떤 일을 하지 말라고 명령할 수는 있다. 가령 금년에 또 다른 공장 건설에 5억 달러를 투입하지 말라고 할 수 있다. 그러나 그가 반대하는 일을 하게 하려면 먼저 그를 설득해야 한다. 만약 그에게 시키는 대로 하라고 명령하면 그 결정에 대한 책임은 바로 당신이 떠안게 된다. 그러면 그는 나중에 당신에게 돌아와 이렇게 쏘아붙일 권리가 있다.

"전 사장님이 시키는 대로 했습니다. 하지만 보다시피 모든 게 엉망이 돼 버렸습니다. 그리고 이건 제 잘못이 아닙니다."

사실 그는 무의식적으로 당신의 아이디어가 효과가 없을 것이고 자신이 옳고 당신이 그르다는 것을 입증하는 일에 매달렸을지 모른다.

그를 설득하지 못하면 어떻게 해야 할까? 이런 일은 심심치 않게 발생한다. 자회사의 최고수장들은 모기업의 수장들 못지않게 자부심과 자신감이 강하다. 당신이 그에게 A의 방법을 제시하면, 그는 B

의 방법을 고집한다. 그가 해당 업무의 실제 경영자이자 책임자이다. 그래서 당신은 이렇게 말한다. "좋아요, 존. 우리 본부에서는 당신이 틀렸다고 생각합니다." 그리고 그렇게 생각하는 이유들을 제시한다. "하지만 그래도 당신이 옳고 우리가 틀렸다고 믿는다면, 어디 소신대로 해봐요."

만약 그가 틀린 것으로 드러날 때, 당신은 그가 이를 통해 교훈을 얻었기를 바랄 수밖에 없다. 그런데 두 번째에도 이런 일이 발생하고 그가 여전히 고집을 피울 때는 이렇게 말해준다.

"좋아요. 당신이 책임자니까 계획했던 대로 추진해 보세요. 하지만 본부에서는 당신이 하는 일을 낱낱이 보고받고 전 과정을 면밀하게 추적할 겁니다. 그리고 우리의 생각을 조언하게 될 겁니다. 당신은 현명한 사람이니까 우리 말을 알아듣고 무엇이 옳고 그른지 가려낼 수 있으리라 생각합니다. 만약 미심쩍은 구석이 있으면 우리에게 말해요. 만약 가능성이 반반이고 그 누구도 어떤 답이 옳은지 확신할 수 없다면 결정은 당신의 몫입니다. 당신이 실무 책임자이고 이 문제에 대해서는 당신이 우리보다 더 많이 알고 있으니까요. 우리는 당신에게 뭘 하라고 명령하지 않을 거고 당신 모르게 뒤에서 무슨 일을 꾸미지도 않을 겁니다. 그러나 당신 뜻대로 할 작정이면 숙제를 잘하고 자신이 무슨 일을 하고 있는지 확실히 파악하고 있어야 합니다. 무턱대고 뛰어들지만 마세요. 만약 당신이 상황과 관련된 사실들을 충분히 숙지하지 않은 탓에 잘못 판단한 것으로 드러나면 우리는 이 점을 좌시하지 않을 겁니다. 이런 사실을 유념하고 일을 추진하세요."

이것이 사람을 존중하는 태도다. 비록 당신이 보기에는 그가 틀린 것 같아도 그가 옳기를 바라는 것이다. 중요한 것은 누가 옳으냐가 아니라 무엇이 옳으냐이다.

:: 신뢰를 잃지 마라, 인간적인 진솔함을 잃지 마라 ::

리더십은 말보다는 태도와 행동을 통해 발휘된다. 하나 같이 팀플레이, 상호 간의 충성, 노동의 존엄성, 공정한 보수 등의 가치를 믿는다고 말하지만, 결정적인 시기에 이러한 "믿음"을 고수하는 최고경영자들이 얼마나 될까? 얼마나 많은 CEO가 자기 자리를 위태롭게 하면서까지 경영진과 직원들을 위해 과감히 총대를 멜 수 있을까? 자기 이익 챙기기에 급급한 사람들이 대부분이다. 관리계층의 위에서든 아래에서든 간부가 부하직원을 한번 배반하면, 즉 평시에 했던 말과 위기시의 행동이 다르면 그는 그 직원의 존경과 충성심을 영원히 잃게 된다. 그리고 이에 대한 소문은 멀리 퍼져나갈 테고, 소문을 들은 사람들은 당연히 이렇게 생각할 것이다. "이 사람이 한 번 이런 일을 했는데 다시 안 한다는 보장이 없지. 심지어는 내게도 그렇게 할지 몰라. 믿을 수 없는 사람이군. 나도 몸을 사리는 게 좋겠어. 다른 일자리를 알아보거나. 이놈의 직장이 갑자기 불안정해졌거든."

나는 그 누구도 끝까지 속일 수는 없다고 생각한다. 이제까지 내가 몸담았던 모든 기업에서 나는 항상 승강기 운전원, 정비원, 또는 청소원을 포함하는 조직의 모든 구성원들이 최고경영자와 이사들, 그리고 자신의 직속상관에 대해 확고한 의견을 갖고 있음을 확인할 수 있었다. 한 회사에서 나는 직원들에게 최고 간부 두 사람에 대한 생각을 물은 적이 있다.

"A 씨에 대해 어떻게 생각해요?" 내가 묻는다.

"아, 그분 정말 대단해요."

"B 씨는 어때요?"

"아, 그 사람은 정말 형편없어요."

"그들을 직접 만나본 적이 있나요?"

"아뇨. 하지만 알 수 있어요."

그들은 정말 알고 있었다. 이것은 그들이 알게 된 사실에 기초한 자신의 의견이었고 그것이 틀린 경우는 드물었다. 문제의 그 간부를 더 가까이서 접하는 사람은 자신의 의견을 뒷받침할 만한 사실들을 더 많이 알고 있지만, 대체로 의견들은 위아래를 막론하고 똑같았다. 그리고 이런 의견들이 쌓이고 쌓여 회사의 분위기와 정신, 또는 기풍을 형성했다. 그것은 성과를 통해서도 나타난다. 자신이 존경하는 사람을 위해 일하는 것은 즐거운 노동이지만, 속으로 경멸하는 사람을 위해 마지못해 일하는 것은 죽을 맛이다.

그래서 내가 아는 한, 사람들이 더 우수한 성과를 내도록 고무하는 가장 좋은 방법은 당신이 그들을 전심으로 밀어주고 있다는 것을 당신의 모든 행동과 일상적인 태도를 통해 그들에게 확신시키는 것이다. 진심으로 그렇게 말하고 그 말을 증명해야 한다. 그들이 마음속 깊이 당신의 따뜻한 손길을 느끼게 해야 한다. 이것이 바로 그들이 어려움에 처했을 때 같이 노를 잡고 저어주는 태도다.

ITT에 부임한 초기에 자회사 경영자들 모두는 아니라도 대다수는 내가 도입한 복잡한 감시 시스템 - 그 모든 상세한 보고서와 회의, 참모진의 엄격한 점검과 재점검 - 을 매우 불쾌해했다. 감시당하고 간섭받는 것을 달가워할 사람은 없다. 그들의 첫 번째 반응은 두려움이었다. 우리의 감시 시스템은 본부에서 그들의 성공적인 임무 수행을 돕기 위해 마련된 것이며, 그들이 성공하면 우리의 지원을 받았든 못 받았든 그 공로는 온전히 그들의 몫이 될 거라는 사실을 이해하고 수용하기까지는 시간이 걸렸다. 내가 그들을 가늠했던 것과 마찬가지로 그들도 나의 지능, 능력, 정직성, 성격, 신뢰성 등을 시험했다. 그러나 시간이 가면서 신뢰감, 존경심, 동료애, 충성심, 그리고 우리가 함께 성취해내고 있는 일에 대한 어느 정도의 자부심이 형성되었다.

최고경영자의 적극적이고 확실한 지원은 그의 경영진은 물론 사실상 전체 회사에 생명선이나 안전망과 같다. 임직원들은 자신의 가족과 대학에 갈 아이들이 그들의 갑작스런 해고 통보에 당황해하지 않도록 자기 직장에 대해 안정감을 느끼기 원하는데 이는 최고경영자가 하기 나름이다. 졸지에 실업자 신세가 되지는 않을 거라고 믿을 때만이 그들은 자유롭게 자신의 상상력과 창조적 에너지를 발산할 수 있을 것이다. 그들이 부당한 보복에 대한 두려움 없이 마음 놓고 정직한 실수를 인정할 수 있는 분위기를 만들어야 한다. 내 집무실로 찾아와 자신이 실수를 저질렀고 그 때문에 회사에 수백만 달러의 손실을 입혔음을 인정한 임원들이 적지 않았다. 그러나 동시에 그들은 상황을 바로잡을 수 있는 계획을 제시했다. 파국을 수습할 수 있는 계획을 들고 오기만 하면 나는 그들의 지원군이 되어주었다.

이미 말했듯이 리더는 그의 사람들이 어떤 이유로든 두려움 없이 그에게 접근할 수 있도록 열린 정책을 표방해야 한다. 누구든 아무 거리낌 없이 최고경영자의 면전에 대고 이렇게 말할 수 있어야 한다. "저는 사장님이 이러저러한 문제에 대해 크게 잘못 판단하고 있다고 생각합니다. 그 이유는 이렇습니다." 더 이상 하찮은 자존심 따위에 얽매이지 않는 CEO는 비판에 귀를 기울인다. 설사 잘못된 지적일지라도 무언가 배울 게 있기 때문이다. CEO는 상대의 지적이 잘못되었을 경우 사실을 근거로 상대의 오류를 바로잡아줄 수 있다. 하지만 만약 그가 옳다면 CEO는 그에게 크게 감사해야 하며 바로 상황 조정에 나서야 한다. 이런 대처는 전체 임직원들이 자기 생각을 자유롭게 표현할 수 있는 환경을 조성한다. 어쨌든 어느 기업에서든 그 누구도 두뇌를 독점해서는 안 된다.

훌륭한 리더의 본질적인 특징 중 하나는 자기 실수를 인정하는 태도와, 그것이 그를 파멸시키지는 못하리라는 것을 알 정도의 충분한 자신감이다. 진정 중요한 것은 뭐가 잘못됐는지 가능한 한 빨리 인지하고 상황을 바로잡는 일에 나설 수 있는 능력이다. 나 역시 ITT에서 실수를 저질렀지만 나는 쓰러지지 않았다. 나는 총책임자회의에서 종종 "제가 단추를 잘못 누른 것 같습니다."라는 말과 함께 실수를 인정한 다음 상황을 수습하기 위한 계획을 설명했다. 잘못에 대한 이런 흔쾌한 인정은 대개 큰 탈 없이 수용되었다. 실수를 한 적이 있는 사람은 최고경영자가 자기 실수를 인정하는 모습을 보면서 약간의 쾌감을 느낀다. 나도 인간이라는 사실을 인정하면 잃을 것은 하나도 없지만 얻을 것은 많다.

:: 리더가 될 것인가 지휘관이 될 것인가 ::

대기업의 최고경영자에게 부여되는 권위는 너무 크고 너무 완전하며 재임중에 그에게 가해지는 주위의 요구는 너무 크기 때문에 대부분의 CEO들은 의식하지 못하는 사이에 권위주의에 물들어간다. 대다수의 미국 대기업에서 CEO는 자신의 세계를 따로 갖고 있다. 그는 본부 건물 저 높은 곳의 호화롭게 치장된 중역실에 은둔해 있으며, 그의 말은 곧 법이 된다. 모두가 CEO 앞에서 굽실대며 그의 기분과 특이한 성격에 맞추어 행동한다. 그는 자기만의 은밀한 밀실에서 회사를 조종한다. "저 밖에" 있는 사람들은 좀처럼 그를 만나기 어렵다. 보고서들은 여러 위원회에서 몇 차례 걸러진 후 일련의 관리계층의 사다리를 거쳐 그의 책상 앞에 도착한다. 보스는 그 위에 "예스" 또는 "노"라고 쓰고는 자기 이름의 머리글자로 서명한다. 그는 내가 비즈니스 리더십에 대해 말한 모든 내용에 동의할지 모르지만, 눈 씻고 봐도 손익계산서에는 드러나지 않는 그 보이지 않는 것들에 주의를 기울일 만한 시간적 여유가 없다. 눈에 띄지 않게 그는 조금씩 변한다. 권위적으로 경영하는 것이 더 쉽고 시간도 절약된다. 그는 리더에서 지휘관으로 변신한다.

리더는 사람들을 인도하지만 지휘관은 그들에게 명령한다. 물론 이둘 사이의 차이는 그렇게 뚜렷하지 않지만 기본적으로 지휘관은 그의 태도와 행동을 통해 자기 사람들에게 이렇게 말한다. "이 날짜까지 일을 끝내요. 만약 그때까지 마치지 못하면 짐 쌀 준비를 하세요!" 그리고 그는 한번 내뱉은 말을 끝까지 지킨다. 실패한 사람은 퇴출되고 성공한 사람은 승진하거나 보너스를 받는다. 부하직원들은 명령을 따르며, 그는 공포로 지배한다. 나의 오랜 동료인 한 CEO는 관리 차원에서 3개월마다 자신이 관할하는 각 회사의 책임자들을 찾아가서는 으름장을 놓는다고 내게 고백한 적이 있다. 그리고 이 방법은 통한다. 그의 손익계산서는 그런대로 훌륭해 보인다.

비즈니스 지휘관들이 경영진의 마음속에 공포심을 조장하는 데 따라 미국의 비즈니스 세계는 겁에 질린 사람들이 한 회사 내에서 자신의 개인적인 생존을 위해 경쟁하는 정글로 바뀐다. 장기적으로 보면 나는 이것이 반생산적이라고 확신한다. 무엇보다 겁에 질린 사람들은 사내정치에 눈을 돌린다. 그리고 자기 문제를 너무 늦게 인정하는 바람에 해결의 시기를 놓치게 된다. 가장 유능하고 독립적인 인물들은 이런 환경에서 일하기를 거부하고 회사를 떠난다. 쓸 만한 인재치고 이런 조직에 남으려는 사람은 없을 것이다. 이런 부정적인 환경과 태도들은 처음에는 알아보기 힘들지만, 차츰 서로 상승작용을 일으켜 결국 회사는 그 최고지휘관과 그의 이사진들에 의해 바닥 모를 늪으로 빠져들게 될 것이다.

기업을 이끄는 사람은 그의 임직원들이 그를 위해 일하는 것이 아니라는 사실을 깨달아야 한다. 그들은 그들 자신을 위해 그와 함께 일하는 것이다. 그들은 자기만의 꿈과 자기만의 자아실현 욕구를 갖고 있다. 최고경영자는 자신의 욕구를 실현하기 위해 그들의 도움을 받는 것만큼이나 그들의 욕망을 실현하는 데도 힘을 실어주어야 한다. 그는 그들에게 자기도 그들 못지않게 열심히 뛰고 있으며, 최고 수장으로서의 자기 역할을 잘 감당하고 있고, 그들을 벼랑 끝으로 몰고 가 그들의 생계를 위험하게 하지는 않을 것이며, 틀림없이 그들에게 적절하고 공정하게 보상하고 그들의 일에 따르는 보상은 물론 위험도 함께 할 의지가 있음을 증명해야 한다.

어떤 최고경영자도 그의 이사진이나 주주들에게 이런 리더십이 회사의 손익계산서의 최종 결과에 (기여를 한다 해도) 어느 정도나 기여할지 증명할 수는 없다. 이것은 모두 눈에 보이지 않는 가치들이다. 그는 이사회에 그의 경영진에 대한 높은 보수와 강력한 지원시스템을 요구하는 과정에서 어려움을 겪을지 모른다. 그러나 리더십은 경영에서 가장 중요한 요소이며, 자기 사람들을 그들의 능력 이상으로 분발하도록 고무시킨다. 최고경영자의 이런 리더십은 회사가 성공하는 데 80~90% 기여한다는 것이 내 확신이다.

마지막으로, 초두에 말했듯이 아무도 당신에게 리더십을 가르쳐줄수는 없다. 모두가 똑같은 책을 읽지만, 한 경영자는 자기 경영진으로부터 40%를 끌어내고 다른 경영자는 80%를 얻는다. 이 차이를 결정짓는 것은 경영자 자신과 그의 성격을 드러내는 수백 가지의 일상적인 작은 행동들이다. 모든 기업의 위계에는 섬세한 균형이 존재하며, 이 균형은 최고경영자가 (좋은 것이든 나쁜 것이든) 본능적으로, 직관적으로, 자발적으로, 또는 경험을 통해 행하는 그 모든 작은 행위들에 따라 흔들린다. 우리네 인생처럼 리더십도 실행하는 과정에서 배울 수 있을 뿐이다.

Chapter 6

경영자의 책상

책상을 보면 그 사람을 알 수 있다.

독단적으로 말하면, 경영자에는 두 부류가 있다. 책상이 아주 깨끗한 사람이 하나요, 책상이 온갖 잡동사니로 어질러진 사람이 다른 하나다.

사업하는 사람들, 특히 경영대학원을 졸업한 사람들은 옷차림, 머리 모양, 그리고 목소리 다듬는 법까지 일정한 격식에 따르기 때문에 겉모습만으로는 그가 어떤 인물인지 파악하기 어렵다. 그러나 사무실에서 일하는 모습, 특히 책상을 보면 그가 어떤 유형의 인물인지를 간파할 수 있다. 그러니까 책상은 책상 주인의 정신세계에 대해 아주 많은 단서를 제공한다는 뜻이다.

그간의 경험에 비추어보면, 책상에 서류 한 장 없거나 책상이 반짝반짝 윤이 날 정도로 깨끗한 사람은 현실에서 동떨어져 살고 있는 경우가 많았다. 즉 사업을 운영하는 사람은 따로 있고, 그는 허수아비인 셈이다. 물론 그는 이 사실을 절대 깨닫지 못한다. 그는 회사를 위한 장기 전략에 골몰하고 있다. 대신 CEO가 부리는 사장의 책상 위가 각종 보고서와 연구자료와 메모로 어수선해지는데, 이 사람이야말로 실제 운영 책임자이다. 만약 사장의 책상도 깨끗하다면 실제로 모든 일을 하는 사람은 부사장일 것임에 틀림없다. 어쨌든 실무를 관장하는 인물은 최상층 어딘가에 따로 있을 것이다.

많은 이들이 내 의견에 고개를 절레절레 저으리라는 것을 알고 있다. 깨끗한 책상은 그 주인이 "잘 정돈된 정신"을 지닌 사람임을 암시한다는 것이 그들의 주장이다. 모든 서류는 적재적소에 정리, 보관되어 있고 버저만 누르면 비서가 재깍 서류를 들고 대령한다. 하루 일정도 가령 오전 10시에 한 가지 주제를 다루고 10시 30분에는 또 다른 주제를 다루는 식으로 체계적으로 나뉘어 있다. 웃지 않을 수 없는 광경이다.

최고경영자나 심지어는 중간급 경영자도 할 일은 산더미처럼 많다. 일거리가 산적해 있는데 책상이 깨끗하기란 사실상 불가능하다. 평범한 프로젝트 하나도 그와 관련되거나 고려해야 할 점 – 과거, 현재, 미래의 측면 – 이 수두룩하기 때문에 하루의 특정한 시간대에 억지로 구겨 넣어 처리할 수는 없다. 전화벨이 울리고 중요한 편지가 도착하고 응급상황이 발생한다. 갖가지 업무가 경영자의 일정에 불쑥 끼어든다. 또는 중요한 정보가 마감 시한이 지난 뒤에 툭 튀어나온다. 대개 한 번에 한 개 이상의 프로젝트를 처리해야 하는 경영자가 자신의 두뇌에 저장할 수 있는 정보의 양에는 한계가 있다. 책상에 널려 있는 보고서로 손을 뻗을 수밖에 없다.

만약 당신이 제일선에서 몇 가지 프로젝트를 진두지휘해야 한다면 책상 위에 89개, 허리를 구부려야 손이 닿는 바닥에 10개, 그리고 뒤쪽의 진열장에 8개의 관련 자료가 구비되어 있어야 할 것이다. 전화기가 요란하게 울려대거나 급하게 회의장에 달려가야 할 때 당신은 지금 당장 필요한 서류를 움켜쥐어야 한다. 이 때문에 정보는 바로 당신의 책상 위에서 대기해야 한다. 그 외에 달리 방법이 없다. 잠시 숨을 고르고 비서에게 이런 보고서가 필요하다, 저런 메모를 갖다 달라고 설명하면서 틈을 들일 여유가 없다. 바로 그곳, 즉 손 뻗으면 닿을 거리에 모든 정보가 있어야 한다. 당신의 파일링시스템(filing system)이 자리해야 할 곳은 바로 당신의 책상이다. 인수 관련 자료는 맨 오른쪽 귀퉁이에, 예산 자료는 가까운 왼쪽 구석에, 그리고 보수와 인사 관련 자료는 예산 자료의 오른쪽에 두는 식이다. 때로는 서류뭉치들을 뒤적거리며 원하는 서류를 찾아야 할 때도 있다. 분명 체계적이지는 못하지만 효과적인 방식이다.

나는 내 업무 파일들을 집무실에 보관했다. 중요한 서류는 책상 위에, 어떤 것은 바닥에, 또 어떤 자료는 뒤쪽에, 또 다른 것은 특대 크기의 서류가방에 넣어두었다. 나는 자료를 직접 관리했기 때문에 무엇이 어디에 있는지 알고 있었다. 일과를 마치면 사무실의 창턱과 보조 테이블에 비치하고 있던 15~20개의 서류가방 중 몇 곳에 자료들을 집어넣었다. 이보다 실용적인 방법을 나는 알지 못한다. 근무가 끝날 때나 여행을 떠날 때는 3개나 4개(때로는 그 이상)의 가방을 챙겨 갔다. 말하자면 사무실을 들고 다닌 셈이다. 이처럼 휴대가 간편한 방법도 없었고, 실제로도 바리바리 싸들고 다녔다. 덕분에 나는 주말에도 내게 부과된 숙제를 할 수 있었다. 또 시간과 장소를 가리지 않고 전화 문의에도 응대할 수 있었다. 나는 내 집무실을 항상 옆에 끼고 다녔다. 매달 유럽을 오갈 때는 회사 비행기가 내 사무실이었고, 믿음직한 서류가방이 수행 비서였다. 업무는 평상시와 다름없이 척 척 진행되었다.

나의 서류 정리 방식이 특이해 보일지 모르겠다. 현재 필요한 모든 것이 내 책상이나 서류가방 중 한 곳에 구비되어 있었다. 그래야 했다. 보고서나 일련의 서류를 검토한 뒤에는 비서에게 넘겼다. 그러면 비서는 3개월간 보관한 뒤 곧 폐기했다. 덕분에 내 사무실의 파일은 최소한도로 유지되었다. 90일이 지난 자료는 필요치 않았다. 라인조직과 참모조직의 직원들은 매달 보고를 올렸고, 각 보고서에는 아직 해결하지 못한 전월의 "붉은 깃발" 문제와 관련된 최신 현황이 포함되어야 했다. 나는 묵은 보고서를 다시 뒤적거릴 필요가 없었고, 효용 가치가 사라진 파일이나 회사 기록보관소에 보관할 이유도 없었다. 내게 있어 비즈니스는 꿈틀거리며 움직이는 생명체와 같았다.

나는 현재 진행중인 사업에 몰두했기 때문에 책상이 몹시 어수선했다. 또 대다수의 경영자들이 남에게 위임하는 일들을 직접 챙겼다. 편지 하나도 내 손으로 썼고, 연설의 문안도 직접 작성하거나 최소한 초안을 잡았다. 그 때문인지 내 편지와 연설문에 세련된 맛은 없었지만, 전하고 싶은 메시지는 확실하게 전달되었다. 걸려오는 전화 가운데 내게 연결할 것을 추리는 일도 비서에게 맡기지 않았다. 나는 사내통신이나 각각의 전화에 대한 기록을 통해 연락을 받았다. 어떤 전화가 긴급하고 중요한지는 내가 결정했다. 나를 만나야 한다고 생각하는 회사의 임직원은 누구라도 내 사무실을 찾아올 수 있었다. 내가 시간이 날 때까지 기다릴 때도 있었지만 나는 늘 열린 마음으로 들으려고 노력했다. 나는 누구에게든 결코 그가 내 귀중한 시간을 빼앗고 있다는 인상을 주지 않으려 했다. 물론 내 시간은 귀중했다. 그러나 면담을 신청한 사람이 하는 말도 중요한 내용일 경우가 많았다. 사실 제정신인 인간치고 시간을 때우거나 자기 PR을 하기 위해 최고경영자와 면담을 요청하는 얼간이는 없다.

:: 책상을 깨끗이 치우는 순간 경영으로부터 멀어진다 ::

책상이 말끔한 경영자는 분명 나처럼 하루를 보내는 것이 도리어 시간 낭비라고 여길 것이다. 그는 소위 능률화된 사무실을 선호하며, 아랫사람에게 이것저것을 위임한다. 또 가능한 모든 것을 남에게 떠넘기며 자기 회사는 잘 조직화되어 있고 자기는 직원을 아주 확실하고 효율적으로 관리하고 있다고 말한다. 하지만 나는 묻지 않을 수 없다. 무엇을 위한 조직화인가? 어떤 식으로 확실하게 관리한다는 말인가?

만약 그가 일체의 서류를 남에게 맡기고 책상을 말끔히 치운다면, 그는 자신의 임무를 교통 경찰관의 역할로 축소한 것이 아닐까? 의식하든 못하든 그가 실제로 하는 일은 서류의 흐름을 감독하고 남이 내리는 결정에 파란불이나 빨간불을 보내는 것이 전부이다. 교통 경찰관이 되는 거야 전혀 문제될 것이 없지만 그 일을 하면서 기업 최고수장의 연봉을 받아 챙기는 것이 가당키나 한 일일까? 우리는 최고경영진에게 지급되는 임금과 보너스의 극히 일부 비용만으로 쓸 만한 관리자를 고용할 수 있다.

앞서 언급했듯이 세세한 관련 사항을 알지도 못한 채 회사 운영 책임을 남에게 떠넘기는 경영자는 자신을 불필요한 존재로 만들어버릴 위험이 있다. 그는 소위 가로 3인치 세로 5인치인 카드 경영자가 될 공산이 크다. 참모들이 3×5인치 색인카드에 결정을 위한 여러 대안들을 제시하면 그는 복수의 선택지 중 하나를 고른다. 그러나 회사 임직원들은 실제 결정을 누가 하는지, 또 누구의 "건의"가 항상 채택되는지, 그리고 회사의 실세가 앉아 있는 사무실이 어디인지 알고 있다.

본인이 잘 알지도 못하는 일의 책임과 권한을 남에게 위임하는 데 따르는 진짜 위험은, 책임을 떠안는 사람이 실패할지도 모른다는 사실이다. 만약 그런 일이 발생하면 최고경영자가 나서서 상황을 수습해야 할 텐데 과연 CEO는 문제를 수습할 수 있을 만큼 충분한 지식을 갖고 있을까. 그 임무를 수행할 대체 인력을 고용하는 방법 외에는 달리 뾰족한 수가 없다. 따라서 그의 화려한 직함, 집무실의 크기, 그리고 멋지게 장식된 책상 이면에 숨어 있는 그의 실체는 바로 무능함으로 요약된다.

한편, 만약 그의 부사장들 모두가 그들의 일을 아주 훌륭하게 해낸다면 머지않아 누군가가 자기들에게는 그 최고경영자 같은 인물은 필요치 않다는 사실을 깨닫게 되기 쉽다. 그러면 부하직원 중 하나가 기꺼이 그를 밀어내고 그 자리를 꿰찰 것이다.

물론 최고경영자는 누구나 회사 운영에 대한 자기 책임의 일부를 위임한다. 나는 250여 개나 되는 ITT의 일선조직을 직접 운영하지 않았다. 각 회사 책임자가 사실상의 자율권과 그에 따르는 책임을 졌다. 그러나 나는 내가 무엇을 위임했는지 알기 위해 관련된 사업 내용을 숙지해야 했다. 이사진은 모든 ITT 자회사들이 거둔 실적에 대해 최고경영자인 나에게 그 책임을 물었다. 그래서 그 많은 보고서와 회의와 예산 검토가 필요했다. 내 임무를 다하기 위해 나는 전화교환장비의 기술개발에서부터 보험사업의 복잡한 통계자료에 이르기까지 우리가 하는 사업을 속속들이 파악해야 했다. 새 회사를 인수할 때마다 그곳의 경영진은 나와 내 참모들에게 그들의 사업을 다각도로 분석하며 설명해주었다. 그러면 우리는 그들이 해온 일을 이해하고 판단하며, 필요하다면 우리의 전문적 지식으로 운영을 도울 수 있었다. 우리는 3×5인치 크기의 색인카드에 적힌 요약 내용보다는 깊이 있는 지식을 근거로 결정을 내렸다. 우리의 책상은 하나같이 어수선했다.

한마디로 말해, 만약 주어진 일을 제대로 하고 있다면 책상은 어수선해야 한다. 당신의 삶, 즉 노동 자체가 "어수선"하기 때문이다.

:: 일정한 틀에 맞춰 기업을 운영하는 경영자의 병폐 ::

나는 이런저런 이유로 자기는 느긋하게 반쯤 은퇴한 상태로 살고 있거나 떠날 때를 기다리고 있는 사람의 깨끗한 책상은 이해할 수 있다. 나는 회사를 설립하여 성공적으로 키워낸 뒤 회장으로 물러앉아 다른 이들에게 중요한 결정권을 위임한 사람들을 알고 있다. 그러나 이런 인물들은 아주 드물다. 더 자주 눈에 띄는 부류는 자신의 책상이 말끔한 이유는 따로 있다고 주장하는 전문경영인들이다. 그중 하나는 자신은 정상에 오르기 위해 열심히 일했고 이제는 편안히 앉아 남에게 지시하기를 즐긴다는 사실을 스스럼없이 인정하는 유형이다. 그러나 편안하다는 말은 스스로를 속이는 말이며, 실제로도 오래 지속되지 않는다.

이보다 한층 더 많은 부류는 자신이 이제는 자잘한 문제를 신경 쓸 만한 위치가 아니라고 생각하는 사람들이다. 그들은 앞으로 자기 회사를 새롭고도 위대한 차원으로 도약시키려면 장기적인 구상이 필요하고, 이 때문에 책상과 마음을 가지런히 정돈할 필요가 있다고 말한다. 자기들은 먼 미래를 계획하며 보통 사람의 머리로는 가늠하기조차 힘든 고차원의 세계를 내다보고 있다는 주장이다. 그들은 정말 그렇게 믿고 있다.

문제는 또 있다. 책상을 말끔히 치우겠다는 그 마음은 책상에서 그치지 않고 다른 영역까지 손을 뻗친다. 예컨대 그들은 다루는 문제가 아무리 복잡하더라도 메모와 보고서는 정확하게 작성해야 하며, 한 페이지 반이나 두 페이지를 넘지 않아야 한다고 말한다. 또 위원회 회의를 위한 의제도 명확히 규정할 것을 지시한다. 의제에 들어 있지 않은 사항을 테이블 위에 올려서는 안 된다. 그리고 각 의제마다 시간이 정확하게 배분된다. 가령 세 번째 항목은 10시 03분에, 네 번째는 10시 13분에, 5번 항목은 10시 22분에 다루고 …… 11시 30분에 휴회한다는 식이다. 그런데 한 항목에 대한 논의가 예정된 시간을 초과하는 경우도 있고 심지어는 휴회가 지연될 때도 있다. 경영자는 자기 시간표가 정확하게 준수될 수 없는 것은 어쩔 수 없는 현실이라며 감수한다.

그러나 나는 회의를 그렇게 똑 부러지게 나누려는 시도 자체가 생산성을 떨어뜨린다고 생각한다. 마감 시간이 회의 참석자 모두를 속박하기 때문이다. 회의 시간이 끝났다고 종을 울릴 필요는 없다. 참석자 모두가 언제 끝날지 잘 알기 때문이다. 뭔가 말을 하려던 사람도 벌써 5분이나 10분이 지났다는 사실을 알기에 입을 꾹 다문다. 그러면 당신은 그의 의견을 놓치게 된다. 회의실에서 거론되지 않은 것이 무엇인지 알 길이 없다. 당신은 매우 중요한 사실을 놓쳤을 수도 있고, 창의력의 원석이 될 만한 아이디어를 잃었을지도 모른다. 고작 몇 마디 말만 듣고 어떻게 가장 빛나는 아이디어의 보석을 골라잡을 수 있겠는가?

책상이 어수선한 경영자도 의제를 갖고 위원회 회의에 참여한다. 그러나 그에게는 시간표보다 더 중요한 것이 있다. 예기치 않게 돌출되는 사안이다. 그날의 가장 중요한 쟁점은 언제 어떻게 튀어나올지 아무도 모른다. 회의 종료 시간에 임박해서 얼굴을 내밀 수도 있다. 이 쟁점은 5분이 아니라 5시간의 토론이 필요할 만큼 중요할지도 모른다. 물론 25분쯤 더 논의를 진행해 봐도 윤곽이 뚜렷해지지 않는 문제라면 다음 주에 토론하기로 일단락 짓고 누군가에게 검토를 일임할 수도 있다. 그러나 이 경영자는 단지 시간이 다 되었다는 이유만으로 누군가의 말을 가로막지는 않을 것이다. 물론 주제를 벗어난 이야기나 동어반복, 또는 겉멋 부리는 말투는 가차 없이 발언권을 봉쇄해야 한다. 그는 회의를 통제할 수 있고 또 그래야 하며 올바른 방향으로 진행되도록 유도하는 한편, 토론의 흐름을 끊어서는 안 될 때가 언제인지도 알아야 한다. 사실 무엇이 중요하고 중요치 않은지는 직접 검토해보기 전까지는 아무도 확신할 수 없다. 따라서 각 주제에 맞춰 충분한 시간을 할당해야 한다.

이런 종류의 회의는 이 경영자의 책상이 어수선한 것과 똑같은 이유로 대개 늦은 시간까지 이어진다. 이것은 가치의 문제다. 무엇이 더 중요한가? 회의가 제시간에 끝나도록 관리할 것인가, 아니면 상상력과 창의적인 사고를 차단하지 않고 갑자기 번쩍하며 나타나는 기회를 놓치지 않도록 회의를 유도할 것인가? 좋은 회의에는 어떤 힘이 있다. 이 힘은 참석자들의 뜨거운 관심과 함께 신선한 생각을 자연스럽게 주고받는 데서 나오며, 비상한 결과를 낳는다. 그리고 이 힘은 참석자들에게 허용되는 자유와 융통성에서 비롯된다. 이것이 바로 좋은 경영의 본질이라는 게 내 생각이다. 이 외의 모든 회의는 단조로운 경영으로 이어지고, 다시 어떤 결과를 낳긴 하지만 기껏해야 상투적인 범주를 벗어나지 못할 것이다.

개방적이고 융통성 있는 회의를 위해 지불해야 할 대가는, 항상은 아니라도 대개 늦도록 자리에 앉아 있어야 한다는 점이다. 이것이 나의 최대 결함 중 하나다. 내가 집무실에서 개최하는 일련의 회의는 대개 예정시간을 한참 넘긴다. 그래서 종종 참모조직에 속하는 많은 임직원들이 회의가 끝날 때까지 기다렸다가 나를 만날 수밖에 없었다. 나는 그들의 애로사항을 알고 있었다. 그럼에도 시간표를 엄격히 고수하는 것보다는 목전의 일을 처리하는 것이 더 중요하다고 생각하는 한 나는 이 방식을 바꾸지 않았다.

주변 사람들 대부분은 내가 일부러 그들을 기다리게 하는 것은 아니라는 점을 잘 알고 있다. 그들 역시 내가 그들의 문제만큼이나 중요한 사안에 골몰하고 있음을 이해한다. 또 그들은 일단 내가 그들을 만나면 그들에게 모든 관심을 집중하리라는 사실도 알고 있다.

사실 나는 목전의 문제에 너무 몰입하는 바람에 시간이 얼마나 흘렀는지 모를 때가 잦았다. 왜 그런지 모르겠지만 가장 흥미로운 관점이나 참신한 아이디어는 거의 회의가 막바지에 이르렀을 때 실체를 드러낸다. 내 집무실에 두 사람이 있건 열 사람이 있건 상관없다. 회의를 막 끝내려는 참에 누군가가 "아, 덧붙여 한 가지 말씀드리면……" 하고 입을 열면, 바로 이때 가장 중요한 내용이 튀어나온다. 오직 멍청이만이 이 순간에 그의 입을 틀어막는다.

:: **과학경영의 함정** ::

깔끔한 책상, 꽉 짜인 의제, 융통성 없는 약속 일정은 특정 유형의 경영자가 지닌 정신을 드러내는 상징이자 징후들이다. 그는 종종 자기 사업을 과학의 차원으로 끌어올렸다고 자랑하는 정확하고 강박적인 유형의 인물이다. 그는 과학경영의 분위기에 흠뻑 젖어 있는 경영대학원 졸업자인 경우가 많다. 자기 집무실 어디에 어떤 물건이 있는지 아는 것처럼 그는 자기 사업이 정확히 어디로 가고 있는지 잘 알고 있다고 자만한다. 이런 태도는 그가 하는 거의 모든 일에 반영된다. 보통 그가 내세우는 자신의 장기는 미래를 과학적으로 계획하는 것이다. 그가 인수를 시도할 때 쓰는 방법을 보면 그 면모가 잘 드러난다.

그가 택하는 접근법은 소총 사격이란 뜻의 소위 "라이플 샷(rifle shot)" 방식이다. 먼저 그는 범위를 넓게 잡아 전체적인 경제 환경의 큰 그림을 연구한 다음 이를 해당 시기에 번성할 산업으로 좁혀나간다. 그리고 다시 그 산업의 한 부분으로 범위를 좁힌 후 몇 개의 기업으로 압축하고, 마침내 가장 유리한 경제 환경의 바람을 타고 있는 최고 유망 산업에 속하는 최고 기업을 찾아낸다. 바로 이것이 그가 노리는 먹잇감이다. 이제 그는 자신이 원하는 타깃을 겨냥한 후 "클린 샷(clean shot)"을 날린다.

그는 이 과정을 어떻게 진행할까? 먼저 그가 고위급 참모진을 소집하면 한 자리에 모인 그들은 자문자답의 시간을 갖는다. "오늘날 세계에서 가장 중요한 것은 무엇일까?" 이때 한 사람이 "에너지"라고 대답한다. 그러면 그들은 에너지로 시작한다. 에너지와 관련된 사업은 무엇일까? 유전지대에서 사용되는 장비나 설비들일 것이다. 이제 그들은 이런 산업 몇 개를 검토한 다음 가장 가능성이 높은 사업으로 유정시추 사업을 점찍는다. 왜 이 사업일까? 그다지 자본 집약적이지 않은 데다 고정밀 산업이기 때문이다. 게다가 유정시추 회사들은 대개 돈을 많이 번다.

그래서 그들은 유정시추 회사들의 목록을 뽑아보는데 물론 이들은 모두 돈 잘 버는 회사들이다. 이건 비밀이 아니다. 그 회사들은 이미 소득의 10~15배 가격에 팔리고 있다. 전략가들은 높은 가격에 고민하지만 그만큼 가치가 있다고 판단한다. 석유 시추는 매우 유망한 산업으로, 이 회사들의 주식이 비싸게 팔리는 것도 다 그 때문이다. 전략가들은 유정시추 회사 목록을 더 자세히 살펴본 후 X기업으로 최종 낙점한다. 이곳은 연 20%의 성장률을 달성하고 있으며 그 분야에서 최고 기업에 속한다. 소득의 15배에 팔리는 것도 당연하다. 높은 인수 가격 탓에 차후청산(earn out, 총 매매가를 일시에 지불하지 않고, 벌어서 나머지 액수를 주는 방법 – 옮긴이)하는 데 시간이 걸릴지 모르지만 그래도 회사의 전망이 아주 밝다. 따라서 이번 인수는 안전하다고 볼 수 있다. 생각과 계획은 흠 잡을 데가 없다. 각 단계는 연구와 보고서와 기록에 의해 그 가능성이 뒷받침된다. 도대체 허점이 안 보인다.

그러나 협상 테이블에 앉는 순간 상황이 바뀐다. 다른 전략가들도 똑같은 생각을 거쳐 X기업을 인수대상으로 점찍었다. 계획대로 회사를 사려면 소득의 15배가 아닌 20배를 지불해야 한다. X기업의 가격이 1억 6,500만 달러에서 2억 2천만 달러로 껑충 뛴다. 매입가가 불어난 만큼 차후청산까지는 시간이 훨씬 오래 걸릴 것이다. 그러나 그들은 가격이 이렇게 높아진 이유를 수긍한다. 세상 사람들 모두 X기업이 얼마나 좋은 회사인지 알고 있다는 뜻이기 때문이다. 또 주주들도 이런 사정을 이해하고 있으므로 인수하느라 융자한 돈의 이자를 감당하고도 남을 만큼 수입이 발생할 때까지 기꺼이 기다려줄 것이라 생각한다. 그래서 그들은 X기업을 사고, 비록 비싸기는 해도 그만한 가치가 있는 인수라는 데 모두가 동의한다.

뒷일은 어떻게 전개될까? 인수 당시에는 그 누구도 모른다. 이것이 중요한 점이다. 제아무리 정밀하게 계산된 라이플 샷 전략이더라도 미래의 변화를 예측하고 설명할 수 없다. 여타의 모든 일들이 술술 풀린다 해도 이 회사가 흑자로 돌아서는 데는 애초에 예상했던 5년이 아니라 9년, 즉 소득은 없고 엄청난 빚더미에 시달리는 9년이 걸릴지 모른다. 사태는 좀처럼 전략가의 제도판에서 설계된 대로 진행되지 않는다. 사실은 예상보다 훨씬 나쁜 쪽으로 흘러갈 수 있다.

전 세계적인 석유 부족 사태를 기억하는가? 인수 전략가들은 석유회사들, 특히 미개발 상태로 땅 속에 묻혀 있는 석유자원을 갖고 있는 회사들이야말로 최고의 매수대상이라고 판단했다. 모두가 그렇게 여겼고 그렇게 생각한 이유도 똑같았다. 그래서 대형 화학회사가 대형 석유회사를 샀고 철강회사도 석유회사를 샀으며 한 석유회사가 또 다른 석유회사를 샀다. 그리고 모두 최고 가격을 지불했다. 돈 가진 사람은 누구나 석유사업에 뛰어들었기 때문이다. 그런데 무슨 일이 일어났는가? 석유 부족 사태는 해소되고, 이제는 시장에 석유가 넘쳐난다. 불과 수년 전에 석유회사를 매입한 기업들은 지금 땅을 치며 후회하고 있으리라는 것이 내 생각이다. 그들이 빚을 청산하는 데는 오랜 시간이 걸릴 것이다.

문제는 석유 부족이나 공급 과잉을 예측하지 못한 데 있지 않다. 미래를 예측하려면 완벽한 전략이 필요하다고 여긴 나머지 지나치게 공식에 의존한 것이 잘못이다. 이런 일은 항상 일어난다. 이 방법이 통하지 않는 이유는 모든 전략가들이 똑같은 교육적 배경을 갖고 있고 똑같은 정보를 연구하며 동시에 똑같은 결론에 도달하기 때문이다. 그들의 미래 예측은 유행처럼 동시다발적으로 등장한다. 그래서 항공사가 호텔을 매입하고 거대 통신기업이 출판회사를 사들이고 출판회사는 염가문고본 회사를 인수했다. 그리고 모두가 컴퓨터 회사를 사려고 달려들었다.

:: 생각을 틀에 가두지 말고, 늘 깨어 있으라 ::

"라이플 샷" 방식과 대비시키기 위해 잠시 책상이 몹시 어수선한 어떤 경영자의 예를 생각해보자. 그는 고등학교를 마친 후 트럭 운전사로 사회에 발을 디뎠으며, 나중에 자신의 공구회사를 세웠다. 하루는 어느 고객에게 솔깃한 얘기를 들었다. 내용인즉 그 고객의 아버지가 은퇴를 앞두고 그동안 운영하던 시카고 서쪽에 있는 고물집적소를 팔 계획이라는 것이다. 하늘이 내린 기회였다. 그는 이전까지 고물집적소를 살 생각은 꿈도 꾸지 않았었다. 그는 직접 현장을 살펴보았다. 고철을 받아두었다가 시카고의 큰 시장에 보내는 유통 사업이었다. 그는 이 정도라면 1톤당 운임료 2달러를 절약할 수 있을 뿐 아니라 시카고의 경쟁자들보다 더 많은 이익을 낼 수 있을 것이라고 판단했다.

그에게는 가능성 있는 시나리오다. 그래서 고물집적소를 매입한다. 이 집적소에 군침을 흘리는 다른 경쟁자들이 없었기에 가격도 그리 비싸지 않다. 그 뒤 어떻게 되었을까? 그는 첫날부터 돈을 벌기 시작한다. 만약 운영을 개선할 수만 있다면 전 소유주보다 훨씬 많은 돈을 벌게 될 것이다. 그 많은 전략가들이 간과하고 있는 사실은 고물집적소에서 버는 1달러가 어느 모로 보나 석유회사나 컴퓨터회사에서 버는 1달러 못지않은 값어치가 있다는 것이다.

책상이 어수선한 이 경영자가 한 일은 무엇인가. 기회를 기회로 알아차렸고, 이 기회를 어떻게 이용해야 지금까지 아무도 시도하지 않았던 일을 할 수 있는지 궁리했다. 이런 사고의 유연성 때문에 그는 신속하게 움직일 수 있었다. 깨끗한 책상을 가진 그 친구가 한 일은 미래의 시장에서 그에게 최대한의 투자수익을 안겨줄 정확한 인수 대상 기업을 미리 결정하고 낙점한 것이다. 그는 스스로를 좁은 틀에 가두고 최고의 인수가격을 지불했을 뿐 아니라 아마도 그의 선택 범위를 좁히는 데 너무 많은 시간과 노력을 집중하느라 그동안 그의 곁을 스쳐간 숱한 인수 기회에는 눈을 감아 버렸을 것이다.

잊지 마라. 그는 바로 의제와 시간을 정해놓고 너무 엄격하게 그 틀을 고집하는 바람에 뒤늦게 탄생하기 마련인 아이디어는 애초에 싹을 잘랐던 바로 그 사람이다.

아마 내가 극단적인 사례만 인용했는지는 모른다. 그러나 정도의 차이일 뿐 현실의 비즈니스 세계에서는 늘 벌어지는 일이다. 온갖 분야의 기업 수십 곳이 늘 매각, 매입 대상 후보로 올라온다. 그중에는 우량 기업도 있고 문제를 안고 있는 기업도 있으며 위험한 기업도 있다. 인수를 계획하는 경영자는 융통성을 갖고 지금 눈앞에 나타난 새로운 매물에 마음을 열어놓아야 한다. 인수에 따르는 위험과 이익 사이의 관계를 전체적으로 조망해 보면매각 대상 기업이 지금까지 얼마나 잘했는지는 중요한 기준이 아닐 때가 많다. 물론 그 회사가 과거에 한 일은 중요하다. 그러나 미래가 더 중요하다. 즉 CEO가 자신과 경영진의 힘을 통해, 그리고 자신의 미래 계획을 통해 이 인수기업을 더 성장시킬 수 있겠다고 판단하면 그것으로 충분하다. 당신은 이 회사의 과거 성적에 대해 어느 정도의 대가를 지불해야겠지만, 미래의 이익은 당신과 당신의 회사가 이 합병에 덧붙일 부가된 가치에서 나올 것이다. 인수를 위한 라이플 샷 전략에서는 종종 이 점이 간과된다. 인수 대상 기업은 가장 성적이 좋을 때 매입되는 경우가 많으며, 이때 인수 기업은 그 회사의 기존 가치에 더 보탤 것이 있다 해도 극히 미미한 수준일 수밖에 없다.

마지막으로, 내가 거부감을 느끼는 것은 깨끗한 책상을 쓰는 경영자의 집무실이나 책상의 장식이라기보다는 그의 정신상태다. 말끔히 치워진 책상을 보고 있노라면 이 책상의 주인은 분명 무턱대고 과학적 경영, 경영대학원의 공식, 데이터의 분류, 지나치게 엄격한 시간 관리, 그리고 조직적인 책임 위임에 집착하는 사람일 뿐 아니라 계획한 대로 미래가 전개되리라는 그릇된 믿음에 토대를 둔 근거 없는 자신감과 자기만족을 떨쳐내지 못하는 인물이라는 느낌을 갖게 한다. 여러분은 부디 그렇게 되지 말기를 바란다.

책상이 깨끗한 경영자 가운데 내가 인정할 수 있는 유형이 하나 있다. 들리는 소문에 의하면 그는 자기 일에 철저하게 몰입하고 책상 위에 각종 보고서들을 높이 쌓아 놓았다가도 당신이 그의 사무실로 들어서는 순간 모든 종이뭉치들을 가운데 서랍에 집어넣고 당신을 말끔한 책상과 편안한 태도와 친절한 미소로 맞이하며, 당신이 떠나는 순간 다시 모든 일거리를 책상 위로 꺼내 놓고 업무로 복귀한다고 한다. 이런 인물이 있다는 말을 들어보았지만 아직 만나보지는 못했다.

때때로 만나고 싶은 유혹을 느꼈지만 늘 너무 바빴다.

Chapter 7

교만에 빠진
경영자

경영자를 망가뜨리는 최악의 질병은
자기중심주의다.

그동안 밀실에 숨어 있던 경영자의 한 가지 병폐가 지난 10~15년 사이에 그 실체를 드러냈다. 그 전까지는 (내가 기억하는 한 아주 오랫동안) 제 역할을 못하거나 점심 이후에 믿을 수 없는 사람이 되어버리는 술고래의 문제는 직장 내에서 공공연한 비밀이었다. 아무도 그의 술버릇에 대해 감 놔라 배 놔라 참견하지 않았다. 특히 맨정신일 때 유능하고 좋은 사람일수록 더 그랬다. 과음은 업무에 이따금씩 지장을 주는 한때의 개인적인 일탈로 간주되었으며, 동료들은 가능하면 그를 감싸주었다. 결국 최고경영자는 수습하기 어려운 지경에 이르러서야 실상을 접하게 되었다.

나는 고약한 술버릇 때문에 재능 있는 경영 인재들의 날개가 꺾이는 경우를 적잖이 목격했다. 흔히 하는 말로 "내 인생 최고의 친구들 몇 명"이 처음에는 아주 다정한 벗처럼 보였던 알코올에 인생의 덜미를 잡히는 바람에 그만 경영자의 꿈을 이루지 못한 채 중도에서 낙오해버렸다.

알코올중독과 관련 몇몇 사례들이 내 마음에 특별한 기억으로 남아 있기는 하지만 눈에 띄지 않는 곳에서 얼마나 많은 사람들이 알코올 때문에 성취욕과 성공 욕구가 꺾이는지 그 누가 알겠는가. 나는, 조용히 혼자 술 마시는 버릇을 버리지 못한 나머지 몽롱한 상태로 걸어

다니며 아무런 결정도 못 내리고 자신감도 상실한 사람들을 보았다. 물론 해고될 만큼 심각하지는 않았다고 해도 그들 대부분은 더 이상 높은 지위로 승진하지 못했다. 알코올중독은 자기도 모르는 사이에 빠져든다. 너무 점진적으로 진행되어서 주변은 물론 자기 자신도 전혀 알아차리지 못할 때도 있다. 알코올에 손을 댔다고 해서 늘 요란하게 파탄에 이르는 것은 아니다. 대개 남모르게 비탄의 늪에서 허우적거리는 경우가 많다.

알코올중독이 미국의 산업에 끼치는 피해가 어느 정도인지 수치화하기는 쉽지 않은 일이다. 연방정부는 생산성 측면에서 190억 달러, 그리고 의료 및 복지비용 증가분인 140억 달러를 합해 1년 손실액이 총 330억 달러에 이를 것으로 추산한다. 그러나 나는 피해가 훨씬 크다고 생각한다. 술 때문에 며칠이나 결근했는지 날수를 따지는 것은 문제의 일부에 불과하다. 경영상의 오판과 그에 따라 연기처럼 사라진 기회비용, 게다가 술에 중독된 경영자의 일탈로 인한 사기 저하와 이직률 측면에서의 손실도 만만치 않다. 그러나 정부는 이런 일은 계산에 넣지 않았다는 것이 내 판단이다.

그러나 이 수치를 아무리 높게 잡더라도 알코올중독이 미국의 비즈니스에 미치는 피해는, 기업들이 경영자의 자기중심주의 성향 때문에 지불해야 하는 대가에 비하면 극히 미미한 수준이라고 확신한다. 자기중심주의는 알코올중독만큼이나 오래된 문제이며, 아마 떨치기 힘든 개인적 불안감이라는 같은 뿌리를 갖고 있을 것이다.

:: 자신은 틀릴 수 없다고 믿는 경영자 ::

자기중심주의는 개개인의 건강에 직접적인 악영향을 끼치지 않지만 기업과 그 구성원들의 안녕, 나아가 국가 전체에 파급되어 생산성에 타격을 입힌다. 겉으로 드러나는 폐해는 알코올중독보다 약하지만 잠재적인 폐해는 한층 높다. 그러나 알코올중독과 달리 자기중심적인 경영자의 문제는 여전히 수면 아래에 모습을 감추고 있다. 모두가 아는 비밀임에도 불구하고 사태의 심각성을 공론화하려는 사람은 극소수에 불과하다. 또 어떻게 다루어야 할지 아는 사람도 거의 없다.

중간급 관리계층에서건 최고 경영진에서건 제어되지 않은 개인적 자기중심주의는 인간을 현실에 둔감하게 만든다. 그는 점점 더 혼자만의 세계에 빠져든다. 그는 진정으로 자신은 잘못을 저지를 수 없다고 믿기 때문에 부하직원들에게 위협적인 존재가 된다. 이런 행동이 비즈니스 문제와 마찰을 일으킬 경우, 이는 알코올중독 문제를 다루는 일만큼 어려워진다.

자기중심주의자는 여느 평범한 사람들처럼 걷고 말하고 웃을 수 있다. 그러나 술꾼이 마티니에 파괴되는 것처럼 그도 자기도취증에 의해 파괴된다. 그는 자신이 누구보다 똑똑하고 신의 뜻에 따라 모든 문제에 대한 답을 알고 있으며, 자신이 모든 것을 통제하고 다른 사람들은 그저 그의 시중을 들 뿐이라고 생각한다. 그래서 이와 같은 선입관이나 자신에 대한 이미지와 상충되는 정보는 하나도 받아들이려 하지 않는다. 내가 보기에 그는 환자다.

이런 종류의 자기중심성은 뭔가를 성취한 사람의 마음속에 자리하는 정상적인 자부심이나 자존심과는 크게 다르다. 기업에서든 다른 어느 곳에서든 리더를 꿈꾸는 사람에게 어느 정도의 자존심이나 자신감은 필수적이다. 기업의 리더는 옳든 그르든 그가 옳다고 믿는 목표를 향해 사람들을 이끌기 위해 자신의 개성을 발휘해야 한다. 그러나 조직에 활력을 불어넣는 그의 리더십은 항상 수정의 여지가 있게 마련이다. 그는 기꺼이 실수를 인정하고 남의 말에 귀를 열어놓을 준비가 되어 있어야 한다. 심리학자 행세를 하려는 것은 아니지만, 정상적인 사람이라면 누구든 자신의 초라한 초년병 시절과 과거의 실수를 떠올리며 비록 달갑지 않더라도 타인의 비판에 마음을 열 것이라는 게 내 생각이다. 그는 최고의 해법을 제시해줄 사실들을 찾기 위해 가능한 한 객관적인 판단력을 갖기를 바랄 것이다. 또 제아무리 자신을 똑똑한 사람으로 여긴다 해도 그는 자신이 불완전하며 의심이 많고 한 치 앞도 헤아리지 못하는 존재임을 알 것이다. 그는 타인이 제공하는 아이디어, 제안, 그리고 정보를 환영한다. 그리고 자기 주변에서 일어나고 있는 일들을 알고 있으며 이에 민감하다. 이것은 지극히 정상적이다.

내가 아는 대부분의 경영자들은 자기중심적인 사람이 되지 않기 위해, 또 그렇게 보이지 않기 위해 노력한다. 논리, 목적의식, 객관성 등은 대다수 경영자들이 전면에 내세우는 자질들이다. 좋은 비즈니스는 이런 토대 위에 성을 쌓으며, 훌륭한 경영자는 자신의 행동을 돌이켜보며 혹시나 개인적인 편견이나 허영의 기미는 없었는지 살핀다. 훌륭한 경영자는 회의실의 좋은 자리를 탐하지 않고, 사람들이 일어서서 자신을 맞아주기를 바라지 않는다. 한편 그를 밀치고 앞서 나가려는 사람은 용납하지 않는다. 나약한 리더로 비쳐져서는 안 될 뿐더러, 그의 지위에 걸맞은 역할을 해야 하기 때문이다. 이는 자아 정체성(self-identity)의 문제다. 내가 어떤 사람이고 내 역할이 무엇인지 아는 것과, 남들의 칭송과 아첨을 바라는 것은 아주 다른 문제다.

물론 누구나 칭찬받기를 원하며 비판을 받을 때는 방어 태세를 갖춘다. 나 역시 내 주장을 극단적으로 밀어붙인 적이 있다. 그러나 내가 틀린 것으로 밝혀지면 공적으로든 사적으로든 직접 그 사람에게 사과하고 보상하며, 미래를 위해 내 행동을 수정한다. 아마도 자아 정체성과 자기중심주의 사이의 미세한 차이는 설명이 어려울지 모른다. 그러나 관련된 모든 사람들은 그 차이를 직감적으로 분별할 수 있을 것이다.

정상적인 자부심과 자기중심주의는 구분이 힘들 때가 많다. 특히 초기 증상일 때 더욱 그렇다. 그것은 알코올중독의 경우도 마찬가지다. 점심시간에 즐겁게 한 잔 들이켠다고 해서 알코올중독자가 되지는 않는다. 두 잔을 마시면 위험한 길에 들어섰다는 신호일까? 점심때 마티니 세 잔을 걸치는 사람에게 중독자 딱지를 붙여야 할까? 그가 마티니 세 잔을 들이킨 것은 그때가 처음이었는지 모른다. 중요한 것은 숫자가 아니라 그 숫자 이면의 사실이며 행동 패턴이다.

:: 자기중심적인 경영자의 특징 ::

자기 능력으로 정상에 오른 경영자는 자기 신분과 함께 회사 차량이나 기사가 딸린 리무진을 이용할 수 있는 특권에 자부심을 느낀다. 이것은 전혀 문제될 것이 없다. 기업의 업무용 비행기는 그의 귀중한 시간과 에너지를 절약하게 한다. 만약 그가 일간신문이나 주간지에 실린 자기 회사의 눈부신 활약상에 대한 기사를 읽고 뿌듯해하지 않는다면 도리어 비정상일 것이다. 이런 것은 전혀 문제가 안 된다.

그러나 나는, 사무실 카펫 색깔이 마음에 안 든다며, 혹은 창문 경관이 자신이 원하던 모습이 아니라며 불같이 화를 내거나 히스테리를 부리는 사람들을 본 적이 있다. 이들 중에는 서열상 2~3급 수준의 경영자도 있다. 허영심과 자기중심주의는 CEO에게만 국한된 것이 아니다. 나는 최고의 기업 가운데 자신이 타는 리무진의 길이와 모델을 두고 서로 경쟁하는 최고경영자들이 있는 것으로 알고 있다. 기업의 업무용 비행기의 경우에는 현재 걸프스트림 Ⅲ(Gulfstream Ⅲ)가 지위의 상징으로 통하고 있다. 이 비행기가 회사의 현실적인 필요에 적합한지 여부는 중요치 않다. 걸프스트림 Ⅲ는 "회사의 이미지"를 좋게 한다는 차원에서 옹호되고 있다. 일부 기업들은 소득, 시장 점유율, 그리고 주식가격을 놓고 경쟁하는 것만큼이나 "이미지"를 위해 경쟁한다. 이것은 자아만족이다. 어느 최고경영자는 다른 CEO가 자기보다 언론의 주목을 끌자 불평을 터뜨렸다. 또 〈뉴욕타임스〉에 실린 기사의 내용보다 할당된 지면의 크기를 따지는 경영자도 있다. 일부 기업의 홍보담당이사들은 넓은 지면을 얻기 위해 시장에서 경쟁할 뿐 아니라, 그들이 모시는 보스의 헛된 욕구를 부채질하는 방법으로 생계를 꾸려간다.

물론 언론에서 인터뷰 요청이 와서 내가 지금 손 대고 있는 분야에서 제기되는 전반적인 문제에 대한 의견을 구하거나 전문적 식견을 들려달라고 한다면, 또는 어떤 회합에서 연설을 부탁하며 내 경험에서 우러나는 지혜를 나누어달라며 초대장을 보내온다면, 분명 나는 우쭐해질 것이다. 만약 당신이 대형 공기업의 수장이라면 사람들은 당신이 공익을 위해 봉사할 의무가 있다고 여긴다. 그래서 이런저런 명분을 내세우며 당신의 시간을 (사실은 회사의 시간을) 할애해 달라고 요청한다. 우리 모두는 사회에 이바지할 의무가 있다. 능력이 닿는 한 그렇게 해야 한다.

그러나 늘 잊지 말아야 할 것은 이런 기여에 필요한 비용은 모두 기업과 주주가 감당한다는 사실이다. 당신이 할애하는 시간은 회사 운영에 쏟아야 할 시간(당신은 이 시간에 대해 주주들로부터 임금을 받는다.)의 일부를 떼어내는 것이다. 비록 당신의 연설이 오찬회나 퇴근 시간 이후에 이루어진다 해도 전문경영인은 9시에서 5시까지의 시간만이 아니라 그의 전체 시간에 대해 임금을 받는다. 연설, 기금모금 활동, 또는 공공봉사 프로젝트를 치르려면 준비하고 계획하는 데 상당한 시간을 쏟아야 한다. 다시 말하지만, 당신이 공익 활동에 나설수록 기업은 그만큼 손해를 감수해야 한다는 사실을 잘 알고 있다면 문제될 것은 없다. 그러나 자신이 속한 공동체에 대한 봉사 의무를 실행하는 것과, 남들에게 인정과 칭송을 받기 위해 이런 외부 활동에 빠져드는 것은 완전히 별개의 문제다.

최근 경영자들 사이에 이런 외도를 통해 인정받으려는 경향이 점점 짙어진다. 비즈니스에 아무런 도움이 되지 않는데도 말이다. 이런 사외활동은 경영자의 명예욕을 자극하고 만족시켜주는 효과가 있다. 달콤한 박수갈채 소리와 칭송을 듣기 위해, 또 개인적으로 인정받기 위해 많은 경영자들이 금쪽같은 시간을 외부 활동에 투입하며 그들의 기업 내 책임을 남에게 위임한다. 그놈의 욕심 때문에 그들은 자기에게 돈을 주는 회사는 까맣게 잊어버린다.

20년간 대기업을 이끌어온 한 사람이 생각난다. 그는 자신의 성공과 과학적 경영의 효과에 매혹된 나머지 장기간 전국을 순회하며 연설을 했다. 그는 과학경영의 신시대를 알리는 대표주자로 언론에 널리 소개되었다. 그러나 자기도 모르는 사이 그는 회사 안팎에서 조롱거리가 되었다. 밖으로 돌며 연설하는 동안 회사는 방치되었기 때문이다. 집무실에 있는 시간보다 연설하는 데 더 많은 시간을 투입할 지경에 이르렀다. 아마 그는 자기 내부에서 무슨 일이 일어나고 있는지 몰랐을 것이다. 개인적인 욕심이 이성을 완전히 장악해버린 것이다. 끝내 회사가 그를 버렸다. 물론 이사회는 그의 해고에 대해 다른 이유들을 갖다 댔지만, 그의 경우는 너무 심했고 잘 알려졌기 때문에 속사정을 모르는 사람은 없었다.

자기중심주의 때문에 기업이 입는 피해를 단지 업무시간으로 따져야 할까. 이는 마치 알코올중독의 피해를 무단 결근일로 측정하는 것과 같다. 경영 차원에서 알코올중독자는 그냥 집에서 잠을 자고 있을 때보다 업무에 훨씬 큰 피해를 줄 수 있다. 자기중심주의자의 경우도 마찬가지다. 개인적 욕심을 부추기는 그 모든 활동들 ― 리무진에서 보내는 긴 시간, 회사의 업무용 비행기 이용, 관련 언론 기사 수집, 불필요한 연설 ― 은 병세를 악화시키고 어떻게든 기업의 문제가 (이런 일에 한눈팔지 않았다면 매우 유능하고 탁월한 인물이었을) 경영자의 손아귀를 벗어나게 한다.

:: 보스가 허영심에 빠지면 주위에는 예스맨만 남는다 ::

정말 심각한 피해는, 술이 술꾼을 좀먹는 것처럼 경영자 자신이 고삐 풀린 허영심의 포로가 된다는 사실이다. 즉 그는 이성을 빼앗긴 나머지 탐욕의 희생자로 전락한다. 그는 홍보팀이 준비한 언론 보도 자료와 칭찬의 내용을 믿기 시작하며, 자기 자신과 허영심의 늪에 너무 깊이 빠져들어 다른 사람들의 감정에 둔감해진다. 또 상식과 객관성을 잃고 의사결정 과정에서 잠재적인 위협이 된다. 이 모든 것이 사무실 주변에서 당장 눈에 띄는 행동으로 표면화되지는 않는다. 자기애에 빠진 사람은 술꾼과 달리 비틀거리지도 않고 책상 위의 물건들을 내동댕이치지도 않고 말을 더듬거리거나 침을 흘리지도 않는다. 대신 그는 갈수록 오만해진다. 진실을 모르는 사람들은 그의 오만을 권력자라면 당연히 갖고 있는 자신감으로 오인한다.

그러나 완벽한 범죄는 없다. 자기중심적인 오만함은 그를 상대해야 하는 모든 사람의 정신에 악영향을 끼친다. 사람들은 술꾼의 고통에 대해서는 연민과 동정의 감정을 느끼지만, 그들 한가운데서 멋모르고 설쳐대는 자기중심적인 보스에 대해서는 그 반대의 감정을 보인다. 그들은 냉정하고 무심하고 매사 다 아는 척하는 보스를 증오하며, 그를 등 뒤에서 손가락질하고 슬슬 피한다. 그리고 그가 아무리 그럴듯하게 꾸미고 허세를 부려도 그의 속을 꿰뚫어보며 "당신은 당신이 생각하는 그런 참된 리더는 아니야."라고 생각한다.

이처럼 보스의 실체가 드러나기 시작하면 곧 경영진은 물론 전체 회사의 체계와 동력에 이상 조짐이 생긴다. 자기본위적인 보스 역시 이상기류를 감지하겠지만 결코 그 원인을 알아내지 못할 것이다. 그는 부하직원들에게 존경과 아첨을 요구할 것이고, 그 요구가 강해지는 만큼 그에게 돌아오는 것은 더 줄어들 것이다. 그래서 그의 요구는 더 오만해지고 더 선동적이 되며 그럴수록 주위 사람들은 점점 더 그를 혐오하게 된다. 시간이 갈수록 상황은 악화되고, 경영진이 분열되면서 우두머리는 자기 주변을 아첨꾼들로 에워싸기 시작한다. 그는 예스맨만 용납한다.

이런 분위기는 순식간에 조직 전체를 마비시킨다. 회사 경영진이 아무리 힘을 모아도 모두 헛수고로 돌아간다. 나쁜 소식이 입수되어도 보스에게 전달되지 않는다. 보스 역시 나쁜 소식을 전달하는 사람은 당장 목을 쳐버릴 가능성이 높다. 끝내 회사 내 커뮤니케이션은 봉쇄된다. 의식적이든 무의식적이든 사람들은 논쟁은 물론 이의도

제기하지 못한다. 보스는 중증 알코올중독자처럼 자제심을 잃고 고함을 치며 미친 사람처럼 헛소리를 늘어놓기 쉽다. 아무도 그가 어떻게 나올지 종잡을 수 없다. 흔히 하는 말로 그는 권력에 만취된 상태이며, 마음은 요지부동이다. 그의 입장은 바로 자기가 보스이며 자기 머리가 세계에서 가장 똑똑하고, 따라서 자기가 뭔가를 하기로 결심하면 그건 틀림없이 옳다는 것이다. 그는 자신의 결정을 선언하고 사실상 다음과 같은 내용의 성명서를 발표할 것이다.

"내가 뭘 결정하든지 괜히 가타부타 따지지 말도록. 너희들이 뭘 안다고 그러지? 나는 손바닥 들여다보듯 모든 것을 훤히 꿰뚫고 있단 말이야!"

분명 이 사람은 자기중심적인 미치광이가 되었고 중증 알코올중독자처럼 현실 감각을 잃었다. 그리고 인생에서처럼 비즈니스에서도 현실은 정신 못 차린 인간에게 따끔한 맛을 보여준다.

자아도취 병에 걸린 경영자는 알코올중독자보다 상대하기가 훨씬 까다롭다. 아마 부서나 사업부 차원의 경영진에서 이런 일이 발생하면 누군가 나서서 단속할 수 있을지 모른다. 그러나 권력의 상층부에서 이런 일이 벌어지면 속수무책이다. 아랫사람들로서는 조심스럽게 처신하며 상황에 대처할 수밖에 없다. 그들은 보스와의 원만한 관계를 위해 자신의 혁신적인 생각을 감추고 어떤 문제에 대해서든 논쟁은 최대한 자제하려 든다. 또 보스의 변덕에 적응하고 그의 의견에 맞장구치며 그를 찬양하는 법을 배우게 될 것이다. 그들은 보스가 현실이나 객관성, 사실에 준하지 않고 자기 마음대로 결정을 내렸다는 사실을 알고 있거나 혹은 그럴 것으로 의심한다.

:: 경영자의 자만심은 보이지 않는 엄청난 손실로 이어진다 ::

보스가 애지중지하는 프로젝트가 최우선 고려대상이 된다. 실행이 거의 불가능한 결정이 최전방의 병사들에게 전달된다. 병사들은 도대체 왜 이런 결정을 내렸는지 납득하지 못한다. 그들은 이 결정을 극도로 혐오한다. 최고경영자든 이사회의 일원이든, 지위가 비슷한 사람들은 대체로 그들 사이에 자만심 문제가 심각하다는 것을 알고 있다. 그러나 이것을 계량하거나 여기에 대처하는 법은 잘 모른다.

한 대형 합병 협상에서 한 사람의 자만심 때문에 그의 기업이 1억 달러가 넘는 피해를 입은 적이 있다. 협상 팀을 이끄는 과정에서 이 사람은 너무 오만하게 협상에 임했고 주위 사람들의 생각을 도외시했기 때문에 매입가격이 적정 수준에서 1억 달러 이상 치솟았다. 협상 팀 가운데 사태가 어떻게 돌아가는지 제대로 파악하지 못했던 인물은 그들의 최고경영자뿐이었다. 그러나 이 과정에 수반된 눈에 보이지 않는 피해를 측정하거나 증명할 수 있는 방법은 없었다. 자만심을 이유로 어떤 사람을 해고하는 것은 아주 어렵다. 이사진을 향한 그의 설명은 그럴듯하다. 그는 협상 대상 측의 비합리성에 책임을 돌린다. 이사들 중에 사실을 의심하는 자들도 있을지 모르지만, 아무도 그에게 이의를 제기하지 않았다. 하지만 만약 이 사람이 술에 취하여

1억 달러나 5천만 달러, 아니면 2,500만 달러를 날렸다면 그의 목은 온전치 못했을 것이다. 하지만 과연 누가 자만심을 문제 삼겠는가?

극단적인 사례라고 생각할지 모른다. 그러나 수위가 낮기는 해도 이와 비슷한 일이 빈번히 발생한다. 한 사람의 지나친 자기중심주의 때문에 결렬된 거래가 얼마나 많겠는가. 또 자칭 영웅적 인물과의 거래를 포기한 외부인들은 또 얼마나 많겠는가. 그러나 이처럼 사라진 기회에 대해서는 아무도 기회비용을 적용하는 사람이 없다. 또 회사가 실제로 이룩한 성과와 대비되는 (그 바보 같은 리더만 없었다면 달성할 수도 있었을) 성취의 규모가 얼마나 크겠는가. 자기애에 빠진 눈멀고 폐쇄된 정신의 인간들 때문에 소실된 잠재력이 얼마나 크겠는가. 그러나 이 수치를 측정하기 위해서 합리적인 기준을 고안하겠다고 나선 사람은 아무도 없다.

이미 갈 데까지 간 뒤에 자기중심주의자는 자신의 상태를 알아차린다. 그동안은 마치 자기는 알코올중독자가 아니라고 스스로를 합리화하는 사람처럼 자기 자신마저 속여 왔다. 그는 자기 수준의 중역들에게 기대되는 행동을 함으로써 속마음과 악덕을 능숙하게 감추어 왔다. 그러나 이미 말했듯이 현실은 그에게 따끔한 맛을 보여준다. 끝내 그는 실적표를 들여다보며 진땀을 흘린다. 자신이 코너에 몰렸음을 직감한다. 일은 이렇게 될 수밖에 없다. 왜냐하면 자기중심주의자는 경영자로서 판단력과 타인과의 관계, 그리고 업무수행 능력에 고장을 일으킨 사람이기 때문이다.

일반적으로 사람들은 이런 종류의 자기중심주의는 너그럽게 봐주는 경향이 있는 것 같다. 그러면서도 비슷한 정도의 알코올중독은 용서하지 않으려 한다. 이것은 자기중심주의가 초래하는 엄청난 피해를 전혀 모르기 때문이다. 나 역시 그것을 측정하는 방법은 모른다. 그러나 개인적인 관찰을 토대로 성과, 생산성, 소득 등의 손실을 따져보면 40% 정도로 추정된다. 즉 이런 역기능적인 경영자의 자기본위적인 태도만 없다면 전체 실적은 40% 이상 상승할 수 있다는 말이다. 놓쳐버린 성과가 초래하는 피해는 그 규모가 어마어마하다.

만약 사람들이 자기중심주의를 질병으로 인식하기만 하면, 보다 효과적으로 대처할 수 있을 것이다. 그러나 자아도취적인 성격에 대한 명확한 규명이 어렵고 그것을 측정할 수 있는 방법도 없는 탓에 비즈니스 세계에서 이런 잘못된 경영이 사라지지 않고 보이지 않게 계속 피해를 입히고 있다. 나는 이것이 앞으로도 계속 묵인되리라 생각한다.

: : "성공"에 걸려 넘어지지 않도록 조심해야 한다 : :

지나친 자기중심주의는 실패에 대한 극도의 두려움에서 비롯되는 경우가 많다. 대부분의 사람들은 그들이 "실패"로 생각하는 일로부터 자신을 방어할 수 있는 기술을 개발하는 데 아주 많은 시간을 보낸다. 내가 보기에 그들은 그저 눈곱만큼의 실패도 원치 않을 뿐, "실패"가 어떤 의미를 지니는지는 제대로 모르는 것 같다. 그러나 사실 실패보다는 성공에 의해 파멸하는 사람이 더 많다는 것이 내 관찰이다. 나는 사람들이 인생의 어느 시기에 실패를 경험한 후 이전에 상상했던 것보다 더 큰 성공에 이르는 것을 보았다.

사람들은 실패를 통해 배운다. 성공으로부터 뭔가를 배우는 경우는 아주 드물다. 대다수 사람들은 실패의 의미와 마찬가지로 자신에게 성공이 무엇을 의미하는지를 정의하는 데도 별로 관심을 안 기울인다. 나는 지극히 건전하고 지각 있고 겸손한 사람들이 한 번도 경험하지 못했던 막강한 권력의 자리에 오를 경우 제정신을 잃어버리는 경우를 목격한 적이 있다. 그들은 이제 겨우 새로운 지위의 출발선에 이르렀을 뿐인데 마치 목적지에 도착한 양 앞으로 나아가기를 멈추고 높아진 위상의 햇볕만 쬐고 있다. 불행히도 비즈니스 환경에서 최고경영자의 성과는 첫 해나 두 번째 해, 또는 3년째가 되어도 판가름 나지 않는다. 그래서 이런 사람은 자기 시간을 소위 광범위한 개념, 이론, 그리고 멋진 설명에 할애할 수 있다. 은퇴가 가까워지면 그는 자신이 떠난 지 오랜 후에야 그가 회사에 남긴 흔적이 평가된다는 것을 안다. 그러니 어떻게 그가 패할 수 있을까? 그는 경주에 참가한 유일한 사람이다. 그는 자기 이미지를 보호하는 것을 자신의 역할로 보며 자신에 대한 언론기사 내용을 믿기 시작한다.

개인적인 차원에서 다음과 같이 질문을 던진다. 나는 성공을 관리할 수 있는가? 개인적인 자기중심주의의 바이러스를 막아낼 수 있는가? 아첨꾼들의 찬양과 알랑거림을 균형 잡힌 눈으로 가릴 수 있는가? 내 앞에 놓인 불쾌할 수도 있는 현실적인 문제들을 해결하기 위해 내 지위로 누릴 수 있는 호사를 무시할 수 있는가?

내가 보기에 실패보다는 성공을 관리하기가 더 어려운 것 같다. 그것을 어떻게 다루어야 할지 아는 사람은 오직 자신뿐이기 때문이다.

Chapter 8

숫자

숫자와 씨름하는 고된 노역이
그대를 자유롭게 하리라.

숫자는 말과 아주 흡사하여 홀로 떨어져 있을 때는 자체의 의미만을 지니지만 다른 숫자와의 관계망 속에 놓이면 훨씬 복잡한 뜻을 갖는 기호다. 어린 아이는 알파벳을 배운 후 그 낱글자를 연결하여 단어 만드는 법을 배우고, 다음에는 단어들을 조합하여 문장 구성하는 법을 배운다. 그가 성장하여 말의 실제 의미가 행간에 숨어 있는 경우가 많다는 사실을 알게 될 때까지 이 과정은 계속된다. "cat(고양잇과의 동물)"은 아이에게는 새끼고양이를, 애완동물 주인에게는 시암 고양이나 페르시아 고양이를, 사냥꾼에게는 호랑이를 의미할 수 있다. 만약 누군가 바구니에 사과가 다섯 개 있다고 말한다면 당신은 그 말을 어떤 뜻으로 이해할 것인가? 말 그대로 바구니에 5개의 사과가 있다는 말이거나, 만약 당신이 사과는 원래 6개였다고 알고 있었다면 누군가 한 개를 먹어치웠다는 뜻으로 받아들일 것이다.

비즈니스에서 숫자는 기호이고, 이들을 통해 우리는 개별 기업이나 모기업을 구성하는 기업 연합체의 다양한 활동을 평가한다. 모든 숫자를 더하거나 빼고 나면 손익계산서상에 순익과 손실, 즉 "최종 결과(bottom line)"가 드러난다. 이것은 "cat"의 철자를 쓰는 것만큼이나 아주 간단하다. 가계부를 관리할 때는 이런 기본적인 산수로 충분하다. 올해는 지출이 많았는지 수입이 많았는지 따지면 그만이다. 그런

데 당신의 사업이 금년에 3백만 달러의 이익을 냈다면 이는 좋은 소식인가 나쁜 소식인가? 판단의 기준은 그 3백만 달러의 정황에 달려 있다. 작년에 당신은 2백만 달러를 벌었는가, 아니면 4백만 달러를 벌었는가? 그 3백만 달러는 4천만 달러의 매출을 통해 거둔 수익인가, 아니면 4억 달러 매출의 결과물인가?

숫자의 의미는 말의 의미처럼 서로의 관계 속에서만 파악될 수 있다. 수직이나 수평으로 나열되어 있는 일련의 수치들을 읽을 때 나는 자동적으로 그들을 의미 있는 비율의 차이로 고쳐 이해한다. 가령 A 사업부의 매출이 5억 달러에서 5천만 달러 줄어든 4억 5천만 달러로 떨어졌다면 매출이 10% 감소했음을 알게 된다. 한편 B사업부의 50만 달러 매출이 10만 달러 줄어든 40만 달러를 기록했다면 나는 속으로 감소율이 20%라고 계산한다. 비록 A사업부가 B사업부보다 더 많은 돈을 잃었지만 나는 즉각 B사업부가 더 심각한 어려움에 처해 있을지 모른다고 판단하게 된다. 실제로 예시로 든 이 수치들 때문에 나는 더욱 분주해진다. 이 수치들은 내게 그 숫자의 이면을 살피고 거기서 무슨 일이 벌어지고 있는지 알아내야 한다고 말해준다.

너무 많은 사람들이 ITT 같은 미국의 대기업들은 (비정하게) 숫자에 의해 운영된다고 오해한다. 이런 착각의 원인은 대다수 사람들이 숫자보다는 말을 더 잘 읽기 때문이다. 그들은 헨리 제임스나 제임스 조이스, 또는 마르셀 프루스트의 난해한 소설들은 잘 읽으면서 일련의 숫자들은 처음 보는 단어들의 어휘 목록을 대하듯이 난감해한다. 비즈니스 현장에서 벌어지는 일들은 숫자로 대변되는데 이때 숫자가 나타내는 의미는 비즈니스 활동 자체가 아니라 양이나 크기 등이다. 초현실주의 미술가인 르네 마그리트(René Magritte)는 담배 파이프를 화폭에 담고는 이렇게 썼다. "이것은 파이프가 아니다." 그렇다, 그 것은 파이프가 아니라 파이프를 그린 그림이다. 마찬가지로 숫자는 비즈니스가 아니라, 비즈니스를 그린 그림에 불과하다.

:: 숫자가 보내는 신호 ::

그러나 어떤 비즈니스도 숫자 없이는 운영될 수 없다. 숫자는 기업 의 건강 상태를 측정하는 일종의 온도계 역할을 한다. 또 경영진에게 무슨 일이 일어나고 있는지를 알려주는 1차 통신수단의 역할을 한 다. 숫자가 정확할수록 그것은 "확고부동한 사실"에 기초한 것이며, 이에 따라 메시지도 명확해진다.

경영자는 내년 예산을 계획할 때 종이 위에 숫자로 표시된 일련의 기대치를 적는다. 여기에는 제품(들)과 관련된 제반 비용, 즉 디자인, 엔지니어링, 재고, 생산, 노동, 공장, 마케팅, 매출, 유통 등에 소요되 는 비용뿐 아니라 시장 점유율, 이월 주문 등을 토대로 예측되는 매 출과 수익까지 포함된다. 이 수치들은 무에서 나오는 것이 아니며, 일시적 기분이나 희망에 토대를 둔 것도 아니다. 숫자들은 회사의 제 일선에서 활약하는 사람들에 의해 꼼꼼하게 수집되며 입수 가능한 가장 확실한 사실과 수치에 근거를 둔다. 한 회사나 사업부를 위한 수치가 모두 모이면 그것이 바로 예산안이 된다. 이미 말했듯이 ITT 에는 이런 이익중심점이 250개였고, 따라서 숫자들로 가득한 그들의 연 예산안도 250개였으며 이들을 나란히 정렬하면 선반을 9미터나 차지했다.

해당 회계연도가 진행되면서 일상의 운영 실태를 담고 있는 비슷하거나 서로 같은 숫자들이 회사로 흘러들어오면 이 수치들을 모아 대조한 후 주나 월 단위로 보고한다. 이를 통해 실제 비용, 실제 매출, 실제 수익률과 소득을 예산안과 비교할 수 있다. 보고된 수치들이 예산안 수치들과 엇비슷한가? 실제 나타난 결과가 기대했던 것 이상인가 이하인가? 주어진 결과를 놓고 이제 당신은 어떻게 할 것인가?

당신의 기대치와 시장에서 실제 벌어지는 일 사이에 (숫자들로 표현된) 의미 있는 차이가 발견되었는가. 이는 행동하라는 신호다. 숫자를 더 빨리 확인할수록 행동도 더 신속해진다. 만약 어느 제품이 기대 이상으로 팔리고 있다면 당장 생산량을 늘려야 할 수도 있고, 아니면 그럴 필요가 없을지도 모른다. 흔히 있는 일이지만 만약 제품 가운데 하나 또는 그 이상의 판매 실적이 저조하다면 매출 촉진책을 찾거나 아니면 비용이나 지출을 줄여야 할지 모른다. 어떤 결정이든 빨리 대처할수록 좋다.

그러나 ─ 이 점이 가장 중요하다 ─ 숫자 자체는 당신에게 어떻게 하라고 답을 제시해주지 않는다. 숫자들은 행동하라는 신호에 불과하며 두뇌를 자극할 뿐이다. 숫자는 수맥이나 광맥을 찾는 사람의 손에 들린 막대기와 비슷하다. 수맥을 탐색하는 자는 그 막대기로 지하수가 있는 지점을 찾는다. 그러나 물을 얻으려면 땅을 파야 한다. 비즈니스의 핵심은, 그러한 숫자들 뒤에서 어떤 일이 벌어지고 있는지 밝혀내는 작업이다.

일단 숫자가 가리키는 지점을 파헤치기 시작하면 당신이 경영하는 비즈니스의 속을 들여다볼 수 있다. 만약 매출이 줄었다면 제품의 디자인 때문인가? 비용이나 마케팅 때문인가? 아니면 유통, 자금 조달, 또는 그 밖의 다른 원인 때문인가? 탐색작업은 회사의 최상층에서뿐 아니라 실무 현장에서도 진행된다. 여기서 다시, 열린 소통과 당신에게 보고하는 사람들의 정직하고 성실한 태도가 얼마나 중요한지 확인할 수 있다. 매출 부진 원인이 경영자, 실무 팀, 그리고 참모진이 참여하는 회의에서 다루는 주제들이다. 문제의 원인을 파악하면 지혜를 모아 최상의 해법을 찾는 데 주력해야 한다. 바로 이 단계에서 우리는 경영자는 경영을 해야 한다고 주장한다.

숫자를 경영할 필요는 없다. 회계 규정을 어겨가며 한 분기에 속하는 매출이나 수취채권을 다른 분기로 슬쩍 옮길 필요도 없다. 진실은 감춰지지 않는다. 장부를 조작하는 것은 마치 환자는 내버려둔 채 온도계의 수치만 떨어뜨리면 된다고 여기는 것과 같다. 만약 온도계의 눈금이 38℃ 이상을 가리키면 그것은 환자에게 열이 있다는 신호다. 병이 난 것이다. 그러나 온도계 수치 자체는 단지 뭔가가 잘못되었다는 신호일 뿐 무엇이 잘못됐는지 알려주지 않는다. 온도계를 얼음물에 집어넣거나 환자를 찬물에 들어가게 하면 수은주는 내려갈 테지만 이렇게 한다고 환자를 치료할 수는 없다. 비즈니스 역시 손익계산서상의 숫자가 아니라 비즈니스 자체의 요소들을 관리하고 통제해야 한다. 숫자는 당신의 사업이 얼마나 잘되고 있는지, 또는 얼마나 부실하게 운영되는지를 반영한다.

이 개념에는 전혀 특별할 것이 없다. 그러나 잘 관리되는 기업은 숫자, 즉 사업의 체온 기록표에 관심을 기울인다. 숫자는 지휘계통의 상층부에 얼마나 자주 보고되는가? 그 수치는 얼마나 정확한가? 원래 예산안과 실제 결과 사이에 어느 정도의 차이가 용납되는가? 그 차이가 문제 있다고 판단되면 얼마나 신속하게 주의를 집중하고 행동을 취하는가? 해답을 찾기 위해 경영진은 얼마나 깊이 파고드는가?

ITT는 숫자를 진지하게 받아들였다. 2월과 3월에 시작되어 1년 내내 계속된 우리의 예산 검토 작업은 신중하게 진행되었다. 최종 예산안은 다음 해에 기대되는 성과에 대한 엄숙한 약속으로 간주되었다. 사업부 감사관과 참모진들은 매주 보고를 했고, 운영 책임자는 적어도 한 달에 한 번씩 보고했다. 월례 총책임자회의는 예측된 예산 내용과 해당 월의 실제 결과 사이의 차이에 초점을 맞추고 진행되었다.

우리의 전체 보고체계는 숫자들의 조기경보 시스템에 기초하고 있었다. 우리는 "깜짝 사건"을 원하지 않았다. 뭔가 이상한 점이나 잘못된 점이 눈에 띄면 우리는 문제를 해결하고 잘못된 곳을 바로잡고 변화하는 시장에 맞춰 혁신하기 위해 모든 수단을 동원하고 온갖 노력을 기울였다. 그 결과 우리는 스스로 상황을 통제하고 있다고 느꼈다. 살다 보면 누구나 예상치 못한 충격과 놀라운 일들을 접하게 된다. 그러나 우리에게는 관리 가능한 문제였다.

우리는 비즈니스가 제시하는 수치들의 의미를 해석하고 활용 가능한 자원을 가지고 앞으로 우리가 할 수 있는 것과 할 수 없는 것을 가늠하는 데 점점 능숙해졌다. 여기에는 공장에 대한 투자, 신제품, 생산량 증가 등의 온갖 종류의 내용이 포함되었다. 비록 ITT는 크고 복잡한 기업이었지만 숫자를 해석하고 할 수 있는 것과 할 수 없는 것을 가늠하는 기술은 우리 업무를 세부적인 수준에서 관리할 수 있는 능력에서 비롯되었다. 이것이 사업을 운영할 수 있는 유일한 방법이다. 오믈렛을 통째로 관리하기는 어렵다. 오믈렛을 구성하는 재료를 한 번에 하나씩 관리할 수 있을 뿐이다.

많은 기업들이 숫자를 진지하게 받아들이지 않는다. 월별 보고 없이 분기별 보고만 하는 사업부들도 있는데, 이래서는 조기경보 체계가 제대로 작동될 수 없다. 계획된 예산안과 시장의 현실이 격차를 보이는데도 이를 감수하며 운영하는 기업들이 적지 않다. 실적이 떨어져도 속수무책이다. 단지 막연한 희망에 기대고 영업팀의 약속만 철석같이 믿는다. 영업팀을 닦달하면 실적이 오르기도 하는데 그렇지 못할 때도 있다. 그들은 숫자들이 오르락내리락하는 진짜 이유를 전혀 모르는 경우가 많다. 숫자가 보내는 신호를 우습게 보다가는 사태를 악화시킬 수 있다. 당신이 망연자실 지켜보는 가운데 회사는 끝내 문을 닫을지도 모른다.

:: 숫자 이면의 진실을 들여다보라 ::

아라비아 숫자가 로마자 숫자와 다른 특성을 지니듯이, 우리에게 보고되는 수치들 역시 고유의 특성을 지닌다. 요컨대 숫자는 우리의 기대에 따라 달라진다. 숫자들은 때로는 정확할 수도 있고 때로는 그렇지 않을 수도 있으며, 어림수나 평균값으로 나타낼 수도, 또 상세하거나 모호할 수도 있다.

일반적으로 숫자들은 회사의 최고경영자와, 그가 자신에게 보고하는 직원들에게 무엇을 기대하는가에 따라 달라지기 마련이다. 만약 CEO가 주당 수익을 확인하는 차원에서 그친다면, 보고하는 직원들도 그 이상의 숫자에 신경을 쓰지 않게 된다. 그들은 자신의 수치를 어림수로 나타내고 아마 원가에서 얼마를 깎아내리거나 수익률을 높이기 위해 뭔가를 억지로 끼워 넣기도 한다. 이런 관행이 각 사업부로 번져나가면 부정확하고 애매하고 명백히 잘못된 수치들이 축적되고, 이 때문에 사실에 입각한 결정에 큰 혼란을 유발할 수 있다.

가령 당신이 회사 사장이라고 해보자. 생산을 담당하는 부사장이 그 해의 "공장원가"가 1,200만 달러라고 보고하면 이는 무엇을 의미하는가? 당신은 공장원가에는 지불급료 총액, 원료, 간접비가 포함된다는 사실을 알고 있다. 하지만 그래도 어떤 의미를 전달하기에는 여전히 모호하다. 하지만 당신이 부사장을 믿는다면 그가 제시한 수치를 사실로 받아들이고 그 사실로부터 계속 진행한다. 전체적인 틀에서 놓고 볼 때 이는 비교적 작은 수치이며, 당신은 이런 사소한 일까지 신경 쓸 겨를이 없다. 그러나 일이 틀어지고 그 사업부가 손해를 보기 시작하며 다른 사업부들도 똑같이 실적 부진에 빠지면 당신은 곧 해고되고 신임사장이 부임한다. 그는 그 똑같은 수치들을 검토한 후 부사장을 불러서 묻는다. "공장원가와 관련된 그 수치들은 뭘 말하는 겁니까? 거기엔 뭐가 포함되는 거죠?"

"공장의 지불급료 총액과 간접비가 포함되어 있습니다." 부사장이 설명한다. "그 이상으로 더 자세히 기록하지는 않습니다. 대체로 그건 지불급료입니다. 그게 전부입니다."

"잠깐만요." 신임사장이 말을 끊는다. "이 액수는 그곳에서 하는 일의 양에 비해 지나치게 많아요. 이 수치, 즉 공장원가에는 도대체 뭐가 들어가는 거죠? 전 그걸 알고 싶은 겁니다."

"원하신다면 임금대장을 보여드리겠습니다."

"아뇨. 그걸 보자는 게 아닙니다. 내가 알고 싶은 건 그 사람들이 거기서 뭘 하고 그에 대해 얼마를 받고 있으며 그들이 몇 시간이나 일하느냐 하는 점입니다."

"하지만 그런 건 기록하지 않습니다." 부사장이 대답한다.

그래서 신임사장은 타임카드 시스템을 도입하여 해당 업무별로 다르게 암호화된 타임카드를 직원들에게 나눠준다. 이 카드를 시간기록계에 넣으면 자동적으로 출퇴근 시각이 찍힌다. 이제 "공장원가"의 구성요소들을 살펴본 신임사장은 급료 지불 명부가 생산라인에서 실제 제품을 만드는 직원 약 300명, 감독과 검사관으로 분류된 직원 약 100명, 그리고 정비원 약 100명으로 구성되어 있음을 확인한다.

"이건 상식적으로 납득이 안 되네요." 그는 부사장에게 말한다. "가서 그 감독들과 정비원들이 뭘 하나 좀 살펴보세요. 생산라인 직원 세 명당 한 명꼴로 감독을 둘 필요는 없어요."

이것은 숫자 이면의 사실을 들여다보는 아주 간단한 사례다. 부사장은 개선이 필요한 온갖 종류의 문제들을 찾아낼 것이다. 그는 작업장에서 더 이상 쓰이지 않는 공구들을 손질하는 직원들을 발견하게 될 것이다. 이렇게라도 일거리를 만들지 않으면 실업자가 되기 때문이다. 또 쓸데없는 일을 하는 검사관과 감독들도 발견할 것이다. 결국 그는 공장원가가 높은 원인들을 찾아낸다. 그리고 그가 이 새로운 문제를 어떻게 해결하느냐를 보면 그가 경영자로서 얼마나 유능한지 알 수 있다.

한편 신임사장은 회사의 전체 사업부에서 올라오는 모든 수치들을 꼼꼼히 살펴보기 시작한다. 그리고 그가 숫자들의 이면을 깊이 파헤치면서 회사에는 눈에 띄지 않게 변화가 진행되며 회사는 서서히 잘 관리되는 기업으로 탈바꿈한다. 그는 이 추세를 계속 이어가야 한다. 안 그러면 다시 일이 틀어지기 시작할 것이다. 회사를 경영하는 것은 눈[雪] 위에 글씨를 쓰는 것과 같다. 글자를 계속 읽을 수 있게 하려면 눈이 쌓이는 중에도 같은 글자를 되풀이해서 새겨야 한다. 그러나 이 과정을 반복하는 동안 당신은 그 일에 점점 더 능숙해진다.

사업이 회생하는 대부분의 경우는 최고경영자에게 보고되는 숫자의 질과 관련이 있다. 재무기록을 꼼꼼히 살피지 않는 경영자에게는 그 어떤 부하직원도 정확하고 세밀한 수치를 보고하지 않는다. 그 뒤 새로운 CEO가 취임하여 적절한 원가/매출 관계의 재정립을 위해 원가를 절감하기 시작한다. 그리고 이 조치가 가장 중요한 수익률 향상에 기여한다.

신임사장은 지금까지의 절차를 그의 가장 중요한 관행으로 뿌리 내리도록 하기 위해 그의 회사와 관련된 수치들을 꼼꼼히 점검하며, 개별 숫자들이 아니라 서로와의 관계 속에서 전체적인 수치에 주목할 것이다. 그는 실제로 무슨 일이 일어나고 있는지를 말해주는 경향과 흐름을 찾는다. 숫자들은 전체를 구성하는 수많은 개별 항목들의 거대한 결과를 종합하여 보여준다. 그러나 그는 일단 큰 흐름을 파악한 후에는 전체 평균 이면에 있는 세세한 수치들에 주목하고, 가장 그의 관심을 끄는 숫자들 – 매출, 원가, 소득, 수익률, 마케팅, 자산투자, 부채와 이자 등 – 에 초점을 맞출 것이다.

이 신임사장이 어느 사업부의 한 요소를 나타내는 숫자로 4(이것은 4백만 달러나 4천만 달러, 또는 4억 달러를 나타낼 수 있다.)를 보았다고 가정해보자. 이 숫자를 분석하는 중에 그는 이것이 2+2나 3+1이 아니라는 사실을 발견할지 모른다. 비즈니스에서 4로 표현되는 총계는 +12와 −8을 의미하는 경우가 아주 많다. 아마 그는 +12가 더 높아야 한다고 생각할지 모르지만, −8에 집중하여 그것이 +5와 −13으로 구성되어 있음을 알게 된다. 그래서 −13을 더 깊이 파고 들어간 그는 이것이 이를테면 유행에 한참 뒤떨어지고 팔리지도 않는 일련의 제품에서 발생한 손실임을 파악한다. 그래서 이 제품군의 생산을 중단시켜 13의 손실을 절감한다. 그리고 이 절감분을 해당 사업부의 순이익에 포함시켜 +4의 총계를 +17로 늘린다. 이것은 새로운 경영체제가 건진 짭짤한 소득이다. 그러나 그가 바꾼 것은 숫자가 아니라 숫자 이면의 현실임을 잊지 마라.

회사의 장부들을 뒤적거리며 숫자 이면의 진실을 더 깊이 파고들어 가면서 그는 아마 자신이 원하고 필요로 하는 정보에 틈이 있음을 발견하게 될지 모른다. 그러면 이전에는 수집된 적이 없던 수치들을 요구할 것이고, 이 수치들을 통해 그는 회사의 제반 운영상황을 더 확실하게 관리할 수 있을 것이다.

회사나 독립 사업부, 또는 부서의 수장은 확실히 자신이 관심 있는 분야와 관련된 수치만 원한다. 그는 A공장에서 매달 석탄을 몇 톤이나 태우는지 관심을 기울이지만 그곳의 굴뚝에서 나오는 소각재(fly ash)의 양에는 신경을 안 쓴다. 그러던 어느 날 환경보호국에서 찾아와 소각재가 연소된 석탄의 2%를 초과할 때마다 매일 1천 달러의 벌금을 부과한다. 회사에서 과태료로 빠져나가는 돈이 매달 3만 달러에 이른다는 사실을 알게 되면서 그는 소각재와 관련된 월별 수치에 관심을 갖게 된다. 이제 이것은 그에게 중요한 문제가 된 것이다.

:: 숫자를 장악하라 ::

그러나 개별 기업의 힘으로 어쩔 수 없는 외부의 사건들 때문에 정확한 수치들이 제공하는 일반적인 조기경보 시스템이 무력해질 때가 있다. 이를 테면 갑작스런 에너지 가격 상승, 엄청난 파급력을 지닌 국제적 사건, 침체의 늪에 빠진 국가 경제 등은 공들인 계획을 수포로 돌아가게 할 수 있다. 이런 일이 자동차업계, 석유산업, 철강산업, 그리고 ITT의 일부 사업에서 발생했다.

예컨대 연 매출 4천만 달러에 수익도 짭짤한 한 기업을 생각해보자. 이 회사는 연 매출을 6천만 달러로 끌어올리고 더 많은 돈을 벌어들인다. 여기서 다시 연 매출액을 8천만 달러 수준으로 높이고 그에 비례하여 수익도 올라간다. 그러다가 순환의 흐름이 바뀌어 경기가 둔화하고 소비자는 갑자기 지갑을 닫아버리며 연 매출은 다시 예전의 4천만 달러 수준으로 주저앉는다. 그런데 지금 회사는 손해를 보고 있다. 어떻게 된 일일까? 어떻게 해야 할까? 여기저기서 원가에 가위질을 해대는 것만으로는 상황을 타개하지 못할 것이다. 어떤 이들은 그냥 느긋하게 앉아 이렇게 말한다. "매출액이 회복될 때까지 기다리는 게 좋겠어. 전에 8천만 달러어치 팔아서 돈을 많이 벌었잖아. 다시 그렇게 할 수 있을 거야. 지금은 그냥 경기가 살아나길 기다려야 해." 이것은 희망사항이다. 어떤 이들은 이렇게 말할지 모른다. "제기랄, 도대체 문제가 한둘이 아니야. 희망이 안 보여. 그냥 다 팔아버리고 이 수렁에서 빠져나오자고."

ITT에서는 외부의 사건들이 회사를 압도하고 우리가 할 수 있는 일이 아무것도 없을 때, 새로운 환경에 대처할 수 있도록 회사를 "구조조정"했다. 그저 가만히 앉아서 경기가 살아나길 바라는 것은 받아들일 수 없는 해결책이었다. 침체의 시기에 회사를 팔아버리는 것도 우리 성미에 맞지 않았다. 이때 회사 내에서 무슨 일이 벌어지고 있는가를 말해주는 숫자들이 큰 역할을 했다. 우리는 모든 사업의 관련 수치들을 검토하고 연 4천만 달러 매출로 수익을 거두던 시기의 규모로 회사를 축소했다. 회사가 적자 운영을 할 때는 한때 필요한 것으로 여겨졌던 지출 중 많은 부분이 사치스런 경비로 보인다. 참 놀라울 따름이다.

또 구조조정에는 회사가 다시 예전의 4천만 달러 시절의 모습을 회복하도록 공장과 직원 규모를 줄이는 작업도 포함되었다. 구조조정과 동시에 우리는 매출을 5%나 10% 정도 높이기 위해 막대한 노력을 투입했다. 우리는 회사의 군살을 빼 4천만 달러 수준의 몸매로 만든 후 4천2백만이나 4천4백만 달러 규모의 사업을 하려고 했다. 우리는 이를 "원투 펀치(one-two punch)"라고 불렀다. 중공업 분야의 전기 커넥터를 만드는 캐논일렉트릭(Cannon Electric)은 경기 침체기에 구조조정을 단행하여 체질을 개선한 ITT의 자회사로, 지금은 그전보다 규모와 수익이 세 배 정도 커졌다. 숫자를 확실히 장악하지 않았다면 이런 결과를 낳을 수 없었을 것이다.

일상적인 운영 실태를 말해주는 숫자 외에도 모든 기업의 안녕을 확실히 담보하기 위해서는 또 다른 완전한 세트의 숫자들을 신중하고 규칙적으로 관리해야 한다. "대차대조표"상의 수치들은 회사의 총자산, 주주들의 투자, 그리고 미불 채무를 반영한다. 이 수치들은 다른 어떤 것만큼이나 회사, 경영진, 그리고 이사진의 기본 철학을 드러낼 것이다. 한 기업이 부채를 얼마나 신중하게 관리하느냐에 따라 그들이 주주들의 투자수익률을 극대화하기 위해 얼마나 노력하는가를 알 수 있다.

일반적으로 기업은 자본에 대한 부채의 비율을 30~40% 수준으로 유지하려 한다. 다른 모든 조건이 동등한 상태에서 어떤 기업의 부채 비율이 30%라면 AAA의 최고 신용등급을 받을 수 있다. 40%면 등급이 AA로 떨어진다. 빌린 돈에 대한 이자는 채무자의 신용도에 따라 달라진다. 어떤 기업들은 이자율이 적정 수준일 때도 부채 규모를 30% 이하로 줄이거나 아니면 전혀 빚을 지지 않고 운영하려 한다. 이것은 비즈니스에 대한 매우 보수적인 접근 태도다. 이런 정책은 반드시 성장을 제한할 것이다. 확실히 자본의 30%에 해당하는 돈을 빌리고 그 여유자금을 확장에 투자하는 기업은 전혀 돈을 빌리지 않은 같은 크기의 기업보다 생산 능력과 매출을 30% 더 증가시킬 수 있다. 물론 여기에는 부채 이자를 지불할 수 있을 정도로 소득을 증가시켜야 한다는 단서가 붙는다. 그것은 증가된 원가, 매출, 소득, 지불해야 할 이자의 비율과 규모, 재고 회전율, 수취채권 회전율, 그리고 궁극적으로는 순 현금 흐름의 양에 좌우될 것이다. 이 모든 수치들은 서로에 대해 고유의 관계를 가지며, 어느 하나의 다른 하나에 대한 비율은 경영자의 회사 운영 철학에 따라 달라진다. 만약 할 수 있다면 당신은 사업을 확장하거나 다른 기업을 인수하기 위해 부채 비율을 순자산 가치의 30, 40, 또는 50% 수준으로 확대할 용의가 있는가? 55%는 어떤가? 그 정도는 무모한 선택일까, 아니면 용기 있는 결정일까? 이 모든 것은 당신이 생산하고 판매하는 제품, 당신의 제품에 대한 소비수요, 시장, 전반적인 경제 상황, 또 당신이 자신과 경영진과 회사, 그리고 수십 또는 수백의 변수들에 대해 갖는 믿음의 정도에 따라 달라질 것이다.

어떤 노선을 선택하든, 당신은 회사가 당신이 설정한 환경에서 제대로 기능할 수 있다는 확신을 갖고 있어야 한다. 그리고 당신의 회사가 모든 정상적인 요구에 부응할 수 있을 정도의 충분한 유동성을 확보하고 있다는 믿음이 있어야 한다. 여기에는 돈을 더 빌리고 내년과 후년에도 계속 성장할 수 있는 능력이 포함된다. 자산과 현금 흐름에 비해 빌린 돈이 많을수록 지출은 많아지고 위험은 높아지며 신용등급은 낮아지게 된다. 그러면 앞으로 대출을 받을 때나 현재 대출금에 자금을 보충할 때 더 높은 이자를 지불해야 한다. 부채를 갚거나 재조정할 수 있는 능력은 필수적이다. 비즈니스에서 유일하게 돌이킬 수 없는 실수는 현금이 바닥나는 것이다. 그 외의 거의 모든 실수는 어떤 식으로든 수습이 가능하다. 그러나 현금이 떨어지면 더 이상 게임에 참여할 수 없다.

:: 숫자들이 당신을 위해 해줄 수 있는 것 ::

이 모든 것을 하나의 개념이나 이론으로 다루기는 어렵지 않다. 경영대학원을 졸업하거나 자기 사업을 운영해본 적이 있는 사람에게는 애들 장난처럼 쉽다. 그러나 매년 수천의 기업들이 파산하고 문제 있는 수백의 기업들이 합병되거나 인수된다. 이 모든 사태의 근본적인 원인은 관련 수치를 소홀히 여긴 데 있다. 누군가가 적시에 메시지를 받지 못한 것이다. 숫자는 대차대조표나 예산안이나 주례 또는 월례 운영보고서에서 독립적으로 존재하는 것이 아니다. 그들은 모두 상호 연결되어 있다. 대차대조표의 건전성은 운영보고서상의 이익과 손실에 좌우되며, 그 운영보고서의 가치는 보고되는 수치들의 질에 의해 결정된다. 그리고 그 모든 숫자들은 공장, 영업팀, 시장 등의 제일선에서 발생하는 일들을 반영한 것에 불과하다. 결국 기업의 건강은 그 모든 숫자와 그들이 전해주는 메시지에 얼마나 관심을 기울이느냐에 따라 결정될 것이다.

온갖 숫자들이 쏟아져 들어오며 어떤 신호를 보내고 메시지를 전한다. 가계부는 그 달에 수입보다 지출이 더 많았는지, 아니면 그 반대인지를 말해줄 것이고, 당신의 대차대조표는 당신이 현재와 은퇴시에 지불 능력이 얼마나 될지를 알려줄 것이다. 개념상 가족의 재정과 기업의 재정은 크게 다르지 않다.

그러나 전문경영인은 단일 사업이 아니라 서로 관련되어 있는 다수의 사업을 아우르는 무수한 숫자들을 상대해야 한다. 그의 능력은, 시장에서 잘 팔리고 수익을 창출하는 제품을 생산하는 일에 국한되지 않는다. 이보다는 경쟁사보다 얼마나 많이 팔고 얼마나 더 남겼느냐에 따라 평가가 달라진다. 효율성은 다수의 제품을 망라하는 광범위한 활동을 통해 얼마나 효과적으로 원가를 절감하고 이익을 극대화하느냐로 확인된다. 내 생각에 이 능력은 상당 부분 회사 구석구석의 다양한 소스로부터 책상 위로 쏟아져 들어오는 무수한 숫자들이 알려주는 조기경보 시스템을 이해하고 그에 따라 행동할 수 있는 능력에 따라 좌우될 것이다.

어느 전문가가 숫자를 잘 파악하고 있다는 말은, 그가 그 수치들이 대변하는 사건들을 잘 통제할 수 있다는 의미이다. 경험을 통해 그는 여러 변수들의 의미를 이해하는 법을 배우고 이를 통해 예상했던 것과 다르게 벌어지는 현상을 바로잡기 위해 신속한 행동에 나설 수 있다. 그는 어떤 비즈니스건 피할 수 없는 충격의 정도와 심각성을 줄이고 현금이 떨어지지 않게 하며 효율적이고 잘 관리되는 회사를 이끌어간다.

인생의 모든 일들이 그렇지만, 여기에도 지불해야 할 대가가 있다. 숫자와 눈싸움을 하는 것은 단조롭고 피곤한 고역이다. 사업에 대해 더 많은 것을 알고자 하며 더 상세한 자료를 원할수록 숫자는 더 많아질 것이다. 그렇다고 대충 읽고 지나갈 수 없다. 당신은 이 숫자들을 읽고 이해하고 숙고한 뒤 당신이 그 날, 또는 그 주, 아니면 연초에 읽은 다른 숫자들과 비교해야 한다. 그리고 당신은 이보다 더 재미없는 일은 없다는 것을 알면서도 그 모든 일을 혼자서 해내야 한다.

만약 당신이 회사를 잘 관리하고 있다면 대부분의 숫자는 당신이 기대하는 것과 크게 다르지 않을 것이다. 이 때문에 숫자와의 씨름은 한층 더 재미없고 지루해진다. 그래도 숫자들을 대충 훑어봐서는 안 된다. 절대 집중력을 흐트러뜨려서는 안 된다. 그 숫자들은 당신의 통제수단이다. 정신이 어질어질해질 때까지, 또는 여타의 수치들과 달리 당신의 주의를 잡아끄는 어떤 하나의 숫자나 일련의 숫자를 발견할 때까지 계속 읽어야 한다.

단순히 숫자만 읽어서는 안 된다. 숫자들이 뜻하는 바가 무엇인지 이해해야 한다. 숫자의 의미를 이해하려면 꾸준히 숫자를 접하고, 그 과정을 반복하며 과거에 읽었던 수치를 기억하고, 그 숫자들 이면에서 벌어지는 실제 현상을 또렷이 감지할 수 있어야 한다.

숫자의 의미를 파악하기 위한 속성 과정은 없다. 이해는 삼투 과정에 의해 뇌에 서서히 스며들며, 차츰 당신은 숫자와 그것이 실제로 의미하는 내용 사이의 관계를 파악하게 된다. 처음에는 아무리 아득해보여도 숫자와 사실들에 몰입할 때 그 숨은 뜻을 발견할 수 있으며, 어떻게든 퍼즐 조각들이 서로 맞춰지기 시작한다. 물론 이것만으로 비즈니스 세계에서 가장 똑똑한 사람이 되는 것은 아니다. 단지 무수한 반복을 거쳐야 숫자를 이해할 수 있게 된다는 뜻일 뿐이다. 내가 특정 사업 내용과 관련된 숫자들을 읽고 매월 책임 경영자에게 질문을 하고 답을 들을 때, 그리고 각 질문과 답이 그 전달과 조금씩 달라질 때, 그 경영자와 나 두 사람은 실제 현상에 대한 우리의 근본적인 이해력을 높이고 있는 것이다.

내가 믿는 한 가지 진실은, 숫자와 씨름하는 단조로운 고역이 나를 자유롭게 하리라는 것이다. 내가 매주, 그리고 매달 그 숫자들의 추이를 검토한다는 사실 자체는 내가 내 기억력을 강화시키고 숫자에 더 친숙해졌다는 것을 의미한다. 이를 통해 나는 기업의 현재를 과거나, 보다 중요한 미래와 비교할 뿐 아니라 종합적인 그림을 생생히 떠올릴 수 있게 된다. 내가 상황을 통제하고 있으며 기대와 크게 달라진 현상을 인식하고 있다는 자신감은, 예전에는 불가능하다고 여겼던 일들을 이제는 할 수 있게 해준다. 즉 나의 발목을 잡았던 무지는 사라지고 나는 자유로워진다. 나는 새로운 공장을 세우거나 위험이 수반되는 연구에 자금을 투입하거나 어떤 회사를 매입할 수 있다. 그리고 이 모든 일을 확신을 가지고 할 수 있다. 왜냐하면 나는 각 사업부의 실적을 예상할 수 있으며, 이를 토대로 이 새로운 모험을 시도했을 때 기업에 어떤 변화가 생기는지, 즉 대차대조표상의 전체 그림이 어떻게 달라지는지 대강 예측할 수 있기 때문이다.

숫자와의 길고 고된 씨름 끝에 경험과 기술을 습득하면 은행, 증권 분석가, 그리고 주주들이 수긍할 수 있는 미래 계획을 수립할 수 있다. 숫자에 대한 모든 기술을 마스터하면 그 뒤로는 더 이상 숫자를 읽지 않게 된다. 마치 책을 읽을 때 단어가 아닌 의미를 좇는 것과 같은 이치이다. 책을 덮고 난 뒤 머릿속에 남은 것은 문장 너머의 의미이지 문장 자체가 아니다. 내 눈은 숫자들을 더듬지만 내 마음은 "시장", "원가", "경쟁사", "신제품" 등을 읽게 된다. 숫자를 제대로 읽는 법만 배우게 되면 내가 현재 하고 또 계획하는 모든 일들의 실상이 눈앞에 펼쳐질 것이다. 숫자를 읽는 것은 후천적으로 습득되는 기술이지만, 그것은 숫자를 읽고 이해하는 데만 써먹는 기술이 아니라 온갖 종류의 비즈니스를 마스터하는 열쇠다.

겸손을 떨지 않고 한마디 덧붙인다. 지난 20년 동안 ITT는 300개 이상의 기업을 인수하며 전 세계에 퍼져 있는 하나의 통합된 기업으로 합병되었다. 이 기간 ITT가 꾸준하고도 놀라운 성장을 이룩했던 원동력은 무엇일까. 이는 그간 ITT가 얻은 신용 때문이었다. 사람들은 ITT가 각 사업부에 대해 엄격히 재무관리를 할 뿐 아니라 숫자를 꿰뚫어보고 그것이 의미하는 것과 요구하는 것이 무엇인가를 생각할 수 있는 능력이 있음을 간파했다.

숫자에 대한 철저한 분석은 용기 있게 행동할 수 있는 자유를 주었다. 우리는 인수나 확장을 위한 자금을 빌리는 데 결코 어려움을 겪어본 적이 없다. 은행과 금융기관들은 우리가 재무관리를 얼마나 엄격히 시행하는지 잘 알고 있었다. 우리는 결코 현금 부족으로 어려움에 처한 적이 없었다. ITT는 내가 사장으로 있는 동안 비슷한 규모의 다른 기업들보다 더 빨리 성장했고 더 크게 성공했다. 그것은 우리가 숫자를 마스터했고 두려움 없이 앞으로 나아갔기 때문이다.

사실 사업을 하는 사람 누구나 적절한 종류의 관리수단, 즉 회사의 어느 부분이 기대에 못 미치고 있는지 빠르고 자세히 알려줌으로써 그가 숫자 뒤로 돌아가 행동이 필요한 지점이 어디인가를 정확하게 분석할 수 있게 해주는 관리수단을 마련할 수 있다면, 그는 (또는 정신적으로 무능력하지 않은 사람은 누구든) 발전적이고 수익성 있고 성장지향적인 기업을 운영할 수 있다는 것이 내 주장이다.

이것이 바로 좋은 숫자들이 당신을 위해 해줄 수 있는 일이다.

Chapter 9

M&A와 성장

복합기업이란 무엇인가?

60년대 말과 70년대 초에 "복합기업(conglomerate)"이란 말이 유행했다. 처음에는 생소한 개념이었던 복합기업은 탐욕에 눈먼 일부 기업이 끝 모르는 합병을 통해 관련 없는 분야의 사업들을 게걸스럽게 먹어치우는 새로운 종류의 기업적 장치로 받아들여졌다. 당시 대부분의 금융 분석가들로서는 가령 신발회사, 은행, 목재회사, 의류회사 등이 한 지붕 아래서 살아야 하는 이유를 발견할 수 없었다. 미국의 최대 기업 다수가 오래 전부터 "복합기업"이었음을 아는 이는 드문 것처럼 보였다. 제너럴일렉트릭(GE)은 전기발전기, 토스터기, 기관차, 항공기 엔진, 그리고 전구를 만들었다. GE는 다년간에 걸쳐 서서히 복합기업의 체제를 갖춰갔다. 신생 복합기업들도 GE와 똑같은 과정을 밟는 것뿐이었다. 차이점이 있다면 새로 등장한 복합기업들은 매우 빠른 속도로 복합기업으로 변모했다는 점이다.

1960년대 주식시장의 급성장으로 주식의 내재가치(intrinsic values)는 치명상을 입었고, 이때 다른 기업의 주가 상승 속도를 따라잡지 못한 많은 기업들이 매력적인 매입 대상이 되었다. 그 어느 때보다 더 많은 합병이 성사되었다. 외견상 교묘한 주식거래를 통해 이루어진 합병이 많았고, 그중 일부 거래에는 실질가치와는 다른 크게 부풀려진 명목가치가 반영되어 있었다. 작은 기업들이 큰 기업을 접수했고 그 가치가 보증되지 않은 주식 등의 종이 증서를 현금 및 자산과 맞바꾸었다. 사람들은 복합기업이 일종의 신용사기라는 인상을 받기 시작했다.

월스트리트에는 늘 빠르고 쉽게 돈을 벌려는 악당들이 있게 마련이고, 일부 복합기업은 결합 상태가 부실하여 많은 위험을 안고 있었다. 그러나 이 시기의 대다수 합병은 좋은 가치와 좋은 가치가 거래되어 더 크고 더 강하고 더 잘 경영되는 기업을 탄생시킨 완벽하게 합법적인 사업적 결단이었다. 그럼에도 모든 복합기업은 하나로 뭉뚱그려져 어떤 사악한 실체라는 오명을 뒤집어썼다. 특별 기고가 아트 부크월드(Art Buchwald)는 그의 칼럼 한 곳에서 복합기업들이 하나의 거대한 복합기업과 미국정부만 남을 때까지 서로를 게걸스레 먹어치울 거라는 일반인들의 생각을 조롱했다. 복합기업은 진보 진영에서 훨씬 더 심각하게 받아들여졌다. 들리는 소문에, 복합기업들이 제멋대로 날뛰게 내버려두면 어떤 책략을 써서라도 세계를 접수하고 말 것이라고 철석같이 믿는 사람들도 있다고 한다. 합병은 미국에만 국한된 현상이 아니었다. 그것은 전체 산업 세계에서 불길처럼 번지고 있었다.

ITT가 그중에서도 가장 큰 복합기업으로 부상한 것은 바로 이 무렵이었다. 우리는 무슨 전시품처럼 받침대 위에 놓인 채 뭇 사람들의 칭찬을 듣기도 하고 욕을 먹기도 했다. 그러나 사실 ITT가 복합기업이 된 데는 그럴 수밖에 없는 사정이 있었다. 성장하려면 그 외에 다른 길이 없었기 때문이다.

:: 살아남으려면 M&A밖에 없다 ::

내가 ITT에 온 지 얼마 지나지 않은 1960년 일이었다. 당시 최대의 수익을 올리던 우리의 자회사 쿠바전화회사(Cuban Telephone Company)가 피델 카스트로에 의해 몰수되었다. 소스테네스 벤은 1920년에 바로 이 회사를 모태로 ITT를 설립했다. 우리는 카스트로 정부로부터 한 푼의 보상도 받지 못했다. 이 일로 ITT는 굉장한 타격을 입었다. 그러나 훗날 돌이켜 보았을 때 그것은 재앙이 아니라 축복이었다. 졸지에 재산을 강탈당한 우리는 헤이그에 있는 국제사법재판소에 소송을 제기하는 것 외에 달리 할 수 있는 일이 없었다. 그러나 이 사건으로 ITT의 진짜 문제들이 수면 위로 떠오르게 되었다.

ITT의 한심한 총소득(7억 6,564만 달러 매출 대비 2,903만 6천 달러의 수익)은 그렇다 쳐도, 우리의 진짜 문제는 그 소득 중 80~85%가 해외에서 들어오고, 그곳 국가들의 특수한 경제 상황이나 정치적 격변에 취약하다는 사실이었다. 우리는 제2차 세계대전이 끝난 후 동유럽의 공산권 국가들로부터 6개의 전화회사를 더 빼앗겼다. 미국의 강력한 달러와 대비되는 서유럽의 약세 통화 때문에 그곳에서 우리가 벌어들이는 소득의 가치는 떨어질 위험이 있었다. 그리고 라틴아메리카에 불어 닥친 "양키 고 홈(Yanqui Go Home)"의 정치적 바람은 그곳에 대한 우리의 투자를 매우 위험하게 만들었다. ITT는 그쪽 대부분의 국가에서 전화서비스를 지속하기 위해 필요했던 요금 인상을 계속 거부당했다. 조만간 (비록 몇 곳에서 일부 보상이 이루어지긴 했지만) 브라질, 페루, 멕시코, 그리고 칠레에서 우리의 전화회사들을 빼앗길지 몰랐다.

살아남으려면 미국에서의 소득 기반을 증대시키는 수밖에 없었다. 우리는 미국 소유의 기업이었다. 당시 8만8천여 주주들의 약 90%는 미국인이었으며, 주주들에게 배당금을 또박또박 지급하려면 미국 내에서 더 많은 소득을 창출해야 했다. 현재처럼 ITT 연소득의 15%가 아니라 최소한 50%가 미국 국경 내에서 나와야 안정 상태에 이를 수 있다는 것이 우리의 계산이었다. 해외 소득에 의존하기에는 미래가 너무 불투명했다.

당시 상황을 염두에 두면서 나는 ITT 주식을 살지 말지 결정해야 하는 전형적인 투자자의 입장에서 생각해보았다. 내 상상 속의 투자자는 캔자스 주 위치토은행(Bank of Wichita)의 신탁 담당자(trust officer)였다. 이 사람이라면 과연 사업 기반이 해외 여러 나라에 퍼져 있는 회사에 돈을 투자할까? 나는 아니라고 보았다. 그렇다면 내 임무는 무엇인가. ITT 사업의 중심을 미국으로 옮김으로써 ITT를 진정한 "국제적" 기업으로 만드는 것이었다. 나는 위치토의 그 신탁 담당자가 마음 편히 주식을 살 수 있을 만큼 믿음직한 회사를 만들어야 했다. 달리 말해 그와 그의 고객들이 ITT 주식을 개인 대여금고에 보관한 후, 이 주식은 안전하며 가치가 상승하고 있다는 확신을 가지고 두 발 뻗고 잠들 수 있을 정도가 되어야 했다. 우리 이사회는 ITT가 미국에서 성장하고 확장해야 한다는 데 토를 달지 않았다. 그 초창기에 우리 앞에 놓인 문제는 그러기 위해서는 어떤 인수를 해야 하느냐

하는 것이었다.

:: 첫 인수 회사는 개인 융자 금융회사 애트나 ::

당시 우리의 국내 사업 품목은 국방부에 납품되는 군사 통신장비가 거의 전부였다. 내가 오기 전에 ITT는 통신 이외의 분야로 영역을 넓히려 했지만 비참하게 실패했다. 운영자들과 고참 간부들은 우리가 잘 아는 분야의 회사들만 인수하려고 했다. 최초의 인수대상 기업들 - 제닝스라디오(Jennings Radio), 내셔널트랜지스터(National Transistor), 제너럴컨트롤스(General Controls), 캐논일렉트릭(Cannon Electric), 길필란(Gilfillan) - 이 이 범주에 속했다. 그 뒤에 우리는 미국에서 세 번째로 큰 전화회사인 캔자스시티의 유나이티드텔레폰 (United Telephone)과의 합병을 시도했다. 만약 이 합병이 성사되었더라면 ITT는 전화기 생산 및 운영회사, 즉 사실상 공익회사가 되었을 것이다. 유나이티드는 주식 대 주식의 거래를 원했다. 우리는 전체 유나이티드 주식에 대해 ITT 주식 가치의 90%를 제시했다. 이 협상이 결렬되었을 때 나는 오히려 안도감을 느꼈다. 나는 ITT가 투자비용이 높고 자산 기반이 동결되어 있으며 수입도 규제되어 있는 공익 전화회사가 된다는 생각이 그리 달갑지 않았다. 이 모든 것이 이 나라 전체 전화의 90%를 장악하고 있던 벨시스템(Bell System)과 경쟁할 기회를 상실한 대가로 얻는 것들이었다.

확장 분야를 놓고 이사회와 토론하기 위해 준비하면서 나는 그래프 용지 한 장을 작성했다. 이 용지에는 여러 산업들의 장단점을 비교한 내용이 담겨 있었다. 용지 상단에는 시장, 수익률, 자본투자, 재원조달의 용이성, 경영에 대한 부담 등을 적고, 그리고 왼쪽 옆에는 여러 산업들을 나열했다. 전화회사 같은 공익기업들은 소득이 꾸준하지만 증가폭이 더뎠고 시장이 고정되어 있었으며 돈을 쉽게 빌릴 수 있었다. 또 경영 부담이 매우 적었고 투자수익률도 아주 좋은 편이었다. 공익회사는 참호로 에워싸인 합법적인 독점기업이었다. 우리의 케이블 회사들은 시장이 고정된 것이 아니라 개방되어 있고 경영에 대한 부담이 조금 더 컸다는 점만 빼면 전화회사의 장단점을 고스란히 지닌 준독점기업이었다. 그리고 미국에서 우리의 가장 큰 사업이었던 군수사업은 경영 부담이 굉장히 큰 것으로 드러났다. 하나의 계약을 따내기 위해 번번이 입찰해야 했고 사업 지속기간이 제한되어 있었으며, 당시에는 수입도 매우 낮았던 반면 인건비와 경영비용은 높았다.

나는 이사회에 군수사업을 확장하지 말자고 제안했다. 그 대신 나는 그래프용지 위에 또 다른 부문, 즉 금융 서비스를 추가했다. 이 분야는 경영에 대한 부담과 자본투자, 그리고 인건비가 낮았고 공개시장이었으며 경기순환에서 비교적 자유로웠다. 게다가 수입도 비교적 높았고, 항상 현금으로 들어왔다.

내가 ITT 이사회에 제안한, 우리 분야와 관련이 없던 최초의 인수 대상 기업은 개인에게 융자하는 금융회사인 애트나(Aetna)였다. 이사회는 이 제안에 화들짝 놀랐다.

나는 왜 금융 서비스 분야 가운데 딱 꼬집어 개인 융자 회사를, 그것도 애트나를 선택했던 것일까? 그것은 무엇보다 직관과 개인적인 경험에서 비롯된 것이었다. 시카고에서 일하던 시절 나는 시가전차를 몰던 어느 차장이 설립한 회사에 관한 소문을 들었던 적이 있었다. 그는 전차 운행노선 끝에서 동료 차장들에게 돈을 빌려주기 시작했다. 이 돈은 다음 급여일에 이자를 붙여 갚게 되어 있었다. 이 작은 시작이 미국에서 가장 크고 가장 성공한 개인 상대 금융회사 중 하나인 하우스홀드파이낸스(Household Finance)로 성장했다.

수년 전의 기억을 떠올리며 나는 ITT에서 그런 사업을 찾아보기 시작했다. 애트나는 찰스 얄렘(Charles Yallem)이라는 치과의사가 세인트루이스에 세운 회사로, 당시에는 데이비드 코윈(David Corwin)이 운영하고 있었다. 데이비드는 애트나를 "일종의 가난한 사람들을 위한 금융 컨설턴트"라고 설명했다. 그는 은행에서 돈을 빌릴 수 없고 당시 성행하던 고리대금업체에 시달리던 저소득자를 위한 융자 시스템을 강화함으로써 애트나를 품위 있고 정당하고 정직한 사업체를 만들려고 노력했다. 나는 데이비드와 그의 회사가 마음에 들었고 그가 계속 머무르며 ITT를 위해 회사를 이끌어주기 바랐다.

내가 애트나를 ITT 이사회에 제안했을 때, 그들은 ITT의 명성에 걸맞지 않는다며 거부했다. 그들은 개인 상대 금융회사를 전당포와 동급으로 보았고, 기껏해야 아마 윤락업소보다 조금 나은 수준의 사업일 거라며 깔아뭉갰다. 한 달 뒤 나는 이사회의 주장에 반박하기 위해 자료를 준비했다. 나는 각 이사들 앞에 〈라이프(Life)〉지를 한 부씩

놓았다. 그 잡지에 수록된 9개의 눈에 띄는 광고에 종이로 표시를 해두었는데 그 9개는, 크고 명망이 높은 기업들의 신용회사, 즉 GM억셉턴스(GM Acceptance Corp.), GE의 신용회사들, 기타 유사한 분할대출기관 등에서 내보낸 광고였다.

"그들이 하는 일과 제가 제안하는 것이 뭐가 다른 거죠?" 내가 물었다. 얼마간의 열띤 토론이 끝난 뒤 이사회는 ITT 사상 처음으로 자사 업종과 무관한 분야의 기업을 인수하기로 승인했다. 우리는 애트나를 3,959만 1천 달러에 매입했고, 현금이 아닌 ITT의 보통주와 우선주로 값을 치렀다. 그날 이후로 애트나는 성장을 멈춘 적이 없다. 작년 한 해 애트나는 전체 매입가의 거의 세 배에 달하는 세후소득을 올렸다. 이 나라에서 12번째로 큰 은행의 소득에 버금가는 액수였으며, 1985년의 연간 순이익은 그보다 더 높을 것으로 예상된다.

애트나는 인수 당시 너무 작은 기업이었기 때문에 우리는 위스콘신에서 한두 개의 소규모 개인 상대 융자회사들을 추가로 매입했다. 그러나 법무부에서 독점금지법을 통해 동종 산업의 기업을 하나나 둘 이상 매입하는 것을 금지했기 때문에 우리는 융자회사를 크게 확장시킬 수 없었다. 그래서 우리는 새로운 먹이를 찾아 다른 곳으로 시선을 돌렸다.

:: M&A 대상 기업을 평가하는 기준 ::

뉴잉글랜드에서 휴가를 보내는 동안 나는 우연히 작은 펌프 회사의 소유주를 만나게 되었다. 그는 내게 왜 그리고 어떻게 거의 모든 펌프 회사들이 남는 장사를 하는지 설명해주었다. 펌프는 액체를 한 곳에서 다른 곳으로 운반하는 장치로, 거의 모든 생산 시스템의 기본 설비였다. 당연히 수요가 끊이지 않는다. 그래서 나는 펌프회사에 주목했고, 그들 대부분이 가족 소유의 소규모 기업이며 현대의 기준으로 볼 때 그다지 잘 운영되지 못하고 있다는 사실을 알아냈다. 우리는 펌프회사를 인수하고 그 다음엔 밸브회사들을 사들이기 시작했다. 펌프와 밸브는 산업에서 서로 협력자로서 융화할 수 있기 때문이었다. 우리는 이 회사들을 성장시켰다. 아마도 ITT는 오늘날 세계에서 가장 큰 펌프 제조회사가 되었을 것이다.

그들은 그다지 매력적인 기업은 아니지만, 수년 전 뉴잉글랜드에서 내 친구가 말했듯이 좋을 때나 궂을 때나 돈을 벌어준다. 시간이 가면서 우리는 부품을 팔아 남기는 이익이 생각보다 많고, 대체로 기반도 광범위하며, 시장도 완성품 시장보다 더 안정적이라는 사실을 알게 되었다. 그 뒤 우리는 가장 빠르게 성장하는 분야 가운데 하나가 된 응용 전자제품(applied electronics)의 부품을 만드는 일에 뛰어들었다.

부품 사업은 미래가 밝아보였다. 마침 우리는 정부의 전화시장에 대한 지나친 의존에서 탈피하여 유럽에서 사업을 다각화할 필요를 느끼고 있었다. 이에 따라 1967년 ITT는 독일의 자동차부품 회사인

테베스(Teves)를 7,500만 달러에 매입했다. 다음 해에 미국의 톰슨 (Thompson) 자동차부품 회사가 쉐라톤 호텔 체인의 자회사로서 우리 품에 들어왔다. 다시 한 번 우리는 많은 사람들이 아주 평범하다고 생각한 사업이 사실은 성장하는 시장을 배경으로 하고 있는 안정적이고 수익성 높은 사업이라는 사실을 발견했다. 오늘날 우리가 사들인 사업의 토대 위에서 ITT의 자동차부품 기업들은 연 20억 달러 규모의 사업을 형성하고 있다. 유럽에서 생산되는 모든 자동차에는 ITT 부품이 최소한 한 개씩은 들어있다고 한다.

내가 부임했을 당시의 ITT는 사실상 전기통신 설비를 위한 전기기계 교환 시스템을 전문으로 하는 생산기업이었다. 그리고 그 분야의 성장과 함께 ITT의 생산품도 부담스러운 전기 시스템에서 시작하여 전자제품을 거쳐 오늘날의 첨단 고속 디지털 시스템으로 발전했다. 족히 20년 동안 우리는 연구개발 예산의 75%를 할애하여 우리 기술자와 과학자들이 매달리고 있는 미래의 통신 사업을 지원했다. 그들은 상당수의 개량된 전자 부품을 생산했지만, 아직 이 부품이 쓰일 만한 완제품은 발명되지 않은 상태였다. ITT가 장거리 전화통신용 시스템 12(System 12)를 개발한 지금에서야 그 초창기 연구제품 다수가 시장에 선을 보였다.

그러나 여전히 미국 내에 소득 기반을 구축하기 위해 노력하던 60년대와 70년대 초에 우리는 소비재 상품과 서비스 산업 부문으로 눈을 돌렸다. 당시에는 그 분야가 성장 잠재력이 가장 커 보였다. 우리는 이 나라의 경제 중심이 서비스업으로 전환하고 있음을 재빨리 간파했다. 우리는 거의 경쟁자가 없는 상태에서 소비재 분야의 기업들을 사들였다.

인수 대상 기업들을 선택할 때 나는 우리가 매입 가능한 것을 사들였다고 즐겨 말하곤 했다. 아마 이 말은 지나친 단순화였는지 모른다. 우리가 한 일은 마침 매물로 나왔거나 ITT와의 합병이 바람직한 기업들을 개별적으로 고려하는 것이었다. 무슨 대단한 전략에 따라 움직인 것은 아니고 그저 각 기업이 진행하는 사업 이면의 논리적 근거를 살폈다. 예컨대 이런 식이다.

1) 이 회사는, 소비자가 구매하고 또 앞으로도 계속 구매할 제품이나 서비스를 제공하는가? 2) 상품이 좋은가? 3) 수입은 제품을 생산하는 데 투입한 노력에 비해 충분히 양호하고 안정적인가? 4) 이 회사의 성장 잠재력은 어떤가? 5) 이 회사의 시장은 성장의 바람을 타고 있는가, 아니면 그 반대인가? 6) 마지막으로 ITT는 전문 경영 능력과 더 풍부한 금융 자원으로 이 회사에 의미 있는 무언가를 더 보탤 수 있겠는가? 7) 그 기업을 인수한 후에 성장을 도울 수 있겠는가?

이와 같은 간단한 질문들을 통해 특정 기업이 ITT의 경영 시스템과 조화를 이룰 수 있는지 확인했다.

물론 우리는 대차대조표상의 수치들을 검토했으며 회사 경영에 대한 의견, 현재의 문제, 그리고 우리가 이 문제를 해결할 가능성을 따져본 후 행동에 나섰다. 이 과정에 과학적인 것은 전혀 없었다. 나는 우리의 인수가 주로 직관, 경험, 그리고 ITT가 힘을 보태면 해당 기업이 전보다 더 잘 운영될 수 있다는 자신감에 기초하고 있었다고 생각한다. 대부분의 경우 우리는 기존의 경영진을 그대로 두었고 그들을 사업계획, 상세한 예산안, 엄격한 재무관리, 직접 만나는 총책임자회의 등으로 구성된 ITT 시스템에 참여하도록 했다. 우리의 모든 사고 저변에는 새로운 사업을 시작하기보다는 기존의 사업을 인수한 후 이를 키워가는 것이 더 낫다는 기본적인 인식이 깔려 있었다.

:: 본격적인 시장 다각화 ::

엔지니어링과 생산에 대한 의존으로부터 벗어나 소비재 상품 시장과 서비스 부문으로 진입하면서 우리는 1965년 에이비스렌터카, 1966년 APCOA공항주차장, 그리고 1968년 쉐라톤호텔을 연이어 인수했다. 에이비스는 도매로 자동차를 구매하거나 임차한 뒤 거리나 일수에 따라 소매로 빌려주는, 기본적으로 좋은 사업이었다. 재무관리만 꼼꼼히 하면 꾸준한 수익 증가는 따 논 당상이었다. 우리는 에이비스를 유럽시장으로 확장했고, 바로 그곳에서 가장 많은 수익을 창출했다. 쉐라톤도 같은 논리로 매입되었다. 업무 목적이든 여흥 목적이든 여행을 하는 미국인들의 수가 계속 증가하던 시기에 우리는 호텔과 모텔을 더 많이 짓고 운영하며 침대를 구매해서는 투숙 일수를 기준으로 임대했다.

인기 있는 빵과 케이크를 만드는 제과기업 콘티넨탈베이킹컴퍼니 (Continental Baking Company)를 인수한 것은 우리가 전국의 소비재 시장으로 진출하는 발판이 되었다. 이제는 전국의 모든 식품점에서 ITT 제품을 만나볼 수 있었다. 콘티넨탈은 1968년에 1억 8,100만 달러 가치의 ITT 주식으로 인수될 당시 미국 최대의 제과업체였다. 그 전년도 매출은 6억 2,100만 달러에 달했고, 그 이후 ITT 체제하에서 매출이 두 배 이상으로 뛰어 1982년에는 15억 달러에 이르렀다.

이 과정에서 우리는 소비재 분야의 소규모 기업들을 여러 개 인수했다. 여기에는 화장품, 전구, 서적, 철물, 그리고 솔직히 말해 국내에서의 소득 증가에 보탬이 될 수 있다고 판단되는 것은 무엇이든 다 포함시켰다. 60년대 중반 우리의 가장 유망한 인수기업 중 하나는 레빗앤드선즈(Levitt & Sons)였다. 이 회사는 미국에서 가장 유명한 저가 주택 건축업체 중 하나였다. 이 회사는 제2차 세계대전 직후 뉴욕 주 롱아일랜드에 레빗타운(Levittown)이라는 저가 주택지구를 건설하면서 수익을 창출하고 성공가도를 달리기 시작했다. 이뿐 아니라 해외에 대규모 분양지와 공동체를 건설하기 위한 창의적인 계획을 갖고 있었다. 우리는 ITT가 레빗의 이 야심찬 계획을 실행하는 데 필요한 상당 수준의 자본을 투입할 수 있다고 생각했다. 앞으로의 성장 가능성에 대한 기대감으로 우리는 9,160만 달러에 레빗을 접수했다. 하지만 이는 우리의 가장 큰 패착이었다. 우리의 경영철학이 이 회사와 어울리지 못했고 주택시장이 심각한 침체의 늪에 빠져들었다.

60년대는 주식시장의 활황기였을 뿐 아니라 물가가 빠르게 오르고 달러 가치가 계속 하락하던 때였다. 이 악성인플레의 된서리를 피하기 위해 우리는 천연자원 기업으로 시선을 돌렸다. 우리는 재생 여부를 떠나 모든 천연자원은 미국 내의 인플레이션이 계속 심화되는 가운데 그 가치가 상승하리라는 것을 재빨리 알아챘다.

우리는 천연자원 기업인 레이오니어(Rayonier)를 인수했는데 이곳은 아세테이트(acetate)와 레이온(rayon)의 기본 성분인 목재 셀룰로오스를 생산하는 세계 최대 업체의 하나였다. 1968년 2억 9,314만 5천 달러에 매입될 당시 이 회사는 소득이 시원치 않았다. 그러다가 ITT의 자본과 경영으로 수혈을 받고 인플레이션의 물결을 타게 된 레이오니어는 ITT 자산으로서 그 가치가 거의 10배 증가하여 현재 약 25~30억 달러에 이르는 것으로 추정된다.

두 달 뒤, 우리는 유리와 비료 및 살충제를 만드는 데 쓰이는 실리카의 대표적 생산업체인 펜실베이니아글라스앤드샌드(Pennsylvania Glass & Sand)를 1억 1,250만 달러에 접수했다. 내가 그 회사를 사기로 결정하는 데는 20분도 채 걸리지 않았다. 모든 사실과 수치들이 이 회사가 싼 값에 나온 좋은 물건이라는 사실을 대변해주었다. 설립자들이 그 회사를 팔려고 했던 것은 은퇴를 준비하고 있었기 때문이다. 그들 중 하나는 당시 오토바이 사고로 일을 못하고 있던 그의 아들이 다시 회사를 운영할 수 있게 해달라고 요청했다. 나는 그러겠다고 답했고, 그 이후 헤일 앤드루스(Hale Andrews)가 회사를 잘 운영해 왔다. 또 우리는 비교적 소규모의 석유, 가스 및 석탄 기업들을 인수하는 것을 끝으로 ITT의 천연자원 흡수 행진에 마침표를 찍었다.

:: M&A한 기업으로부터 성장 잠재력을 이끌어낼 수 있는가? ::

ITT의 미래라는 큰 틀에서 볼 때, 1960년대에 우리가 이 모든 인수 열풍에 뛰어든 중요한 이유는 미국 국경 내에서 소득의 50%를 발생시켜야 했기 때문이다. 이 목표를 달성하기 위해 우리는 빠르게 성장해야 했는데 더욱이 유럽의 우리 자회사들이 확장하는 속도보다 더 빨라야 했다. 유럽 자회사는 그들대로 인수를 통해 자산을 불려갔고 TV와 라디오세트, 전자장비 등과 같은 소비재 상품 분야로 진출하며 바쁘게 움직였다. 심지어 우리는 하루에 회사 하나씩 사들이던 때도 있었다. 1968년에만 레빗, 레이오니어, 쉐라톤, PGS 외에 10개의 기업을 더 인수했다.

인수 비용은 현금이 아니라 ITT의 보통주와 우선주로 지불했다. 우리가 시도한 인수 중 어느 하나도 비우호적인 주식 매입을 통해 이루어지지 않았다는 사실을 지적해야 할 것 같다. 우리는 매물로 나와 있는 것만 샀다. 대부분의 인수 제안, 특히 좀 더 굵직한 제안은 라자드프레레스(Lazard Freres)의 펠릭스 로하틴(Felix Rohatyn)이라는 사람을 통해 들어왔다. 펠릭스는 재능 있고 성실한 회사 공동경영자였고 나중에 뉴욕시를 파산 직전에서 구출해낸 공로로 상당한 명성을 얻었다. 부동산 중개인이 구매자에게 여러 채의 집을 보여주듯이, ITT가 무엇을 찾고 있는지 알고 있던 펠릭스는 더 크고 자본집약적인 기업과의 합병을 원하거나 최소한 관심이 있는 기업들을 추려서 소개했다. 우리는 그가 제시한 후보들 중에서 골랐다.

원하는 기업을 찾으면 우리는 거의 항상 상대가 요구하는 가격이나 그에 가까운 가격을 지불했다. 그 결과 우리는 통이 큰 매수자로 소문이 났다. 기업들은 다른 곳에 가기 전에 먼저 우리를 찾았고 ITT는 종종 인수 가격을 먼저 제안할 수 있었다. 나는 늘 사는 쪽은 파는 쪽이 부르는 값을 지불해야 한다고 믿었다. 비록 그 액수가 회사의 장부가격이나 주식시장 가격을 크게 웃돌 경우에도 그래야 한다고 여겼다. 안 그러면 그는 물건을 팔지 않을 것이다. 나는 매도인이 우리와 거래할 때 가장 높은 값을 받을 수 있다고 믿기를 바랐다. 매수자로서 나는 우리가 지불하는 돈이 그 회사의 성장 잠재력에 비하면 비싼 것이 아니라는 확신을 가져야 했으며, 협상 결과는 양쪽 모두에게 만족스러워야 했다. 그래야 서로 손을 맞잡고 그 회사를 성장시킬 수 있기 때문이다.

나는 회사 현장을 방문하지는 않았다. 겨우 10분이나 20분 정도 장부를 검토한 후 매입을 결정한 기업도 있었다. 실적이 뚜렷하고 우리의 지원으로 성장할 수 있는 기업이라고 판단되면 충분했다. O.M.스콧앤드선즈(O.M. Scott and Sons)가 이런 인수의 대표적인 사례였다. 1971년 어느 날 밤, 이 회사가 인수 대상 후보로 거론되었다. 병에서 회복중이던 주 소유주 폴 윌리엄스(Paul Williams)가 회사 매각을 결정한 것이다. 나는 대차대조표를 검토하고 제시가격을 확인한 후 15분도 지나지 않아 인수를 결정했다. 잔디 및 비료 제품의 대표적인 생산업체였던 스콧은 그 해의 매출이 6,400만 달러였고 순이익은 270만 달러였다. 제시가격은 7,700만 달러였으며 우리는 군말 없이 지불했다. ITT의 자회사가 된 스콧은 10년 뒤 매출이 280% 증가하여 2억 3,580만 달러에 이르렀고, 순이익은 1981년에 560% 상승하여 1,360만 달러가 되었다.

우리가 일부 인수대상기업에 대해 지불한 가격을 보고 월스트리트 쪽 사람들은 깜짝 놀라기도 했다. 그러나 우리는 언제든 해당 기업의 자산 가치 이상의 액수를 지불할 여유가 있었다. 당시 ITT의 주식이 수익의 20배 가격에 팔리고 있었기 때문이다. 따라서 수익의 12배나 13배 가격에 팔리는 기업을 살 때, 우리는 수익의 14배, 15배, 심지어는 16배를 지불할 수 있었다. 달러 가치가 높은 덕을 보았는지도 모르지만, 일단 우리가 인수한 기업의 소득을 증가시키면 그곳의 주당 수익도 우리의 표준 주당 수익과 같은 수준으로 동반 상승했다. 개중에는 1960년대에 우리 주식을 비롯한 여타 주식의 가치들이 부풀려진 것으로 보는 이들도 있었다. 그러나 내가 보기에 이 주식가격은 부풀려졌다기보다는 앞으로 주식가격이 어떻게 될지에 대한 투자자들의 기대를 표현하는 것이었다. ITT 주식의 가치는 확실했다. 매도인들은 기꺼이 주식을 맞바꾸었다. 실제로 우리가 인수대상기업에 지불한 것은 그동안의 성실한 노력과 좋은 경영을 통해 우리가 ITT 주식에 축적해 놓은 가치였다. 말하자면 우리는 그때까지 쌓아 놓은 명성으로 돈을 벌고 있었던 셈이다.

그러나 밖에서는 여전히 복합기업에 대한 의혹의 시선을 거두지 못했다. 그들은 복합기업이 그들의 소득을 "돈으로 사고" 있다고 여겼다. 이 말은 이런 소득은 지속될 수 없다는 의미를 함축하고 있었다. 그러나 ITT는 이런 경우와 거리가 멀었다. 1972년에 〈포춘〉 지는 ITT 산하 기업들을 심층 분석한 후 우리가 인수한 기업들의 소득이 원래 자회사들의 소득과 대략 같은 비율로 계속 성장했다는 사실을 밝혀냈다. 기사의 내용을 인용해보자.

"전체적으로 인수된 기업들의 소득은 연평균 12.5%의 가중 성장률(weighted growth rate)을 기록했다. 요컨대 ITT는 인수한 기업과 물려받은 기업 모두를 눈부시게 성장시킬 수 있는 능력이 있음을 보여주었다."

같은 해인 1972년 나는, 1959년 기준 연매출 7억 5천만 달러 이상을 달성했던 50여 개 기업을 직접 조사한 후, ITT의 주당 수익률의 성장이 IBM에 이어 두 번째라는 사실을 알아냈다. 우리는 인수한 기업만큼이나 내부의 성장도 이룩하고 있었다. 1977년 ITT의 최고경영자직을 내려놓은 뒤 나는 우리가 인수한 기업들을 합계한 후, ITT 주식이 약 9,600만 주가 발행되었음을 밝혀냈다. 당시 시장가격으로 약 60억 달러에 상당하는 가치였다. 오늘날 이 인수기업들은 약 120억 달러의 시장가치를 지니고 있다. ITT 전체 소득의 약 3/4은 현재 ITT 체제에 완전히 통합된 인수 기업들로부터 나온다.

:: 소위 "대단한 전략"이 지닌 맹점 ::

우리가 시도한 수백 건의 인수 가운데 아마도 가장 흡족했던 인수 결정은 1960년대 초에 시도한 "비인수(non-acquisition)"일 것이다. 인생에서는 내가 가지 않은 길이 내가 가는 길만큼이나 중요할 수 있다.

컴퓨터가 미래의 물결로 간주되던 60년대 초에 우리의 많은 엔지니어들, 특히 유럽에 있던 엔지니어들은 이 새롭고 매혹적인 분야로 뛰어들고 싶어 안달이었다. 컴퓨터 개발에서 한 발 앞서 있던 우리의 독일 쪽 기업은 입찰에서 IBM을 누르고 에어프랑스(Air France)에 전산화된 예약 시스템을 구축하는 사업을 따냈다. 그러나 우리는 그 계약에서 1천만 달러를 잃었다. 나는 컴퓨터 개발을 중지하라고 지시를 내렸다. 기술자들은 불평을 쏟아내며 연구개발을 계속하도록 허락하지 않으면 사표를 내고 다른 컴퓨터 프로젝트들도 포기하겠다고 위협했다. 그들은 첨단기술을 따라잡기 위해 계속 배우고 싶어 했다. 컴퓨터 연구개발은 처음부터 엔지니어의 기쁨이었고 미래의 꿈이었다.

그러나 사업가인 내게는 대규모 투자와 엄청난 경영 부담, 그리고 먼 미래의 수익에 거는 굉장히 위험한 도박으로 보였다. 상당수의 우리 엔지니어들이 컴퓨터 개발기업으로 떠났다. 컴퓨터 기술자에 대한 수요가 높았던 시기였다. 그러나 ITT 내에서 남몰래 컴퓨터 개발 연구를 계속하는 사람들도 있었다. 이 사실을 알게 된 나는 매우 유능한 엔지니어 두 사람을 고용하여 그들에게 몇 년간 지속된 특별 임무를 부여했다. 전 세계에 산재해 있는 우리의 엔지니어링 및 신제품

연구소를 마음껏 돌며 초기 단계의 모든 다목적 컴퓨터 프로젝트를 근절하고 짓밟고 중단시키는 임무였다. 곤란한 일이 생기면 본부에서 알아서 처리해주겠다고 했다.

다목적 컴퓨터 개발을 금지시킨 후 나는 엄청난 압박에 시달렸다. 기술자뿐 아니라 투자 고문들도 컴퓨터 개발을 지지했다. 세상이 온통 컴퓨터에 매달리고 있다는 것이 그들의 주장이었다. 그들은 ITT가 컴퓨터 개발에 뛰어들었다는 사실을 공표하기만 해도 주가가 껑충 뛸 거라고 장담했다. 그러나 나는 흔들리지 않았다. 그 이후 나는 다른 기업들이 컴퓨터 사업을 어떻게 진행시키는지 주의 깊게 지켜보았다. ITT 엔지니어링 부문의 최고 간부 한 사람은 세계를 변화시킬 컴퓨터가 가져다줄 막대한 부의 청사진을 들이대며 나를 압박했다. 내가 생각을 바꾸지 않자 그는 사표를 던지고 다른 회사로 갔다. 그리고 그 회사는 컴퓨터 개발에서 1억 2천만 달러의 손실을 입었다. 그는 다시 회사를 옮겨 그곳의 컴퓨터 사업부 수장이 되었고, 이곳 역시 나중에 약 5억 달러의 돈을 날리고는 컴퓨터 프로그램을 포기했다. GE, RCA, 허니웰(Honeywell), 스퍼리(Sperry) 등의 미국 기업과 지멘스, 필립스 등의 명망 있는 유럽 기업들도 컴퓨터 개발 프로그램에 연거푸 실패하여 수십억 달러의 피해를 입었다. 이 모두는 우리가 ITT에서 목격한 엔지니어들의 꿈과 야망 때문이었다.

이런 막대한 손실을 초래한 것은 기술자들의 책임이 아니었다. 그들의 관점에서 볼 때, 컴퓨터가 미래의 삶과 시장에 끼칠 영향은 분명했다. 문제는 스스로를 대단한 전략가로 착각한 최고경영진에 있었다. 그들은 방 안에 가만히 앉은 채로 20년 뒤의 일을 내다볼 수 있다고 믿는다. 전망은 밝았다. 이런 지식과 전략적 사고를 무기로 그들은 미래에 형성될 컴퓨터 시장의 지분을 어떻게 확보할 것인지 계획을 수립했다. 그런데 다른 사람들도 그들과 똑같이 예측하고 전략을 수립한다. 소위 대단한 전략이 지닌 맹점이다. 그들 모두는 그 거대한 시장의 한 구획을 차지하기 위해 당시 맹주로 군림하던 IBM을 상대로 싸움을 시도했다. 지금까지 살아남은 자들은 여전히 시장의 한 귀퉁이를 노리고 IBM에 도전한다. 그러나 먼 훗날까지 살아남는 자는 극소수일 것이다. 이미 말했듯이 나는 다목적 컴퓨터 회사를 인수하지 않은 일에 특별한 즐거움을 느낀다. 이 결정으로 회사는 자칫 휴지조각이 될 수 있었던 5억 달러를 지켰다.

:: 복합기업의 이점 ::

다각화와 복합기업적 구조의 이점은 복합기업 운동이 상당히 진행된 시점까지도 제대로 인식되지 못했다. 이 나라 사람들은 "송충이는 솔잎을 먹어야 한다."는 의식에 지배당하고 있었다. 자신의 전문영역 밖을 넘보는 자는 누구든 화를 자초한다는 믿음이 깔려 있었다. 기업이 다양한 분야에서 빠르게 성장하는 것은, 마치 천 길 낭떠러지 위를 가로지른 밧줄 위에서 아슬아슬하게 균형을 잡으며 외줄타기 곡예를 하는 것과 같아 언젠가는 떨어질 수밖에 없다는 생각이었다. 오늘 아니면 내년에, 내년이 아니면 그 뒤 머지않아 파국을 맞이할 수밖에 없다는 것이다. 요컨대 복합기업은 지나치게 비대하여 비효율적일 수밖에 없고, 가지를 너무 많이 치는 바람에 한 사람이나 본부에 의해 관리될 수 없다는 식의 논리였다. 비록 그 수가 전보다 줄어들긴 했지만 실업계에서도 여전히 그렇게 믿는 사람들이 있다.

그러나 복합기업은 하나의 제품이나 동일 산업의 몇 개 제품만 고수하는 (심지어는 같은 크기의) 단일 기업에 비해 특별하고도 중요한 이점을 갖고 있다. 존스앤드러플린에 근무하던 당시 나는 철강산업이 처한 문제를 보면서 복합기업의 이점을 배웠다. 이 철강기업은 강철에 대한 수요가 곤두박질치고 있는 상황에서도 아무런 대책을 강구하지 못했다. 단지 용광로의 불을 끄고 직원을 내보낸 뒤 사무실에 틀어박혀 두 손 모아 기도할 뿐이었다. 단 하나의 제품만 생산하는 기업이나 산업도 마찬가지다.

내 생각에 이때의 유일한 해결책은, 회사가 다변화를 시도하여 몇 개의 상이한 제품을 생산하는 것이다. 즉 어느 한 제품에 대한 수요가 줄어들면 수요가 있는 다른 제품들로 자산을 재배치하여 대처해야 한다.

광역의 경제 부문을 아우르는 복수산업, 복수제품 기업은 경기침체에 대비할 수 있는 보험에 가입한 셈이다. 그들이 아우르는 경제의 범위가 충분히 넓다면, 특정 제품에 대한 수요가 줄어들 때도 계속 수요가 발생하고 잘 팔리는 다른 제품들이 있을 것이다. 모든 사업은 항상 순환을 타며 조수처럼 오르내림을 반복한다. 단지 조수와 달리 경기 주기는 예측이 어렵다. 그래서 ITT에서도 전화교환장비에 대한 수요가 낮을 때는 우리의 소비재 상품 기업이 번영의 해를 누린다.

우리는 한 기업으로서 공동 자산과 노력을 호기의 물결을 타고 있는 제품과 산업에 집중시킬 수 있었다. 일시적인 침체를 겪고 있는 기업들을 위해 우리는 허리띠를 졸라매며 경기순환의 충격을 완화하려 했다. 달리 말해 한편에서는 승자들을 지원하여 그들이 더 빠르고 더 많이 성장하도록 독려하는 동시에 다른 한편에서는 끈질기게 버티며 패자들을 떠받쳤다. 경기순환의 흐름이 바뀌면 자산을 재배치함으로써 새로운 승자들을 지원하고 새로운 패자들을 재정적으로 뒷바라지했다. 실제로 우리는 수요가 높은 제품의 매출 성장 속도가, 경기순환의 역풍을 맞은 제품들의 매출 감소 속도보다 훨씬 빠르다는 사실을 발견했다. 그래서 다른 회사의 매출이 25%로 주춤할 때도 승자들의 확장을 독려함으로써 그들의 매출을 두 배로 증가시킬 수 있다. 전반적인 불황기에도 ITT의 소득은 혼신의 노력으로 계속 10% 정도 증가했으며, 경기가 좋을 때는 그 노력의 절반만으로도 15% 성장했다.

나는 시간이 회의주의자들이 틀렸음을 입증해주었다고 생각한다. 복합기업은 순리에 어긋나는 존재가 아니다. 복합기업은 얼마든지 관리가 가능하다. 이곳 사람들은 단일 제품 기업을 운영하는 사람들보다 더 열심히 일해야 할지 모른다. 그러나 다시 말하지만 복합기업은 몇 가지 점에서 크게 유리하다. 일련의 자율적인 이익중심점을 갖고 있는 기업에서 이들 각각은 서로 독립적으로 운영되며, 수직적으로 통합된 기업에서 볼 수 있는 책임 분산 시스템은 전혀 없다.

내가 존스앤드러플린에 있을 당시 잘못된 어떤 일을 놓고 그것이 탄광의 문제였는지, 아니면 코크스 용광로(coke furnaces)나 제강소의 결함이었는지 책임 소재를 찾으려 격렬하게 다투던 일이 기억난다. 하지만 ITT에서는 각 기업 경영자가 좋건 나쁘건 자기 이익중심점 내에서 일어난 모든 일에 대해 책임을 졌다. ITT에서 인수한 각각의 새 회사는 그 과정에서 새로운 인재, 새로운 관점, 그리고 그 전에는 우리가 갖지 못했던 전문적 지식을 함께 가져왔다. 우리의 사장실에는 천재가 없었다. 모두가 함께 일했고 또 아주 열심히 일했다. 새 회사의 경영진은 우리에게 그들이 운영하는 사업의 기본을 가르쳤고, 본부에서는 그들의 경영방식을 이해하고 인정할 수 있었다. 우리는 다양한 비즈니스의 다양한 특성에 대해 매일 뭔가 새로운 것을 배웠다. 우리의 촉수는 국가 경제의 광범위한 영역에까지 뻗어 있었기 때문에 전 세계의 일반적인 경제 상황에 대해 훨씬 더 많은 지식을 축적하게 되었다는 것이 내 생각이다. 나는 이를 통해 우리가 평균적으로 포춘 500대 기업에서 찾을 수 있는 인재들보다 더 우수하고 폭이 넓은 사업가들이 될 수 있었다고 믿는다.

실업계와 금융계의 많은 인사들이 복합기업을 걱정했던 이유는 관리가 불가능하다고 판단했기 때문이다. 한편 정계의 진보적 인사들은 복합기업이 너무 덩치가 크기 때문에 작은 기업들은 절대 그들의 경쟁 상대가 될 수 없다고 주장했다. 복합기업은 너무 크고 또 너무 빨리 성장하고 있으며, 비즈니스에서 큰 것은 본질적으로 나쁘다는 것이 그들의 관점이었다. "비즈니스는 나쁘다."는 것이 곧 슬로건이나 유행어가 되었다.

하지만 복합기업이 어느 한 시장의 5% 이상을 장악하지 않는 한 독점기업으로 규정할 수 없다는 것이 법조계의 중론이었다. 어떤 복합기업도 법과 법원이 독점적이라고 여긴 방식으로 시장을 지배하지는 않았다. 그러나 정치 전선에서 신대중선동가(neo-populists)들은 복합기업이 닥치는 대로 집어 삼키고 점점 더 커지고 강해질 것이며, 어떤 식으로든 소기업들과의 사이에 불공정한 경쟁을 유발하리라고 목소리를 높였다. 이런 주장은 사실에 대한 정확한 분석이라기보다는 정치적 신조에 가까웠다. 사실 대다수의 복합기업은 시장의 극히 일부만을 차지하며 다양한 분야로 서서히 진입했다. 그들은 경쟁을 질식시키기보다 오랫동안 부실하고 정체된 기업들이 지배하던 시장에 경제적 충격을 줌으로써 처음으로 진정한 경쟁의 장을 만들고 있었다.

:: 정치적 문제로 비화된 두 건의 M&A ::

우리가 1965년에 ABC방송사와의 합병을 제안하고 그 뒤 1968년에 하트퍼드보험사(Hartford Insurance Company)와의 합병을 시도했을 때, ITT는 복합기업의 생존을 위한 시험장 역할을 했다. 당시 우리의 합병 시도는 정부와 자유기업 사이의 싸움으로 번졌고 그 성격상 경제적이기보다는 정치적인 성격이 짙었다. 지나고 보니까 비로소 이런 진단이 가능한 것이지 당시에는 순전히 비즈니스 문제라고 여겼다.

우리가 제안한 ABC와의 합병은 철저하게 비즈니스적인 논리로 시작되었다. 그것은 두 회사의 필요에 따른 것이었다. 소스테네스 벤은 그보다 여러 해 전에 합병 의도를 가지고 ABC에 접근한 적이 있었다. 그러나 협상은 결렬되었다. 1960년대 중반에 텔레비전은 계속 팽창을 거듭하던 성장 산업이었고 마침 흑백에서 컬러 방송으로의 전환을 앞두고 있었다. 그러나 ABC는 새로운 기술을 따라잡기에는 현금이 부족했다. NBC와 CBS에 밀려 3위에 처져 있던 이 방송사는 텔레비전 운영에서 적자를 면치 못했다. 비우호적인 인수를 우려한 레너드 골든슨(Leonard Goldenson) 사장은 ABC의 정체성과 자율성을 보호해줄 기업과의 합병에 관심을 보였다.

나는 골든슨과 만났고, 우리는 약 2억 달러 가치의 주식을 교환하고 그와 그의 직원이 완전히 ITT 소유의 자회사로서 자율적으로 ABC를 계속 운영한다는 내용의 합병 조건에 합의했다. ITT에 있어 그것은 매우 수익성 좋은 확장 분야처럼 보였다. 우리는 ABC에 필요한 자본을 투입할 수 있었고, 이것이 실현되면 ABC는 다른 방송사와 경쟁할 만한 힘을 갖출 수 있었다. 합병이 성사될 경우 우리는 주 경쟁사 중 하나인 아메리카라디오방송회사(RCA, NBC를 창설한 회사 – 옮긴이)와 비슷한 입장에 처할 상황이었다. 우리는 확장중인 텔레비전 분야에서 ABC가 ITT를 위해 할 수 있는 일이 무엇일까를 상상하기 위해 NBC가 RCA에 제공하는 계속 증가되는 현금 유출입 상황을 주시하기만 하면 되었다.

1965년 12월에 발표된 이 합병으로 워싱턴 전역이 들썩일 만큼 반비즈니스 단체들의 저항이 거셌다. 사람들은 방송 역사상 최대 규모의 합병이라며 연일 흥분을 감추지 못했다. '최대 규모'라는 말에는 이 조직은 너무 거대하기 때문에 구린내를 풍길 수밖에 없다는 의미가 함축되어 있었다. 정부기관에서 조사에 나설 것으로 예상되었으며 단지 연방통상위원회(FTC), 연방통신위원회(FCC), 또는 법무부독점금지국(Antitrust Division of the Justice Department) 가운데 어떤 곳이 담당하느냐는 문제만 남았다. 법무부가 우물쭈물하고 우리 변호인들이 NBC나 CBS와의 경쟁에는 독점 금지 위반 요소가 없다고 안심시키는 가운데 FCC가 재판권을 행사했다.

1966년 FCC에서 청문회를 열었다. ITT가 뉴스를 통제하거나 조작하지는 않겠는가, 또는 이 합병이 공공의 이익에 부합하는가 등의 문제를 놓고 갑론을박이 벌어졌다. 골든슨과 나는 긴 증언을 통해 합병을 옹호했다. 우리는 방송사의 현대화와 컬러 TV로의 전환을 위해 ABC에 자본 수혈이 필요하다는 사실을 지적했고, ITT와 ABC의 뉴스 방송 사이에 독립적인 관계를 유지하기로 한 양측의 합의 내용을 증언했다. FCC는 표결을 통해 4대3의 표차로 합병을 승인했다.

그러나 완고한 반기업주의자들은 FCC 청문회의 순수성을 공격했고 더 시간을 두고 더 많은 증거를 제시할 것을 요구했다. 그래서 FCC는 두 번째 청문회를 열었고, 이것은 첫 번째 청문회보다 더 길고 격렬한 양상을 띠었다. 이번에도 합병은 4대3의 표차로 가결되었다. 그러나 우리의 승리는 오래 가지 못했다. 이번에는 법무부가 나서서 FCC의 결정을 뒤엎고 합병을 중단시키기 위해 ITT를 상대로 독점금지 소송을 제기했다.

우리 변호인들조차 법무부가 제기한 독점금지 소송의 이론적 근거가 무엇인지 찾지 못했다. 내가 확인할 수 있었던 유일한 원인은 램지 클라크(Ramsey Clark)가 새 법무장관이 되었다는 점이다. 그는 개인적으로나 정치적으로나 비즈니스에 적대적인 성향을 지닌 인물이었다. ABC와의 합병을 발표한 지 2년이 흘렀을 무렵 변호인들은 이 소송이 법정에서 다시 5년을 질질 끌 수도 있다. 그러나 법적으로는 우리에게 승산이 있다고 말했다. 그러나 나는 ABC가 우리 소유라는 확신도 없이 자금을 투입할 수 없었고, 다시 5년을 기다릴 수도 없었다. 게다가 그 소송 때문에 사실상 다른 기업을 인수할 수 있는 길도 막혔다. 변호사들은, 우리가 새로운 인수 시도에 나서면 ABC 관련 소송에서 불리해질 수 있다고 했다. 그래서 레너드 골든슨과 협의한 후 1968년 새해 첫날 우리는 합병 계획을 철회하겠다고 발표했다.

같은 해 말쯤에 펠릭스 로하틴이 업계 6위였던 하트퍼드보험사가 매물로 나올지 모른다는 소식을 듣고 내게 찾아왔다. 그곳 경영진이 인수를 두려워하기 때문이었다. 하트퍼드는 자산 규모가 근 20억 달러, 그 해의 보험료 소득은 9억 6,900만 달러에 달했지만, 지난 4~5년간 지급해온 엄청난 지급 청구액 때문에 보험영업에서 손해를 보고 있었다. 그곳의 주가는 구미가 당길 정도로 낮았다. 화재 및 재해

보험업계의 소득은 지급청구 증가, 배심원 판결, 그리고 법정 밖에서의 화해 때문에 전반적으로 부실했다. 하트퍼드의 소득 차트를 살펴본 나는 비록 이 회사가 보험영업에서 손해를 보고 그동안 손익 상황이 크게 유동적이지만, 보험료 투자를 통해 특히 60년대의 강세시장에 힘입어 소득을 꾸준히 증가시키고 있음을 확인할 수 있었다. 좋은 기업과 부실기업에 대한 내 판단 기준으로 볼 때, 나는 하트퍼드가 ITT를 다변화시키기 위한 첫 단계로 사들였던 개인 상대 융자회사 애트나의 모든 장점을 갖고 있음을 알 수 있었다.

하지만 막상 하트퍼드 경영진과 이사들을 만났을 때, 그들은 복합기업의 의도에 대한 세간의 의혹 때문에 합병을 꺼렸다. 보수적인 경영진의 눈에 복합기업이라는 용어는 여전히 구린내를 풍기는 말이었다. 하트퍼드 경영진의 두려움을 진정시키기까지 몇 차례의 진지한 토론과 함께 거의 1년의 시간이 필요했다. 우리가 당시 주당 47달러에 팔리던 하트퍼드 주식을 주당 68달러에 매입하겠다고 하자 하트퍼드의 주주들은 합병을 압도적으로 지지했다. 우리는 하트퍼드 주식 2,200만 주와, 15억 달러에 달하는 ITT 주식을 교환했다. 일견 비싼 가격처럼 보이지만 이 회사는 그만한 가치가 있으며 하트퍼드의 주식이 저평가되었다고 판단했다. 이제 마지막 절차만 남겨둔 상태였다. 보험감독관이자 진보적 민주당원인 윌리엄 코터(William Cotter)가 대표하는 코네티컷보험위원회(Connecticut Insurance Commission)의 승인이 필요했다.

공식 청문회가 열리자 온갖 비난과 의혹과 요구가 쏟아졌다. 가령

ITT는 하트퍼드에서 단물을 빨아먹은 후 이 회사를 빈껍데기로 만들 작정이며, ITT가 본부를 옮기면 이 도시의 시민조직과 사회조직은 더 이상 하트퍼드의 지원을 못 받게 될 것이고, 지역 경제가 타격을 입고 코네티컷 주민들이 일자리를 잃게 될 것이라는 주장이었다. 하트퍼드 합병은 유명한 정치적 소송 사건이 되었고, 소비자 옹호론자인 랠프 네이더(Ralph Nader)가 가장 적극적이고 격렬하게 반대하고 나섰다. 그는 코네티컷의 윈스테드(Winsted)에서 태어났기 때문에 개인적으로 이 사건에 많은 관심을 표명했다.

우리는 침략군이 아니라 친구로서 코네티컷에 오고자 했기 때문에 제기된 모든 의혹과 비난에 최대한 성실하게 답변했다. 우리는 10개 항목의 서면 성명서를 발표하여 하트퍼드보험사를 벗겨 먹기는커녕 추가 자금을 투자할 것임을 약속했다. 그 외에 성명서에는, 하트퍼드의 자율권을 보장하고, 기존의 이사진을 그대로 두되 단지 ITT에서 파견한 이사 두 명만 추가할 것이며, 회사의 본부는 하트퍼드에 그대로 존속시키고, ITT의 이사들은 이사회 참석을 위해 이 도시로 출장을 오고, 지역의 자선사업을 계속 지원한다는 등의 내용이 포함되었다. 이렇게 해서 합병은 코네티컷보험위원회의 승인을 받았다.

그러나 이게 끝이 아니었다. 다음 상대 법무부독점금지국이 기다리고 있었다. 독점금지국의 새 수장인 리처드 맥라렌(Richard McLaren)은 합병을 무산시키기 위해 ITT를 상대로 독점금지 소송을 제기했다. 솔직히 우리는 놀랐다. 우리는 램지 클라크의 정치적 입장은 이해할 수 있었다. 그러나 맥라렌은 법무장관인 존 미첼(John Mitchell)

밑에서 일하는 공화당원이었고, 존 미첼 역시 전형적인 공화당원인 리처드 닉슨을 보좌하는 공화당원이었다. 맥라렌은, 사악한 의도를 숨기고 있을 것으로 의심되는 대기업에 맞서 싸울 정치적 십자군의 대장 노릇을 함으로써 자신의 영향력을 확대하려는 의도를 가진 듯했다.

우리는 가장 권위 있는 외부 인사에 자문을 구하여 공정한 법률적 의견을 받았다. (여기에는 독점금지국 전 국장의 의견도 포함되었다.) 이에 따르면 ITT와 하트퍼드의 합병에는 법률적인 문제도 없었고, 재해보험업계의 경쟁 약화를 초래할 가능성도 없었다. 심지어는 언론조차 맥라렌의 주장은 명분이 약하다고 지적했다. 하지만 그는 새로운 법을 만들거나 독점금지법을 새롭게 해석하려 했다.

맥라렌은 대기업은 비록 특정 시장을 지배하지 않는다 해도 공공의 이익에 해롭다고 주장했다. 취임 직후 그는 복합기업의 뒤를 캐겠다고 의지를 표명했는데, "그들이 진입장벽을 높이고 중소기업들의 경쟁의지를 꺾는다."는 것이 그 이유였다. 자연인으로서 사람은 누구나 자신의 의견을 지닐 권리가 있지만, 그의 사실과 의견은 틀렸다는 것이 내 판단이었다. 어쨌든 그는 법정에서 그 논리에 대한 법적인 근거를 제시해야 했다.

그는 소송사건 개요서를 통해 "잠재적 호혜관계(potential reciprocity)"를 근거로 제시했다. ITT가 자회사들로 하여금 하트퍼드보험사와 거래를 하게 함으로써 다른 보험사들과의 사이에 불공정 경쟁 환경을 조성할 수 있다는 주장이었다. 이것이 "잠재적 호혜관계"였다. 예컨대 골프 가방을 메고 다니는 사람을 "잠재적 살인자"라고 부르는 것과 별반 다르지 않았다. 왜냐하면 그는 언제든 쇠머리가 달린 골프채를 꺼내 지나가는 사람의 머리를 후려쳐 죽일 수 있기 때문이다. 사실 갖다 붙이려고 작정하면 거의 무엇에든 "잠재적"이라는 꼬리표를 붙일 수 있는 법이다.

이 소송 사건의 시비곡직을 두고 법률, 비즈니스, 금융, 그리고 정계에서 광범위하게 갑론을박이 전개되었다. 언론의 취재도 뜨거웠다. 급기야 닉슨 대통령, 존 미첼 법무장관, 그리고 각료 몇 명이 나서서 단순한 비즈니스 활동은 해롭지 않다는 것이 행정부의 입장이라고 선언하기에 이르렀다. 그러나 그들은 독점금지국 국장의 개인적인 십자군 활동을 막기에는 무력했던 모양이다. 그들은 아무리 부하직원이더라도 자유의사에 따라 행동할 권리를 막게 되면 정치적 파장을 몰고 올지도 모른다고 여겼다.

맥라렌이 미국에서 기업들의 합병을 막기 위해 자신의 십자군을 이끄는 동안 다른 나라의 정부들은 정반대의 길을 가고 있었다. 일본은 자국 최대 철강기업 두 곳을 니폰스틸(Nippon Steel Corp.)로 통합시키는 일을 지원함으로써 니폰스틸을 세계 최대의 철강기업으로 만들었다. 프랑스는 르노와 푸조를 통합하여 하나의 대형 자동차회사를 탄생시켰고, 독일은 26개의 석탄 회사를 하나의 생존 가능한 연합체로 통합시켰다. 또 영국은 스코틀랜드 조선소 5개를 하나로 묶었다. 서유럽 전역에서는 이렇듯 합병에 적극적이었고 그곳 정부들은 중매 역할을 마다하지 않았다.

당시로서는 새삼스러운 일이 아니었다. 세계는 단일 시장으로 바뀌고 있었고, 기업들은 전 세계를 무대로 경쟁해야 했다. 이런 환경에서 살아남으려면 기업은 크고 효율적이어야 했다. 그 당시부터 미국은 국제 경쟁에서 우위를 잃기 시작하고 있었다. 미국의 무역적자는 약 120억 달러였다. 그러나 국제적인 활약을 펼치고 있던 ITT는 미국에 연간 10억 달러의 잉여금을 벌어왔으며, 이것은 확실히 국부에 큰 보탬이 되었다.

그러나 우리는 여론을 움직이지 못했다. 우리는 한 사람의 행동노선조차 바꿀 수 없었다. ABC의 경우에서처럼 이번에도 법정 승리가 예상되었지만 또 다시 5년 동안 하트퍼드의 소유권 관계를 어정쩡한 상태로 끌고 갈 경제적인 여력이 없었다. 이 싸움에 이미 3년이 소요되었다. 그래서 우리는 1971년 봄에 독점금지국과 법정 밖에서의 화해를 시도했다. 이 방법은 맥라렌이 그전에 다른 복합기업과 합의한 해결방식과 비슷했다. 즉 ITT는 10억 달러의 연간 보험료 수입과 함께 하트퍼드를 소유할 수 있지만 그 대신 같은 규모의 연매출을 올리는 다른 자회사들에 대한 권리를 포기해야 한다는 것이었다. 또 ITT는 10년 동안 법무부의 사전 승인 없이 자산이 1천만 달러가 넘는 보험사나 1억 달러 이상의 자산을 지닌 미국 내 다른 기업을 인수하지 못한다는 조건에 합의해야 했다. 이 합의조건에 따라 우리는 그리넬(Grinnell)의 일부 사업부를 포함하여 에이비스(Avis), 레빗, 캔틴(Canteen)을 매각했다.

내가 아는 한 이 해결은 우리 중 어느 쪽에도, 또는 그 외의 어느 누구에게도 승리가 아니었다. 나는 우리의 박탈된 권리가 과연 우리가 팔아버린 기업에 도움이 되었는지, 또는 시장을 변화시켰는지, 아니면 우리가 그들을 소유했을 경우보다 사회에 더 큰 유익이 되었는지 알지 못한다. 에이비스렌터카가 다른 복합기업인 노튼사이먼(Norton Simon)과 에스마크(Esmark)의 수중에 들어간 후 일반 국민이 과연 그 때문에 더 많은 득을 보았던가?

소송이 해결의 가닥을 잡았을 무렵, 주식시장은 하강하고 주가수익률도 낮았다. 설령 경기가 좋았더라도 과연 우리가 또 다시 대형 인수를 추진했을지는 의심스럽다. 합병 이후 하트퍼드는 번창하며 다섯 배 성장했다. 1982년에 매출은 10억 달러에서 50억 달러로 증가했고, 순이익은 5천만 달러에서 2억 5,400만 달러로 껑충 뛰었다. 오늘날 하트퍼드 사업은 전체 ITT 수입의 23%를 차지한다. 더욱이 하트퍼드의 소득은 ITT 전체 수익의 36%를 만들어낸다.

ITT와 하트퍼드의 합병 이후 우리는 그 회사와 도시에 약속했던 모든 사항을 하나도 빠짐없이 다 지켰다. 당시 하트퍼드의 회장이자 CEO였던 해리 윌리엄스(Harry Williams)는 합병이 성사되었을 때 자리에서 물러날 준비를 하고 있었다. 하지만 우리가 원래 자리에 계속 있어주기를 바란다, 당신이 생각하는 앞으로의 성장 계획을 알고 싶다, 그 계획을 현실화하는 데 필요한 자금을 얼마든 투입할 용의가 있다고 말했을 때 나는 그가 놀랐을 거라고 생각한다. 몇 년 뒤 은퇴했을 때 그는 자신의 후계자로 허브 쉬온(Herb Scheon)을 임명했고, 쉬온 역시 은퇴할 때 피터 토머스(Peter Thomas)를 후임자로 지명함으로써 경영의 연속성을 이어갔다. 지금도 하트퍼드와의 합의 내용에 따라 하트퍼드의 이사진 중 ITT 쪽 이사들은 매달 어느 날 아침 일찍 일어나 이사회 참석을 위해 뉴욕에서 하트퍼드로 날아간다. 이 임무를 수행하는 ITT 사람들 중에는 ITT의 회장이자 최고경영자인 랜드 애러스코그(Rand Araskog)와 나 자신도 끼어 있다.

하트퍼드 소송 사건은 경영 측면에서가 아니라 정치적으로 대혼전 양상을 띠었다. 그러나 그 이후 이 나라의 여론은 크게 바뀌었다. 이제 더 이상 회사의 크기 자체가 문제 되지 않았다. 시간이 흐르면서 미국 역시 세계 시장에서 경쟁하려면 대기업의 힘이 필요하다는 사실을 깨달았다. 1980년대 초 듀퐁, 유에스스틸, 그리고 몇 개의 석유 회사들이 관련된 70억 달러 규모에 이르는 거대한 기업 합병에 비하면 15억 달러 수준의 ITT-하트퍼드 합병은 새 발의 피였다. 그리고 그들은 현재의 법무부 독점금지국으로부터 한마디의 항의도 받지 않고 일을 진행했다. 60년대에 그랬던 것처럼 80년대 초에 주식시장이 많은 기업들을 저평가했을 때, 새롭게 인수와 합병의 바람이 불기 시작했다. 상당수의 경영자들이 이 시기를 거치면서 그들의 자산을 다변화하고 폭넓은 시장을 상대하는 데 따르는 이점에 눈뜨게 되었다는 것이 내 생각이다.

또 나는 일반 국민도 복합기업 자체는 본질상 그렇게 나쁜 게 아니라는 사실을 인정하게 되었다고 생각하고 싶다. 복합기업이란 어떤 하나의 특정한 산업을 뛰어넘어 다양한 상품과 서비스를 생산하는 중앙 경영체제를 갖춘 다각화된 기업이다. 만약 복합기업이 잘 관리되면 소비자의 필요를 충족시킬 수 있기 때문에 번창하고 성장할 테지만, 잘못 관리되면 여느 다른 기업과 마찬가지로 비틀거리다가 자신의 무게에 짓눌려 나자빠지게 될 것이다.

Chapter 10

기업가 정신

기업가들은 어디에 있는가?

최근, 미국이 침체의 늪에서 벗어나 다시 한 번 산업세계의 거인으로 우뚝 서려면 그 옛날의 기업가 정신을 회복해야 한다고 느끼는 사람들이 점점 늘고 있다. 사람들은 다양한 아이디어를 제시하며 기업가를 어떻게 발굴할 것인지, "자기 일"을 마음껏 하게 하려면 어떤 권한을 부여해야 하는지, 또 이런 대우에 걸맞은 큰돈을 벌어오게 하려면 어떻게 해야 하는지 나름 방법을 모색한다.

사람들은 묻는다. 록펠러, 카네기, 포드 같은 인물은 어디에 숨어 있는가? 오늘날의 대기업들은 왜 한 걸음 떼기가 이렇게 힘든가? 어떻게 하다가 스스로 만든 관료주의의 함정에 빠졌는가? 왜 온갖 규칙과 규제를 만들어 살아 숨 쉬는 자유정신, 즉 과거 선배들이 지녔던 대담한 모험 정신을 질식시키는가? 우리의 기업가들은 어디에 있는가?

답변하자면 "이런 인물들은 없다."

사전적 정의에 따르면 기업가는 자기 자신을 위해 사업을 하는 사람이다. 그는 조직하고 경영하고, 모험적 사업에 따르는 위험을 감수한다. 실제로도 그렇다. 기업가는 커다란 성취를 얻기 위해 전 재산을 걸고 위험천만한 모험을 감행한다. 그는 자기 회사를 걸고 일에 뛰어든다. 아직 회사를 차리지 않았어도 마찬가지다. 그는 가슴에 사업 계획을 간직한 채 자기 집과 자기 소유의 모든 것을 저당 잡힌다. 승리하면 대박을 터뜨리지만 패배하면 쪽박을 찬다. 오늘날의 기업가들은 새로운 발명품이나 새로운 서비스를 기초로 회사를 설립하거나, 산산조각 나서 아무도 거들떠보지 않는 회사를 인수한 후 각고의 노력을 쏟아 가치 있는 회사로 탈바꿈시키는 사람들이다. 그러나 이런 회사의 대부분은 (최소한 처음에는) 비교적 위험이 적은 모험들이다. 막대한 자금을 걸고 모험을 감행하는 사업은 풍부한 자원을 갖춘 대기업 외에는 불가능하다.

그러나 GE나 GM 같은 기업의 최고경영자가 대박을 위해 "자기 회사를 몽땅 거는 모습"을 상상할 수 있겠는가? 어림없는 소리다. 리더는 천문학적 액수에 달하는 남의 돈으로 상장기업을 이끈다. 그 돈은 자기 것이 아니다. 그에게는 피신탁인의 의무가 따른다. 그는 투자자들에게 매년 10%, 12%, 또는 15%의 이익을 안겨주어야 한다. 투자자들은 최고경영자가 회사의 자산을 걸고 투자금을 두 배, 혹은 네 배로 불리려는 시도에 제동을 건다. 이런 기업적 "도박"이 실패로 끝날 경우 줄줄이 잇따를 소송의 수와 규모를 상상할 수 있겠는가? 최고경영자는 이런 "계산된 모험"을 통해 얻는 것보다 잃는 것이 훨씬 많다. 비록 CEO에게 모험을 시도할 만한 용기가 있다 해도, 이사회는 자기보호 본능 때문에 이를 묵인하지 않을 것이다.

기업가적으로 행동하려는 큰 회사들이 있기는 하다. 그러나 완전한 의미에서 기업가적이라고 볼 수 없다. 그 회사들은 실험적이거나 특별한 개발 임무를 위해 팀을 조직하되 회사의 주류 밖에서 독립적으로 활동하게 한다. 설령 실패하더라도 부담을 최소화할 수 있기 때문이다. 이런 모험에 투자되는 돈도 매우 적기 때문에 비록 완전히 실패로 끝난다 해도 최고경영자의 "피신탁인의 지위"는 보호된다. 그와 프로젝트에 참여한 사람들 모두가 이 사실을 알고 있다. 프로젝트 참여자들도 엄청난 모험을 하는 것은 아니다. 그들은 정상적인 봉급을 받고 일한다. 그리고 소위 그 기업가적 모험이 성공한다 해도 회사의 항로를 바꿀 만큼 대단한 영향을 끼치지는 않을 것이다. 동기가 제아무리 훌륭하면 무엇 하는가. 관료적인 기업에서 마련해주는 이런 자유의 공간은 그저 허울뿐인 기업가주의(entrepreneurism)에 불과하다.

:: 기업에 기업가가 없는 이유 ::

사실 기업가주의는 대형 상장기업의 경영 철학에 정면 배치된다. 기업가란 혁신적이고 독립적이며 대박의 가능성을 위해 상당히 큰 위험까지 각오하고 있는 사람들이다. 반면 크고 성공한 기업은 비교적 작은 성과를 목표로 삼고, 점진적이고 상대적으로 작은 모험만 시도한다.

대기업을 운영하는 사람들은 실수를 최소화하는 일에 주의를 집중한다. 그들의 밥줄이 실수에 달려 있기 때문이다. 매년 꾸준한 소득이 기대되는 꽤 큰 규모의 기업에서 실수는 쉽게 용서되지 않는다. 위계의 사다리를 오르는 경영자는 최소한 다섯 차례 정도 뛰어난 판단으로 성과를 거두어야 출세가도를 달리는 유망한 인물로 간주된다. 이 과정에서 한 번이라도 삐끗하는 날에는 불신의 씨앗을 키우고, 이 때문에 회사와 함께 그의 직업인생도 결딴날 수 있다. 따라서 모든 도박은 기업의 차원에서는 물론 개인적 차원에서도 꺼려진다.

　기업의 경영자들은 새로운 아이디어를 다룰 때 돌다리를 두드려보는 심정으로 신중히 접근하며, 참모들과 외부고문으로 구성된 대규모 지원 시스템의 힘을 빌린다. 그들이 새로운 모험을 제안할 때는 대개 동료들의 지원이 필요하다. 그리고 고위급 차원에서 새로운 아이디어가 승인되면 모두 함께 그에 대한 책임을 공유한다. 이 과정을 혼자서 주도하려는 사람은 없다. 기업 차원에서 정교한 후퇴계획이 수립된다. 여차하면 신속하게 발을 뺄 수 있도록 준비한다. 가능한 한 위험을 줄이자는 판단이다. 기업가 정신과는 거리가 멀다. 그렇다고 대기업이 강력한 지원 시스템 덕분에 큰 실수를 안 한다는 의미는 아니다. 그들도 뒤로 자빠질 때가 있다. 그러나 그들의 "큰 실수"조차도 "큰 보상"을 기대하며 진지하게 시도된 "큰 모험"의 결과인 경우는 드물다. 그 "큰 실수들"은, 비교적 안전하고 평범한 계획이라고 판단된 사업이 예상치 못한 사건에 부딪칠 때 발생한다.

　신제품을 앞세워 매우 모험적으로 뛰어든 사업이 큰 성공을 거두어 사세를 확장시킨 기업은, 일단 투자적격 기업이 되는 순간 예전의 기업가적인 열정을 잃어버리는 경향이 있다. 참으로 아이러니하고 슬픈 일이다. 세계 최초로 물 없이 복사가 가능한 건식 복사(dry copying) 방식을 개발한 제록스가 좋은 예다. 폴라로이드는 즉석카메

라로 성공한 후에도 오랫동안 기업가적인 행보를 계속했다. 그러나 에드워드 랜드(Edward Land) 박사가 기업을 이끌던 시기만 그랬을 뿐이다. 천재적 발명가의 신비한 매력은 투자자, 은행가, 그리고 증권 분석가들의 마음속에 혁신적인 기업의 명성에 대한 신뢰감을 심어주었다. 예컨대 폴라로이드의 경우 투자자들은 랜드 박사의 대히트 작품이 조만간 선을 보일 것이라고 믿고 있었다. 그러나 랜드 박사가 폴라로이드에서 은퇴하자 그 회사를 지배했던 자유롭고 혁신적인 기풍도 상당 부분 함께 증발해버리고 말았다. 그리고 기업가 정신이 유별났던 폴라로이드의 핵심 인사 몇 사람은 회사를 떠나 더 흥미진진한 근무 환경을 찾아 나섰다. 폴라로이드는 더 안전하고 꾸준하지만 동시에 더 둔한 조직으로 변모했다. 폴라로이드는 규모와 시장이 엇비슷한 다른 기업들과 보조를 맞춰 걷기 시작했다. 그러나 이런 변화에 문제가 있는 것은 아니다. 기업은 사업이 성공할수록 보수적인 투자자들을 만족시키기 위해 몸을 사릴 수밖에 없다.

큰 회사는 모험을 하지 않는다는 법칙에도 드물지만 예외는 있다. 내 기억에 뚜렷이 각인되어 있는 것은 크라이슬러에서 리 아이어코카(Lee Iacocca)가 한 일이다. 그는, 회사를 개편하고 간접비와 인건비를 절감하며, 전체 신 모델 자동차의 생산을 감독하고 이윤을 남길 수 있을 만큼 많이 팔 수 있다는 데 정말 회사의 모든 것을 "걸고" 도박을 감행했다. 비록 대규모의 정부 지원이 뒤를 받쳐주긴 했지만 그래도 그의 입장에서는 큰 도박이었다. 그가 모험에 뛰어든 이유는 크라이슬러를 살릴 수 있는 다른 방법이 없다고 판단했기 때문이다. 아이어코카의 결정은 최고 단계의 기업가적 모험이었다. 반면 크라이슬러처럼 암담한 상황에 처했던 아메리칸모터스(American Motors)는 보다 보수적인 길을 택했다. 그들은 주식의 절반을 르노에 팔고 두 가지 모델의 자동차로 생산을 축소시켰다.

ITT호에 승선한 직후인 1959년에 나는 "회사를 걸고 도박을 해야" 하는 상황에 처했다. 부임 첫 해에 쿠바는 ITT 전화회사를 몰수한 7번째 국가가 되었다. 일반인이나 일반 주주들은 이 사태를 크라이슬러만큼 심각하게 받아들이지 않았을지 모른다. 그러나 ITT 역시 어려운 선택에 직면해 있었다. 지금 도박을 하느냐, 아니면 언제 어떻게 닥칠지 모르는 위기를 마냥 기다리느냐. 당시 ITT는 소득의 약 85%를 해외기업에 의존하는 불안한 상황이었다. 위기를 느낀 우리는 도박을 감행했다. 주주들의 우려를 알고 있었기 때문에 한 번에 큰돈을 들이밀지는 않고 처음엔 적게 걸었다가 차츰 판돈을 불려나갔다. 어떤 때는 일주일에 4번이나 5번까지 모험을 감행하여 급기야 ITT에 약 350개의 새 회사를 추가하기에 이르렀다. ITT는 전혀 다른 회사가 되었다. 인수에 뛰어든 것은 그럴 수밖에 없었기 때문이다. 우리에게는 다른 선택의 여지가 없었다.

그러나 위험한 시기였던 처음 몇 년이 지난 이후부터는 나는 우리가 "기업가적"이었다고 확신할 수 없다. 그 350개 인수기업을 250개의 이익중심점으로 통합하고 연매출이 200억 달러에 육박하게 되자, 심지어는 그 정점에 이르기 전에도 ITT는 더 이상 초기에 시도했던 기업가적인 모험을 감행할 수 없었다. 예컨대 내가 ITT의 최고위급 경영자들을 불러들여 그들에게 자신이 책임지고 있는 회사나 사업부 전체를 걸고 새로운 시장을 상대로 도박을 해보라고 요구하는 것은 불가능한 일이었다. 이 ITT 경영자들은 치밀하게 계획된 예산의 토대 위에서 체계가 잡힌 사업을 수행하고 있었으며 약 37만 5천 여 직원들의 업무를 감독했다. 만약 우리가 실리콘밸리에서 활개 치는 첨단기술 분야의 기업가들처럼 행동했다면 전 세계에 퍼져 있는 ITT 산하의 기업에 대혼란을 초래했을 것이다. 신제품, 새 기업, 또는 새로운 분야에 우리의 연소득 전부 - 약 5억 달러나 나중에 9억 달러 - 를 걸고 모험을 하는 대신, 우리는 특정 경영자에게 100만 달러나 200만 달러를 내주고 뭔가 새롭고 "기업가적인" 일을 시도해보게 했다. 이 정도면 그렇게 큰 판돈이 아니다. 이 기업가적인 프로젝트가 실패하더라도 우리는 계속 다른 프로젝트를 시도할 수 있었고, 또 예상되는 배당금을 지급할 수 있다.

최근에 주요 기업들 상당수가 거대한 달팽이처럼 느릿느릿 움직이고 미국의 산업이 세계시장에서 적잖이 경쟁 우위를 잃게 되면서 경영자들은 한때 미국의 산업을 세계의 우상으로 만들었던 기업가 정신을 회복할 방법을 찾아 나서기 시작했다. 예컨대 우리의 대기업이 그 독특한 구조 때문에 온전히 기업가적이 될 수 없다 해도 아마 "기업가 정신"을 가르칠 수는 있을 것이라고 말이다. 그들이 찾았던 것은 기업가의 전매특허라 할 수 있는 열정과 헌신이었다. 자기 사업을 성공시키기 위해 모든 것을 거는 사람은 자부심, 실패에 대한 두려움, 성공에 대한 열망, 푸짐하고 정당한 보상에 대한 기대를 동력 삼아 움직인다. 그가, 남을 위해 일하고 정해진 봉급을 받는 기업의 간부들보다 더 열심히 일하고 더 좋은 계획을 세우고 더 깊이 생각하는 것은 당연하다.

그래서 물어야 할 질문은 다음과 같다. 기존의 기업 구조에서 창의적이고 자발적으로 계획을 실행하는 직원에게 어떻게 기업가의 대우를 해줄 수 있을까? 기업의 직원에게 어떻게 기업가적인 열정을 자극할 수 있을까? 사실 이것은 어제오늘의 문제가 아니다. 고전적인 사례가 스타 세일즈맨의 경우다. 나는 많은 기업의 사장들로부터 이런 얘기를 들었다. 즉 스타 세일즈맨이 탁월한 매출 실적을 올리고 덕분에 회사 전체에 이익이 되는 한 그들이 받아가는 액수에 상한선을 두지 않겠다고 말이다. 또 그들은 한두 명의 스타 세일즈맨이 사장 자신보다 더 많은 돈을 가져가도 기꺼이 용납하겠다고 했다. 그러나 세일즈맨이 실제로 그들보다 더 많은 돈을 벌었을 때 자신이 말한 대로 실천한 최고경영자는 두 사람밖에 만나보지 못했다. 나머지는 규정을 바꿔버렸다.

그들 중에 누가 옳았을까? 솔직히 나도 모르겠다. 아무리 능력이 출중하더라도 영업사원이 사장보다 더 많은 돈을 가져가야 할까? CEO는 제품의 디자인부터 생산과 마케팅까지 세일즈맨이 판매하는 제품을 만드는 데 수반되는 모든 과정에 자원을 분배하고 관리하는 일을 책임진다. 그 제품을 시장에 내보내기까지 뒤에서 수고한 모든 사람들은 제쳐두고 그에게만 더 많은 보수를 지급하는 것이 합당한 일일까? 스타 세일즈맨은 분명 그가 기록한 매출 건수를 통해 증명할 수 있는 시장가치를 지니고 있다. 디자이너, 생산부장, 그리고 마케팅 담당자는 자신이 기여한 바를 콕 집어내어 측정하기가 어렵다. 그러나 그들은 자기들과는 비교도 안 될 정도로 많은 보수를 챙겨가는 세일즈맨을 아주 못마땅해할 것이다. 그럼에도 내가 보기에 스타 세일즈맨은 그의 시장가치에 해당하는 값을 받아야 할 것 같다. 안 그러면 아마 더 많이 받을 수 있는 곳으로 자리를 옮길 것이기 때문이다. 그의 영업 능력에 대해 그 정도의 시장가치는 기꺼이 지불하고자 하는 다른 기업이 있을 것이다. 그러나 그 이상은 안 된다. 제품이 나오기까지 그에 공헌한 모든 사람들의 행복과 충성에 금이 가게 할 작정이 아니라면 말이다.

수년 전 레이시언은 그들의 유능한 연구 기술자 한 사람을 레이시언 산하의 한 회사 사장이자 공동소유자로 임명하고 그가 개발한 제품을 관리하게 했다. 기술자들로 이루어진 이 작고 독립적인 회사가 혁신과 신제품 개발의 산실이 되게 하자는 것이 그 취지였다. 그런데 이 독립적인 개발회사와 자매 사업부 사이에 신개발 제품의 가격을 둘러싸고 격렬한 논쟁이 벌어졌다. 사람들은 이제 막 레이시언에 부사장으로 합류한 나에게 심판을 요청했다. 이 사업부는 그 제품을 사고 싶었지만 개발 회사의 사장이 요구하는 가격이 지나치다고 생각했다. 사장은 가격인하를 거부하며 만약 레이시언이 그 정도를 지불하지 못하면 자본이 두둑한 경쟁사에 팔아넘기겠다며 으름장을 놓았다. 그는 진정한 기업가처럼 행동하고 있었다. 배은망덕도 유분수라는 악의적인 공격과 반격으로 회의실은 치열한 설전장이 되었고, 양측은 합의점을 찾지 못했다. 레이시언은 이 기업가를 자기 품에 안을 수 없었다. 그래서 그에게 돈을 주고 회사 일에서 손 떼게 했고 그는 회사를 떠났다. 기업의 위계 내에 발명가나 기업가는 설 자리가 없다.

좀 더 최근 일이다. ITT에서 은퇴한 후 나는 주식회사 미국의 기업가 정신을 시험할 기회가 있었다. 마침 재능 있는 소그룹의 인재들이 특별한 종류의 금융서비스를 개발했다. 나는 이들을 받아줄 기업을 찾고 있었다. 이들의 사업은 사실상 위험이 없었고 초기 단계를 넘어 그 가능성을 입증했다. 이 금융서비스 회사는 몇 개의 책상, 사무실 하나, 그리고 전화 몇 대만으로 이미 상당한 이익을 벌어들이고 있었다. 규모를 확장하고 수익을 두 배로 불리기 위해 이 그룹은 더 큰 기업의 품에 들어가고자 했다. 단기 융자에 대한 신뢰도를 높일 수 있기 때문이다. 곧 거래가 시작되었고, 조건이 제시되었다. 즉 큰 기업이 선불로 자금을 조달하는 대가로 이 소그룹은 돈을 3년 후에 갚고, 그 기업에 회사에 대한 50% 소유권을 제공하며, 5년 후에 그들의 50% 지분을 수백만 달러에 이르는 큰돈을 받고 그 기업에 판다는 내용이었다. 그러면 자금을 투자한 이 기업은 이 사업에 대한 절반의 권리를 갖고 7배의 자본이득을 챙기게 된다.

각기 다른 6개 기업이 이 거래조건을 따져본 후, 모두 예측된 결과가 정확하고 해볼 만한 투자이며 훗날의 인수도 유리하다는 데 수긍했다. 그러나 이 소그룹의 인력들은 5년 일하고 나면 수백만 달러를 챙긴다. 큰 회사의 사장들은 이들을 받아들이기에는 부담이 너무 크다고 여겼다. 이 사람들이 가져갈 엄청난 보수를 사장은 말할 것도 없고 다른 부사장이나 간부들에게 어떻게 설명해야 한단 말인가? 사장 자신도 고작 그들이 받는 액수의 3%나 5%밖에 못 받는다. 사장들은 망설였다. 분명 솔깃한 제안이긴 했지만 굴러들어온 보석 한 개 때문에 전체 조직의 물을 흐리게 만들 수는 없었던 것이다.

기업의 임금체계는 임직원들이 만족하고 행복하고 더 많이 벌기 위해 노력하도록 동기를 유발하면서 동시에 기업 자체에도 이익이 되도록 정교하게 고안된 장치이다. 기업의 모든 직책은, 비슷한 직급의 임직원들이 받는 임금의 평균에 따라 등급이 나누어진다. 그래서 보일러 기사는 우편물 담당 직원과, 사업부 책임자는 고위 참모진과 동급이 되며, 각 근로자는 연공서열에 따라 자신이 속한 등급 내에서 한 단계 정도 상승한다.

그러나 기업이 수익을 창출하는 데 있어 본질적인 요소는 낮은 수준에서 더 젊은 직원들을 받아들이고 그들을 승진시키며 아주 서서히 임금을 올리는 것이다. 그 결과 직원은 자기 직업 인생의 어느 단계에서 그 기업의 포로가 된다. 만약 실력 있는 직원이라면 그는 회사가 그에게 지불하는 것 이상의 가치가 있을지 모른다. 또 그가 독립하여 성공한다면 회사에서 받았던 급여의 두 배, 또는 20배를 벌수도 있다. 그러나 그때가 되면 그가 직업을 바꾸기에는 너무 늦어버릴지 모른다.

초기에 나는 젊은 간부들에게 거의 매주 승진과 새로운 직함의 당근을 제시하면서도 임금을 올려주지 않는 어느 회사를 본 적이 있다. 이 사람들이 회사의 의도를 눈치 채고 떠나자 회사는 새 사람들을 고용했다. 그들의 정책은 그리 정교하지 못했다. 요즘 어떤 기업들은 비교적 높은 초봉을 제시하며 대학 캠퍼스에서 젊은 직원들을 끌어와서는 그들이 다른 곳에 적응하기 힘들 정도로 오래 회사에 근무할 때까지 봉급을 올려준다. 그러다가 어느 순간 임금인상의 속도가 둔화되거나 멈춰버리고 직원들의 몸값은 다소간 그들의 진정한 시장가치 이하로 고정된다. 결국 이런 회사들은 싼값에 내실 있는 인력을 부리는 셈이다.

그러나 대부분의 기업들은 임직원의 진정한 시장가치에 맞춰 합리적인 수준의 승진, 임금인상, 그리고 보너스를 제공한다. 그들은 유능한 직원들을 경쟁사에 빼앗길 것을 우려한다. 그래도 그들의 이익은 이 유능한 사람들을 비교적 싼값에 잡아두는 데서 나온다. 그들이 간부급 직원들에게 현금 대신 주는 것은 안정이다. 하나를 얻고 하나를 잃는 식의 교환 거래다. 어떤 사람들은 개인적으로 비록 보상은 더 크더라도 혼자서 움직이는 위험을 무릅쓰기보다는 온정적인 대기업의 안정과 지원을 선호한다. 또 기업에서 일하면 유명하고 존경받는 회사에서 일하는 데 따르는 자부심도 느끼고 인정도 받을 수 있다. 기업은 간부들에게 호화스럽고 편안한 집무실, 비서와 참모진, 의료혜택, 연금 및 저축 계획, 리무진, 그리고 보너스 등의 혜택을 제공한다. 야유회와 만찬회는 물론 은퇴할 때는 황금 시계도 받는다. 이 외에도 회사는 자기 사람들에게 보스가 그들의 실적에 대해 그렇게 까다롭게 따지지는 않을 거라며 암묵적으로 안심시킨다. 어쨌든 그곳의 모든 사람들은 다른 누군가, 즉 주주들을 위해 일하는 것이다. 그들이 저 밖에서 오직 자기 자신만을 위해 뛰어다니는 사람만큼 열심히 일하기를 기대할 수는 없다. 이 사람은 세상에서 가장 깐깐하고 가혹한 보스, 즉 자기 자신을 위해 일하는 것이다.

특히 첨단기술 분야, 그중에서도 젊은 컴퓨터 기업을 비롯한 일부 회사들은 진정한 기업가를 찾는 과정에서 그들의 가장 재능 있는 인재들에게 자유를 주려고 했다. 이런 부류는 기업의 구속을 달가워하지 않는다는 사실을 알게 된 회사들은 별도의 업무집단을 꾸린 후 (그들의 한쪽 발에 작고 가는 끈만을 매달아 놓고는) 그들에게 마음껏 훨훨 날아다닐 수 있는 자유를 부여했다. 그래서 그들은 준기업가처럼 행세하게 되는데 그래도 모기업을 위해 일한다는 사실에는 변함이 없다. 그리고 그들이 애써서 수확한 결실의 상당 부분은 모기업이 챙겨갈 것이다. 그런데 이것이 전적으로 불공정한 것은 아니다. 그들이 무턱대고 훨훨 날지 못하게 하는 그 작은 끈은 생명선 역할을 하기도 한다. 모기업은 뒤에서 자금 공급, 마케팅 등으로 그들을 지원하고 그들이 이룩한 성과의 열매를 취한다. 기업의 관료체제로부터 일시적으로 아주 조금 독립했다고 해서 그들이 진정한 기업가가 되는 것은 아니다. 당신이 새장에 갇혀 있든, 아니면 한쪽 발에 끈이 매달린 채로 비교적 자유롭게 날고 있든 그렇게 큰 차이는 없다.

:: 모험보다 더 중요한 요소 ::

대기업의 구조가 진정한 기업가들을 수용할 수 없다고 해서 주식회사 미국에 진정으로 창의적이고 혁신적이고 부지런한 인재들이 없는 것은 아니다. GE, AT&T의 벨연구소(Bell Laboratories), IBM, ITT, 그리고 수백의 다른 대기업들은 오랫동안 새로운 상품과 서비스를 생산해왔다. 그러나 이 모든 것은 기업의 연간 예산 중 극히 일부의 지원을 받는 연구개발이 있었기에 가능했다. 전 세계의 전화통신에 혁명의 바람을 일으키고 ITT에 수천만 달러의 가치를 안겨준 디지털 교환 시스템은 수년 전 잉글랜드에 있는 ITT 연구소에서 알렉스 리브스(Alex Reeves) 박사가 발명한 펄스부호에 기초하고 있었다. 통신 부문에서 성취된 그 찬란한 혁신의 공로로 리브즈 박사는 내 기억이 정확하다면 5만 달러의 보너스를 받았다. 사실 그것은 보수라기보다는 사례금에 가까웠다. 만약 이것이 불공정한 듯 보인다면, 리브스 박사는 그 연구를 수행하는 과정에서 각종 혜택을 받았다는 사실을 기억해야 한다. 그가 연구에 몰두하는 동안 ITT는 안락함, 지원, 그리고 안정을 제공했다.

내가 ITT를 떠난 후, 회사는 해럴드제닌창조경영상(Harold S. Geneen Award for Management Creativity)을 제정했으며, ITT의 현재 직원 30여 만 명 중에서 매년 5, 6명이 만찬회와 함께 그들의 기업가적 활동에 대해 인정을 받고 각각 5천~1만 달러의 현금 보너스를 받는다. 그러나 리브스 박사와 다른 수백의 인재들처럼 그들은 창의적이었지만 꼭 기업가적이지는 않았다.

이 사람들은 왜 모든 일을 혼자 진행하여 그 열매를 독차지하기보다 비인격적인 큰 기업을 위해 돈을 벌어주기로 한 걸까? 이미 말했듯이 그들 중 상당수는 홀로 날갯짓을 할 정도로 충분히 성숙해질 무렵이면 기업에서 제공하는 안락과 안정의 포로가 되어버린다. 게다가 그들은 바깥 세계가 그들에게 어떤 기회를 제공해주는지 잘 알지도 못한다. 나는 이것이 개성의 문제라고 생각한다. 내가 아는 대부분의 조직 구성원들은 직장생활이 제공하는 도전적 일거리와 보수에 만족하며, 기업가가 직면하는 사느냐 죽느냐의 급류 속에서 혼자 헤엄치고 싶어 하지 않는다. 그들은 사무실에서 아주 열심히 일하며 주말에는 일거리를 집으로 들고 가고, 윗선의 누군가가 그들의 모든 결정을 승인하고 공유하는 지원 시스템에 감사한다. 간단히 말해, 그들은 독자적으로 움직이는 외톨박이가 맞닥뜨리는 큰 위험과 그에 따르는 엄청난 보상에 그다지 관심이 없다.

반면 직장에서 내가 목격한 기업가적 경영자들은 완전히 다른 개성을 갖고 있다. 그들 자신은 조직 내 위계의 사다리를 한 걸음씩 더디게 오르는 일에 답답함을 느끼고, 매년 5%나 10%의 임금인상이나 그들에게 맡겨진 제한된 업무에 만족하지 못한다. 나는 이런 인물들에게 ITT의 고전하고 있는 사업부를 맡긴 후 그들이 건강하고 수익성 있는 사업체로 바꿔 놓으면 임금과 보너스를 최대 20% 올려주었다.

물론 우리 모두 잘 알다시피 그들의 수고와 성취한 결과에 비하면 충분한 보상은 아니다. 그렇다고 그들이 벌어들인 소득 증가분의

30%나 50%를 뚝 떼어줄 수는 없는 노릇이다. 나는 대부분의 미국 기업도 우리와 똑같이 보상하리라고 확신한다. 직장에는 마치 무엇에 홀린 듯 열과 성을 다해 일하는 기업가 지망생들이 있다. 그들은 어떤 끈에도 매이지 않은 채 자유롭게 날고 싶어 한다. 하지만 ITT를 포함하는 어떤 대기업도 이를 용납하지 않는다. 그래서 항상 그래왔듯이 진정한 기업가들은 조직을 떠나 창업을 하거나 자신만의 기업을 인수하고 그에 따르는 모든 책임과 위험과 보상을 혼자 감당한다.

오늘날 비즈니스 환경에서 일어나는 더 중요한 일들 중 하나는, 진정한 기업가 정신과 열정을 대기업의 구조 자체를 파괴시키지 않고 그 구조에 조화시키는 데 따르는 딜레마에 대한 이해가 높아져가고 있는 현상이다. 사기와 동기부여의 문제에 대한 관심이 증가하고 있으며, 경영을 효율화하기 위한 새로운 노력과 신제품을 연구하려는 기업들도 눈에 띈다. 이 모든 노력에 기업가적이라는 딱지가 붙는다. 그러나 이것은 그 말을 다른 의미로 사용하는 것이다. 그곳에 위험과 보상은 아예 존재하지 않거나, 일시적이고 흐릿한 형태로만 존재한다. 어떤 기업이 다른 기업보다 "더 기업가적"이라고 말할 수는 있겠지만 그때도 그 차이는 아주 사소하다.

대형 상장기업은 예산의 1%나 2%, 또는 3%를 별도의 "기업가적인" 부서에 할당하기도 하는데 대부분의 예산, 즉 97~99%는 전처럼 가령 연평균 10%의 비교적 수수한 성장률을 거둘 수 있는 사업에 투자될 것이다. 그러나 대기업은 워낙 덩치가 크기 때문에 단 10%의 성장이라고 하더라도 시장에서 경쟁하는 작은 규모의 기업가적 활동들의 일부 또는 전부에 수반되는 것보다 훨씬 많은 돈과 자원과 제품 생산을 수반한다는 사실을 잊지 말아야 한다. 사기, 리더십, 효율성, 혁신, 그리고 창의력 등에서 나타나는 우리 대기업들 사이의 모든 작은 차이들은 미국 산업의 성장과 건강에 중요하다. 아마 "기업가 정신"이 그 길을 가르쳐 줄 수 있을지 모른다. 그러나 엄연한 사실은, 장기적으로 볼 때 기업에 진정한 기업가는 있지도 않고 있을 수도 없다는 것이다. 기업가들은 경험을 쌓기에 충분할 정도의 시간 동안만 큰 회사에 머물다가 때가 되면 현금을 쓸어 모으기 위해 떠난다.

:: 그렇다면 기업가들은 도대체 어떤 사업을 해야 할까? ::

내가 보기에 미국의 비즈니스에서 미래의 물결은 기업가들이 일으켜야 할 것 같다. 놀랍게도 지난 몇 년간 우리 사회는 새롭고 광범위하게 기업가의 역할을 인정하는 분위기였다. 실업계, 금융계, 그리고 투자자들은 모든 일을 혼자서 하려는 사람들이 진정 그들의 노력으로 새로운 부와 시장가치를 창조할 수 있다는 사실을 인정하게 되었다. 그들은 투자할 만한 가치가 있는 대상이다. 그리고 그들이 가장 자주 투자하는 대상은 더 우수한 쥐덫이나 신형 컴퓨터가 아니라, 기업가 자신이 그의 사업에 쏟아 붓는 새롭고 뜨거운 에너지, 헌신, 그리고 열정이다. 기업가에게는 달리 다른 방법이 없다. 그는 자신의 회사를 걸었다. 성공하느냐, 아니면 실패하여 모든 것을 잃느냐의 기로에 서 있다.

가장 성공하고 가장 흔한 유형의 신 기업가들이 반드시 뭔가 새로운 것을 발명하거나 계획하는 사람들은 아니다. 그들은 빌린 돈으로 수익을 내지 못해 폐기되다시피 한 대기업의 사업부를 사들인 후, 이를 회생시켜 수익을 창출하게 하는 사람들이다. 그들은 대개 처음에 그 실패한 사업부를 운영하다가 그것을 직접 혼자서 해보기로 결심한 사람들인 경우가 많다. ITT는 전자사업을 위해 클리블랜드에 소형 단말장치 제조회사를 두고 있었다. 여기서는 수익을 거둘 수 없었다. 그래서 우리는 이 회사에서 일하던 두 직원에게 그것을 팔기로 했다. 그때 그들은 우리에게 한 가지를 부탁했다. 즉 그들에게 팔기 전에 공장을 폐쇄하고 모든 직원을 해고하라는 것이었다. 우리는 곧 공장 문을 닫았다. 그러자 그들은 체제를 정비한 후 해고된 직원 절반을 재고용했고 바로 다음 날부터 돈을 벌어들이기 시작했다. 만약 ITT가 그렇게 했더라면 곳곳에서 일어나는 파업의 거센 파도를 막을 수 없었을 것이다. 그러나 새 주인들은 절반의 인건비로 동일한 양을 생산해낼 수 있었다.

내가 아는 두 사람은 남을 위해 일하는 대신 컴퓨터 회사를 매입한 후 미니애폴리스에서 직접 경영을 시작했다. 작은 투자 그룹의 지원을 받아 그들은 300만 달러를 투입했고 은행에서 훨씬 더 많은 돈을 빌려 특수 컴퓨터를 생산했다. 다행히도 이 컴퓨터는 시장이 준비되어 있었다. 그들은 예전 회사에서 핵심 인재 몇 명을 스카우트해 합류시켰다. 모두가 죽을 각오로 일했고 보수는 봉급이 아닌 스톡옵션으로 받았다. 3년 뒤 이 회사는 약 3억 달러의 가치를 지닌 회사로 급성장했다.

특히 미래가 불안한 컴퓨터 산업 분야에서 새로 출발할 때는 보다 많은 위험이 뒤따른다. 그러나 당연한 말이지만 위험이 큰 만큼 그에 따른 보상도 크다. 오스본컴퓨터회사(Osborne Computer Corporation)는 휴대용 컴퓨터 연매출액이 9천만 달러에 이를 만큼 2년여 동안 눈부시게 성장했다. 그런데 다음 순간 이 회사는 파산했다. 기업가적인 모험은 기술 혁신에만 국한되지 않는다. 나는 최근에 식당 체인, 소매 보석상, 기계재정비 공장, 금융서비스, 여성의류, 의료기술 분야의 회사를 시작하거나 인수한 사람들을 알고 있다. 그들 모두는 그 어느 때보다 열심히 일했고 자신과 투자자들에게 엄청난 돈을 벌어 주었다.

가장 유망한 기업가적 사업은 경험이 많은 사람들이 그들이 잘 아는 기존의 사업을 인수한 후 이를 기업가로서 운영하는 경우다. 위험이 완전히 없어지지는 않지만 최소한도로 줄어든다. 눈이 휘둥그레 질 만큼 보상이 따르지는 않지만 성공 가능성은 높다. 오늘날 비즈니스 세계에서는 이런 유형의 사업들이 점점 일반화되고 수용되고 있다. 그들은 소위 차입매수(leveraged buy-out)와 함께 시작된다. 간단하게 설명하면 차입매수는 다음과 같이 진행된다.

소득이 줄어들고 주식은 주가수익률이 낮은 상태에서 거래되며 금리와 할부상환금액이 높거나, 아니면 이런 상황들이 결합된 경기침체기가 찾아오면 대규모 회사들은 경영을 합리화하고 허리띠를 졸라매며 사업부들을 매각하기로 결정한다. 이렇게 하는 데는 여러 이유가 있을 수 있다. 사업부가 적자 운영을 하고 있거나, 그들이 유발하는 두통거리를 정당화할 수 있을 정도로 충분한 소득을 발생시키지 못하거나, 아니면 단순히 새로운 기업 전략과 조화되지 않기 때문일 수 있다. 그래서 사업부나 회사가 대개 장부 가격이나 그 수준의 헐값에 매물로 나온다. 매물로 나온 회사가 세전소득이 1년에 1천만 달러이고 세후소득은 5백만 달러라고 가정해보자. 이 정도면 그렇게 부실한 것은 아니지만, 대기업에게는 이런저런 이유로 그다지 양호한 수준은 아니다. 기업은 이 회사에 대략 장부가격에 해당하는 4천만 달러의 가격표를 붙인다.

이 사업부에는 핵심 간부 한두 사람, 또는 다섯 사람이 있다. 이들은 사업부를 인수하여 손수 운영하고 싶어 한다. 그들은 실적을 개선할 수 있는 방법을 알지만 무일푼이다.

그래서 그들은 자기들의 대차대조표, 손익계산서, 계획과 전략, 그리고 희망과 열망을 들고 어느 투기자본그룹(venture capital group)을 찾아간다. 이 그룹은 조목조목 따져본 후 타당성이 있다고 판단하면 이 경영자들이 회사의 소유주, 또는 공동 소유주가 될 수 있는 거래를 성립시키는 일에 나서고, 가령 200만 달러의 종잣돈을 걸 것이다. 이 사업에 진력을 쏟도록 만들기 위해 경영자들에게 "얼마간의" 돈을 걸도록 요구할 수도 있다. 경영자들은 이 프로젝트를 위해 그들의 집을 담보로 대출을 받아야 할지 모른다. 그 "얼마간의" 돈은 그들의 전 재산이 될 수도 있다. 또 그들은 투기자본그룹에 새 회사의 일정 지분을 주기로 합의한다.

다음으로 투기자본그룹은 성공할 경우 푸짐한 수익을 안겨줄 새로운 사업을 상대로 모험을 해볼 만한 투자자나 투자자 집단, 보험회사, 또는 특정 기관을 찾는다. 이들은 8백만 달러 상당의 새 회사의 회사채나 우선주를 매입하고, 그에 대한 대가로 가령 새 회사 보통주의 40%를 받게 될 것이다.

이제 1천만 달러를 손에 쥔 투기자본그룹은 이 상황에 대한 모든 사실과 수치를 들고 은행을 찾아가서 계산된 모험에 뛰어들어보라고 설득한다. 예상되는 지출, 소득, 연간 수익 등을 기록한 새 회사의 상세한 사업계획은 책 한 권 분량일 수 있다. 내가 보기에는 이런 계산된 모험을 감행하려는 주요 은행들의 의지가 점점 강해지고 있는 것 같다. 이것은 미국의 비즈니스 현장에 부는 새로운 유행의 바람인 듯싶다. 시장에서 경쟁하기 위해 은행들은 더 적극적으로 더 많은 수익을 위해 더 큰 위험도 불사하겠다는 의지를 보인다. 은행은 대출 제안서를 꼼꼼하게 검토하고, 사실과 수치뿐 아니라 새 사업과 관련된 사람들도 철저히 분석할 것이다. 그 결과 해볼 만한 가치가 있는 모험이라고 판단되면, 은행은 일정 기간 동안 (가령 5년 동안) 대개 우대금리보다 1.5%나 2% 높은 변동금리로 3천만 달러의 대출을 승인할 것이다. 이 정도면 은행으로서는 상당히 남는 장사다. 그리고 은행의 3천만 달러 융자금은 회사의 장부가치인 4천만 달러에 의해 그 안전성이 보증된다. 만약 새 회사가 채무를 이행하지 않으면 은행은 회사채, 우선주, 보통주로 되어 있는 1천만 달러가 청산되기 전에 회사의 모든 자산에 대한 우선 취득권을 갖는다.

거래가 완료되고 회사가 매입되어도 그것은 사실상 똑같은 최고경영진이 리드하고 똑같은 상품을 생산하는 똑같은 회사다. 그러나 상황은 완전히 다르다. 전에는 사업부 책임자가 대기업을 위해 일했다. 그러나 지금 그는 회사 사장이 되어 자기 자신을 위해 일하고 아마 10% 정도의 회사 지분을 지니며 그의 핵심 경영자들도 10%의 소유지분을 공유할 것이다. 이제 그는 평생의 꿈을 향해 달려간다. 만약 성공할 경우 그 10%는 4백만 달러, 혹은 그 이상의 가치를 갖게 될 것이다. 이제 이 일에 그의 생존이 걸려 있다. 만약 실패하면 그의 이름, 명성, 자부심, 미래에 대한 희망 등 모든 것이 회사와 함께 나락으로 떨어질 것이다. 그는 자신의 돈을 한 푼도 집어넣지 않았을지 모르지만 (그렇게 하는 사람들도 있다) 그는 이 프로젝트에 자신의 땀을 투자했다. 그는 이 사업을 놀라운 성공작으로 만들기 위해 그 어느 때보다 열과 성을 다할 것이다.

새 회사는 인건비, 간접비, 사치, 운영상의 비효율성을 줄이는 동시에 매출과 생산을 증가시키려 할 것이다. 배당금과 보너스도 지급하지 않고 거의 모든 소득을 다시 회사에 투입하고 은행 대출금을 갚는 데 사용할 것이다. 예전 기업은 1천만 달러 소득에 대해 5백만 달러의 세금을 지불했지만, 새 회사는 은행 이자로 4백만 달러를 지불하고 3백만 달러만 세금으로 납부하며 (만약 그 돈이 다른 곳에 할당될 수 없을 경우) 나머지 3백만 달러는 대출 원금을 청산하는 데 쓸 것이다. 그러나 십중팔구 새 회사는 소득을 최소한 14% 증가시켜 첫 해에 1,150만 달러의 소득을 올리며, 다음 해에는 1,280만 달러, 그리고 그 다음 해에는 아마 1,420만 달러를 달성해야 한다. 대출금은 해가 갈수록 감소되고 지불해야 할 연이자 규모도 줄어들어 결국에는 주택담보대출금이 해가 갈수록 줄어드는 것과 아주 흡사하게 전체를 다 갚거나 채무 재조정을 할 수 있게 된다. 새 회사는 같은 양의 소득에 대해 세금 감면 혜택을 받을 것이다.

그러나 이 5년의 시기 동안 경영진이 아무리 경험이 많고 혼신의 노력을 기울인다 해도, 또 아무리 신중하게 생각하고 계획한다 해도, 새 기업가들은 상당한 위험을 안고 운영을 하게 될 것이다. 경제는 언제든지 급격히 나빠질 수 있으며 그들의 제품이 고물이 되거나 경쟁사의 제품에 따라잡힐 수 있고, 예상치 못한 파업 등의 문제가 생산의 발목을 잡을지도 모른다. 그들은 큰 기업과 달리 여유가 없다. 그들은 매년 은행에 4백만 달러의 이자를 지불해야 한다. 만약 소득이 4백만 달러 밑으로 떨어지면 문제가 커진다. 그때는 은행으로 달려가서 시간을 더 달라고 사정해야 한다. 내가 경험한 바로는 대부분의 은행들은 자기 힘으로 어쩔 수 없는 불운 때문에 빚을 제때에 못 갚는 정직한 채무자들에 대해서는 기꺼이 수습책을 마련해준다. 은행은 무력하고 절망적인 상황이나 완전한 사기일 경우에만 저당물의 소유권을 빼앗는다.

수시로 변하는 상황과 새 회사의 운영 실태에 따라 기업가들은 그들에게 더 유리하게 장기융자로 채무 재조정이 가능한 시점까지 은행융자금을 4년이나 5년, 또는 8년에 걸쳐 분할 상환할 수 있을 것이다. 그때가 되면 세전소득은 최대 2천만 달러, 세후소득은 1천만 달러, 그리고 회사의 가치는 7천만 달러에 이를지 모른다. 이렇게 되면 소유주가 된 회사 경영자들, 거래를 추진시킨 투기자본그룹, 자기 재산을 걸었던 초기 투자가, 그리고 창업 당시 금융 파트너로서 본연의 역할을 다한 은행 등 모두가 득을 보는 상황이 된다. 서로 힘을 합쳐 창의적인 노력을 통해 무에서 7천만 달러 가치의 새로운 부를 창출한 그들은 당연히 그럴 자격이 있는 것이다. 예전의 대기업은 원래 회사 가치로 4천만 달러를 받고 아마 그 돈을 다른 용도로 사용했을 수 있다. 은행은 대출금을 회수했고, 투자자들은 투자금 외에 두둑한 보수를 챙겼다. 새 회사는 가령 800명 정도의 직원을 고용하고 공급업자들을 위해 일하는 또 다른 800명(이들은 또 3,200여 명의 부양가족을 먹여 살린다)에게 간접적으로 일거리를 제공함으로써 공동체 경제에 의미 있는 공헌을 했다. 이렇게 새 회사는 우리 경제에서 4,800여 명의 남녀와 어린이들의 젖줄 역할을 하고 있다.

우리의 경제 시스템은 바로 이런 식으로 작동하게 되어 있다. 그것이 우리 전통의 일부다. 주주들은 전문경영인이 1년에 50만 달러를 가져가는 것을 고깝게 여길 수 있고 또 실제로 그렇기도 하지만, 새롭게 창업하여 사업을 키운 다음 5백만 달러나 5천만 달러를 챙겨가는 사람에 대해서는 어느 누구도 눈을 흘기지 않는다. 그는 모두를 위해 뭔가 새로운 것을 창조했고 그의 몫으로 떨어지는 어떤 것이든 취할 자격이 있는 것이다. 국제경쟁의 어려운 환경과 많은 대기업들이 침체의 늪에서 허덕이는 상황에서 신흥 기업가들은 산업 효율성의 진정한 첨병으로 부상했다. 성공에 대한 열정으로 똘똘 뭉친 기업가들은 대체로 자신의 뜻에 따라 자산의 쓰임새를 개선했고 생산성을 급격히 향상시켰다. 그리고 그 열매는 모든 사람에게 돌아간다.

:: 그러나 회사가 커지면 기업가는 사라진다 ::

진정한 기업가의 시대가 도래한 듯하다. 하지만 아직도 그들은 우리 경제의 구석진 곳 한 귀퉁이를 차지하고 있을 뿐이다. 그러나 앞에서 예시한 그 7천만 달러 기업은 5년이 지난 후에는 1억 4천만 달러로 그 가치가 올라가며, 다시 10년이 지나면 2억 달러나 3억 달러 가치의 기업으로 훌쩍 커버리게 될지 모른다.

때가 되면 아마 그 회사는 복수 사업부를 운영하는 대기업으로 성장하여 포춘 500대 기업의 명단에 당당히 이름을 올릴지 모른다. 500대 기업의 목록은 계속 바뀌고 있다. 우리가 사례로 소개한 회사의 설립자가 여전히 회사를 운영하는 동안 그는 또 다시 "자기 회사를 걸고" 기업가 역할을 수행할 기회를 부여받을지 모른다. 그러나 그와 그의 기업가적인 동료들이 떠나버리고 회사가 뉴욕증권거래소에 상장되고 그 이름이 〈포춘〉이나 〈포브스〉지에 오르내리게 될 때, 그곳의 고집 센 이단아들과 기업가들은 그들의 발에 끈을 매달지 않고는 제멋대로 날아다니도록 허락받지 못할 것이고 또 그렇게 할 수도 없을 것이다. 이렇게 해서 처음부터 다시 순환이 시작될 것이다.

Chapter 11

이사회

이사회를 어찌해야 할까?

미국의 상위 500대 산업 기업의 조직구조는 전통적으로 거대한 피라미드 형태를 취한다. 맨 밑에는 노동자들이 폭넓게 기반을 형성하고 그 위로 관리자층이 포진하며 차츰 폭이 좁혀지다가 정점에 이른다. 그리고 그 정점에는 최고경영자가 궁극적인 권력의 고독한 옥좌를 지키고 있다. 하지만 이것은 그림의 절반에 불과하다. 더 자세히 보면 최고경영자 윗자리에는 대개 직원들의 수를 훨씬 능가하는 기업의 소유주, 즉 주주들로 구성된 무정형의 큰 집단이 있다. 그리고 더 자세히 들여다보면 이 소유주들은 최정상에 자리한 이사회라 불리는 낡고 삐걱대는 기묘한 장치에 의해 기업의 피라미드와 연결되어 있다.

당당하고 위엄이 넘치는 이사회의 구성원들은 큰 명예와 경의의 대상이 된다. 그들은 공동체의 기둥과 같은 존재들로 대개 그간의 경력을 통해 그 인격과 업적이 입증된 경영자, 변호사, 은행가들이다. 또 그들은 모든 사교행사에서 온갖 산해진미로 극진한 대접을 받고, 회사는 이들의 편의를 위해 리무진과 비행기를 대령시킨다. 그리고 한 달에 한 번 회사의 본부에 모여 주주들을 대신하여 회사의 경영 상태를 평가한다.

큰 기업이나 혹은 중견 기업의 이사회 회의실을 본 적이 있는가? 회의실은 대개 건물 안에서 가장 고급스럽고 정교하고 위엄 있게 치장된 방으로, 마치 정글 한가운데 고요히 자리한 마야의 사원처럼 닫힌 문 뒤에 모습을 감춘 채 웅장하고 화려한 기풍을 뿜어내며, 바쁘고 부산한 기업의 영혼과 정신을 대변한다. 벽에는 비록 현대미술 작품은 아니더라도 한때 그곳을 지배했던 떠나간 영혼들의 근엄하고 음울한 초상화가 현재 권력자들과 부족 지도자들을 내려다보고 있다. 반질반질 윤이 나는 커다란 테이블 둘레에 빈 의자들이 배치되어 있는데 이를 통해 이사들의 수를 확인할 수 있다. 테이블은 타원형으로 되어 있어 그곳에 앉는 이들의 동등한 지위를 나타내준다. 방의 한쪽 끝에 마련된 탁자와 투영 스크린이 마치 제단인 양 범접하지 못할 신성의 기운을 뿜어낸다. 벽면에 세워진 찬장에는 이사들이 목을 축일 때 쓰는 얇은 찻잔이 가지런히 정렬되어 있다. 그러나 외부인의 눈에는 텅 빈 회의실일 뿐이다. 이 중요한 인물들은 1년에 12번만 이곳에 들른다.

이사들은 매월 첫째 주 화요일이나 둘째 주 목요일에 이사회를 위해 회동한다. 방에 들어설 때 각자에게 밀봉된 봉투가 건네지며, 곧 이전 회의의 의사록이 낭독되고 승인된다. 아마 그 시점에 회의는 잠시 중단되고, 이사회의 집행위원회가 따로 자리를 갖고 경영진의 임금과 회사의 인사 관련 문제를 논의할 수도 있다.

전체 이사들이 모여 회의를 재개하면 최고경영자가 회사의 전반적인 운영 실태와 당월의 성과를 보고한다. 그는 마음이 내키면 더 자세히 설명할 수도 있고, 아니면 그 일을 재무담당부사장이나 생산담당부사장, 마케팅담당자, 또는 회사 고문변호사에게 일임할 수도 있다. 그들은 회사에서 무슨 일이 진행되는지 설명한다. 그중에는 회사의 신제품, 확장이나 인수 계획, 구제품에 대한 새로운 시장 수요 등에 관한 내용도 있을 텐데 이 가운데 회사가 당면한 문제들은 가장 희망적인 어조로 설명될 것이다. 결과가 어떻든 사실상 경영진은 항상 열악한 경제 여건이나 시장 상황에도 불구하고 그들이 얼마나 잘해왔고 또 지금도 잘하고 있으며 앞으로도 얼마나 잘할 것인지를 보고한다. 그들은 자기들이 일을 형편없이 해왔고 더 효율적이고 똑똑한 경쟁사에게 크게 한 방 먹었다는 이야기는 절대 입에 올리지 않는다. 절대 말하지 않을까? 너무 심하게 들린다면, 거의 말하지 않는다고 해두자.

:: 이사회의 업무 태만 ::

사외이사는 뭘 할 수 있을까? 그는 자신을 불편하게 하는 문제에 대해 질문을 할 수 있다. 이 질문에는 아주 상세하게는 아니라도 논리적인 답변이 제공되며, 만약 이 답변에 대해 재차 질문하면 더 자세한 답변이 나올 것이다. 그는 최고경영자뿐 아니라 문제와 관련된 사업부의 관계자들에게서도 답변을 구할 수 있다는 얘기를 듣는다. CEO보다는 사업부 관계자가 회사와 관련된 갖가지 문제를 더 많이 알고 있다. 그들은 매일 그 문제와 씨름하며 CEO보다 더 고민한다. 경영진은 이사회에 체계적이고 일관성 있는 진술을 하기 위해, 사실에 대해 가능한 한 가장 좋은 모습을 보여주기 위해 그들 앞에서 할 말을 점검하고 예행연습을 하는 등 만반의 준비를 한다.

이사들은 한 달에 한 번만 얼굴을 비친다. 그들이 뭘 알까? 그들의 주장을 뒷받침할 만한 게 무엇일까? 직관, 느낌, 주워들은 소문, 또는 언론에서 읽은 보고서일까? 어떤 고집 센 이사가 계속 물고 늘어진다 해도 그는 자신이 모르는 어떤 사실 때문에 난처한 입장에 놓일 수 있다. 그래도 입을 다물지 않으면 사람들은 그를 골칫거리로 여기게 된다. 아무도 그를 좋아하지 않는다. 이러니 그냥 의자에 몸을 파묻고 냉커피나 홀짝이며 체념하는 것 외에 뭘 할 수 있을까?

이사회에서의 소통은 대개 일방통행이다. 회의실에서 오가는 말의 90~95%는 경영진의 몫이다. 경영진에 속하지 않는 사외이사들은 그곳에 앉아 이야기를 듣다가 때가 되면 점심 끼니를 때우러 간다. 그런 후에는 집에 가서 사례금이 들어 있는 봉투를 연다.

이 회의에 참석한 사람들은 모두 최선책을 찾고 있는 고매한 인물들이다. 최고경영자와 그의 부사장들은 거짓말이나 의도적으로 왜곡한 사실을 이사회에 제시하지 않는다. 단지 사마귀, 상처, 흠 등을 살짝 가리고 가능한 한 가장 아름다운 그림을 보여주려 할 뿐이다. 사외이사들은 전략, 기획, 회사 경영진의 성과 등을 연구하고 이해하려 할지 모른다. 회사는 잘 굴러가는가? 아주 잘 굴러간다. 최고경영자와 그의 경영진 덕분이다. 이럴 때 이사회는 전혀 필요치 않다. 그들이 할 수 있는 일은 도장 찍는 것이 전부이다.

그러나 회사가 기대에 못 미치면 어쩔 것인가? 이사회는 이에 대해 무엇을 할 수 있을까? 회사가 제 역량을 발휘하지 못한다는 것을 그들은 어떻게 알 수 있을까? 그들은 다른 곳도 아니고 바로 그들의 평가대상인 경영진으로부터 정보를 입수한다. 이사회는 남이 던져주는 것만 받는다. 아마 이것이 최근에 그 많은 미국의 기업들이 평범한 수준을 벗어나지 못하는 근본적인 이유일지 모른다. 미국의 상위 500대 산업 기업들 중 대략 95%의 기업 이사회가 법적으로 도덕적으로 윤리적으로 자신의 업무에 태만하다는 것이 내 판단이다. 그들은 자기 일을 하지 않고 있다. 사실은 하고 싶어도 할 수 없다.

:: 이해의 충돌 ::

기업의 이사회는 회사의 주인, 즉 주주들의 이익을 대변하고 옹호한다. 그들의 주요 임무는 회사를 운영하는 경영진의 성과를 감독하고 평가하며, 만약 그 성과가 불충분하고 불만족스럽다면 그에 대해 어떤 조치를 취하는 것이다. 물론 이사회가 회사를 운영해야 한다는 의미는 아니다. 그 일은 전문경영인의 소임이다. 이사회는 주인들을 대신하여 일하도록 선출되며 그들의 책임은 경영진, 특히 최고경영자의 활동을 평가하고 그들의 판단에 따라 상이나 벌을 주고 아니면 갈아치우는 것이다. 일은 이런 식으로 돌아가게 되어 있다. 그리고 이렇게 돌아가는 것처럼 보이기도 하지만, 실제는 그렇지 않다.

사람들은 기업의 구조에서 주주들이 최상층에 존재하는 것이 당연하다고 말한다. 그러나 전문경영인과 경험 많은 (직업적) 이사들은 지식이 부족한 주주들을 은근히 무시한다. 사외이사들은 얼마나 독립적일까? 명목상으로 그들은 주주들이 선임하지만, 실제로 대부분의 경우에는 최고경영자의 기쁨조 역할을 한다. 그들은 사외이사위원회에 의해 임명되지만, 최종적으로 최고경영자의 심사를 통과해야 한다. CEO가 "이 사람과는 일할 수 없소."라고 한마디 하면 그의 임명은 물 건너간다. 만약 이사회와 최고경영자가 정면으로 충돌한다면 누가 남고 누가 떠날까? "사이좋게 지낼 수 있는" 사람만 이사회에 임명되고 선출된다는 것은 주지의 사실이다.

또 이런 질문을 던질 수 있다. 만약 이사들이 그들이 평가해야 할 경영진이 주는 특전을 전부 다 받는다면 어떻게 독립적일 수 있겠는가? 달리 말해 이사가 개인적인 이익을 추구하느라 회사의 이익에 손해를 끼치지 않을까? 분명 이사회는 회사의 구매담당자가 공급업자로부터 무료 저녁식사와 무료 해외여행의 향응을 받는다면 이에 제동을 걸 것이다. 아마 이사들은 자신의 독립성과 청렴성을 보호하기 위해 간부 식당에서 제공되는 5가지 코스 요리를 자기 돈 주고 사 먹어야 할지 모른다. 아마 이사들에게 지급되는 사례금도 재검토되어야 할지 모른다. 만약 어떤 이사가 이 사례금에 연연한다면 어떻게 그가 독립적으로 행동할 수 있겠는가? 이사들에게 지급되는 사례금 대부분은 그들이 하는 일에 비해서는 너무 많고 그들이 해야 할 일에 비해서는 너무 적다는 것이 내 느낌이다.

만약 이사들이 진정 주주의 이익을 대변하기 위해 그 자리에 있는 거라면 최고경영자는 거기서 무엇을 하는가? 그는 이해의 충돌을 경험하지 않을까? 그는 전문경영인이다. 그는 주주들을 대변하면서 동시에 스스로를 공정하게 평가할 수는 없다. 그럼에도 내가 아는 모든 기업에서는 최고경영자도 이사회의 일원이다. 또 포춘 500대 기업 가운데 75%의 기업에서 최고경영자는 대표이사 자리도 꿰차고 있다. 대표이사로서 그는 회사뿐 아니라 이사회도 운영한다.

　나도 ITT에서 최고경영자와 대표이사직을 겸한 적이 있는데 그 기분은 대단했다. 여기에 범죄의 요소가 있는 것도 아니다. 그러나 그것은 주주들의 이익을 위해 공정치 못했다. 그것은 적합한 구조가 아니었고 이사회의 목적에 부합하지도 않았다. 이런 불공정한 처사는 이것으로 끝이 아니다. 최고경영자는 이사회에서 혼자가 아니며 보통 그가 이끄는 경영진의 보좌를 받는다. 그래서 대부분의 기업에서 최고경영자는 단지 한두 사람의 사외이사만 설득하면 다수를 확보할 수 있다. 어떤 내부이사가 감히 자기 보스를 향해 머리를 꼿꼿이 쳐들 수 있다는 말인가.

　그렇다고 최고경영자가 주주의 이익을 염두에 두지 않는다는 말이 아니다. 일반적으로 그는 주주의 이익을 고려한다. 그러나 자신의 자리와 주주의 이익 사이에서 이해의 충돌을 겪게 된다. 사실 대형 공개법인 내에서는 구조상 최고경영자의 권력을 둘러싼 견제와 균형 장치가 있다 해도 매우 적다. 이사회는 이런 일을 하라고 있는 거지만 그 역할을 제대로 수행하지 못하고 있다.

　물론 이사회는 최고경영자의 연봉과 보너스와 특별 급여를 정하고, 또 그를 해고할 수도 있다. 하지만 이사회가 회사 경영에 부적합한 CEO를 쫓아냈다는 이야기를 몇 번이나 들어보았는가? 포춘 500대 기업을 이끄는 최고경영자가 한 해에 과연 몇 명이나 자리에서 쫓겨났는지 정확히 모르지만 아마 극히 일부에 불과할 것이다. 그들 모두가 미국의 산업 생산이 침체하던 지난 몇 년간 정말 놀라운 저력을 발휘했는가? 그래서 이런저런 이유로 무능하다고 평가된 이들이 그렇게 적었단 말인가? 나는 못 믿겠다. 이사회가 언제 최고경영자의 연봉을 깎은 적이 있었던가?

재난이 닥칠 때, 땅이 들썩이고 벽이 뒤틀리며 지붕이 내려앉을 때, 주변이 온통 파괴의 잔해로 널려 있을 때, 그때서야 이사회는 (만약 그때도 명을 부지하고 있을 경우) 정신을 차리고 행동에 나선다. 그 경우에도 그들이 행동에 나서는 것은 주주에 대한 걱정 때문이 아니라 자신의 입지에 대한 갑작스러운 불안감 때문이라는 것이 내 생각이다. 피신탁자로서 그들 자신이 법적으로 위험한 상황에 내몰리게 될지도 모르기 때문이다. 그렇다 해도 이런 구제 행동 비슷한 것을 시도한 이사회가 없는 기업들 중, 그 때문에 망해버린 기업들이 얼마나 되는가? 이사회는 회사가 처한 어려움을 모르거나, 안다 해도 너무 늦게 아는 경우가 많다.

:: 근본적인 문제, 이사회의 구조 ::

　문제는 이사 개개인에게 있다고 단정할 수 없다. 기업 이사회의 구조와 전통적인 운영방식이 개별 이사가 자기 책임을 온전히 감당하는 것을 사실상 불가능하게 만든다. 이사회는 경영진이 준비중인 특정한 확장 계획이나 연구 프로젝트, 또는 합병안에 거부할 수 있고 또 간혹 그렇게 하기도 한다. 그러나 일부 이사들이 최고경영자가 임무를 감당하기에 부적합하다거나 그가 능력은 있지만 다른 누구만큼 뛰어나지는 못하다는 결론에 이르렀다고 가정해보라. 우선 이런 결정은 복잡할 뿐 아니라 내리기도 어렵다. 그들이 안심하고 활용할 수 있는 정해진 측정 기준이 없다. 거의 모든 정보가 최고경영자에게서 흘러나오는데 어떻게 이사들이 공정한 판단을 내릴 수 있겠는가? 그는 이사들에게 자신의 실수, 잘못된 결정, 놓쳐버린 기회, 상실된 잠재력 등을 솔직히 털어놓지 않는다. 또 어떤 CEO도 자기 몰래 그의 부하직원들로부터 정보를 캐내려는 이사들을 좌시하지 않을 것이다. 회사의 구조와 전통은 이런 자유분방함을 용납하지 않는다. 그러니 감히 자기 보스의 등 뒤에서 입을 놀리는 아랫사람에게 어떤 위험이 닥칠지는 안 봐도 뻔한 일이다.

　그럼에도 몇몇 사외이사들이 그들의 최고경영자를 10등급 가운데 겨우 4등급에 해당한다는 결론을 내렸다고 가정해보자. 그가 특별하게 잘못한 것은 없다. 단지 평범하다는 것뿐이다. 이사들은 그를 해고하고 계약에 따라 그에게 3개월이나 3년치 임금을 지불한 뒤 밖에 나가 회사를 이끌 더 나은 사람을 찾을 권한이 있다. 그러나 그들은 경영진과 대립하여 이사회와 최고경영자 사이의 원만한 관계에 어긋장 놓기를 주저한다. 그들 역시 이 대립이 어떤 "소문"을 낳고 그것이 증권분석가, 은행과 대출기관, 그리고 투자자들의 귀에 들어갈 것을 우려하고 있다. "내부 문제"라든가 임원들 사이의 불화, 뭔가 숨겨진 비밀 등의 형태로 이 회사에 뭔가 큰 문제가 있다는 소문이 돌 것이고, 그 결과 회사의 명성과 주가는 부적합한 경영자를 교체해야 할 정도로 심한 타격을 입을 것이다. 하지만 바깥에서는 그가 부적합하다는 사실을 잘 모른다. 틀림없이 그는 실업계와 금융계에 친구들과 그를 신뢰하는 사람들을 두고 있다. 그를 교체하면 회사에 적이 생길 테고, 그들은 입을 다물고 있지 않을 것이다.

비록 반란을 꾀하는 이사들이 제안된 행동을 그대로 밀고 나가려 한다 해도 그들이 전체 이사회와 이 문제를 공식적으로 논의할 수는 없다. 최고경영자가 바로 대표이사다. 행동하려면 그들은 그를 상대로 음모를 꾸며야 한다. 가령 다른 사외이사들에게 연락하여 아마 한 사람씩 클럽 점심식사나 호텔방 비밀 모임에 초대한 후 은밀하게 최고경영자 이야기를 꺼내야 할 것이다. 만약 다른 이사들을 설득하는 데 실패하면 보복을 당하기 쉽다. CEO는 그들을 이사회에서 끌어내리려 할 것이다. 그들은 위험을 무릅쓰고 음모를 꾀할 만큼 이 일이 가치가 있는지 따져보아야 한다. 결국 반기를 든 이사들은 자기들의 불만을 속으로 삭히고 조금 더 두고 보는 편이 나을지도 모르겠다며 스스로를 합리화한다. 어쨌든 경영진은 상황이 더 나아질 거라고 약속하고 있다. 이제 이사들은 주주들의 이익을 도외시한 채 평범한 성과에 안주하기로 한 경영진의 음모에 동참한 것이다.

대부분의 대기업에서 이사회는 최고경영진의 연봉을 결정할 수 있는 실질적인 특권도 포기했다. 통상적으로 외부의 급여 컨설팅업체에 요청하여 그들이 기업의 임금체계에 대한 한계를 정하게 한다. 그들의 기준은 성과가 아니라 회사의 크기와, 비슷한 처지의 다른 기업에서 지불하는 액수다. 이사회는 그들의 제안을 거의 이의 없이 받아들인다. 그리고 매년 임금을 인상할 시기가 올 때 이사회는 경영진을 통제하기 위한 그 유일한 실질적 도구를 보통 3명이나 5명 정도의 최고참 이사로 구성된 소위원회로 넘긴다. 이 "고참"들로 구성된 보수심사위원회는 따로 모임을 갖고 금년에 CEO와 그의 핵심 참모들에게 보수를 얼마나 지급하는 것이 적합한지 논의한다. 이 논의는 3분이나 30분도 채 안 걸릴 수 있다. 그것은 모두 틀에 박힌 과정이자 화기애애한 대화의 장이 된다. 고참들은 서로를 너무 잘 안다.

회사에 별 탈이 없으면 최고경영진의 임금은 자동적으로 10% 정도 인상되며, 특별히 뛰어난 실적을 올린 사람이 있다면 15%가 올라간다. 어느 한 해도 최고경영진의 임금을 올리지 않고 지나가는 때는 없다. 거의 관행적으로 짭짤한 스톡옵션의 특전이 주어지는데 그들은 한때 그랬던 것처럼 회사의 성과가 아니라 스탠더드앤드푸어스나 다우존스지수에 맞춰 조정된다. 주식시장이 상승하면 모두가 돈을 벌고, 하강하면 이사회가 더 낮은 가격에 새로운 옵션을 지급한다. 하지만 회사가 파산 지경에 처했을 경우를 제외하면, 언제 우리는 임금이 삭감된 CEO의 이야기를 들어본 적이 있었던가? 100개 기업을 대상으로 한 최근의 조사에서 55곳이 1982년에 수익이 감소한 것으로 드러났다. 그러나 그 기업들 중 거의 절반의 기업이 CEO들의 보수를 올려주었다.

미국의 자동차 산업이 심각한 침체에서 회복했지만 여전히 일본과의 경쟁에 고전하고 있던 1984년에 자동차회사의 최고 간부들은 스스로에게 상당한 보너스와 스톡옵션을 선물하여 세인의 공분을 자아냈다. 이 보수들 모두는 대형 자동차회사 세 곳의 이사회 승인을 받아야 했다. 자동차회사의 어느 CEO는 1983년에 자신의 고액 임금에 추가된 엄청난 보너스는 이유 없는 것이 아니라며 그해에 거둔 회사 수익을 증거로 제시했다. 또 자신이 개인적으로 받은 보상은 전체 수익의 극히 일부에 불과하며 그해에 회사가 판매한 모든 자동차 가격에 비하면 새 발의 피도 안 된다고 지적했다. 그 외에도 그는 최고경영자의 자리에 오르기 위해 오직 이 회사에서만 25년간 일했다는 말도 덧붙였다.

모두 맞는 말이다. 그러나 내 생각에 그는 다음과 같은 핵심 질문에 대해서는 답변하지 않았다. 회사 수익을 상승시키는 데 개인적으로 무엇을 했고 무엇을 기여했는가? 임금을 올리고 그 많은 보너스를 챙기는 것은 문제가 없다. 일부 사람들이 그러는 것처럼 나 역시 보수의 양에는 큰 불만이 없다. 록 스타나 야구선수, 영화배우 중에도 엄청난 액수의 돈을 받는 사람은 많다. 그러나 그들은 자기 힘으로 수익을 거둔다. 군중들이 기꺼이 자기 지갑을 열게 할 만큼 그들

개개인은 뛰어난 실력을 발휘했다. 그들이 소득을 발생시키는 데 기여한 내용은 얼마든지 측정할 수 있다.

개인적으로 나는 뭔가 새롭고 가치 있는 것을 창조해내는 사람들, 또는 타인의 추종을 불허할 만큼 업적을 이룩한 사람은 매우 높은 보수를 받을 권리가 있다고 믿는다. 사업하는 사람들 역시 마찬가지다. 그러나 비단 자동차업계의 간부뿐 아니라 모든 경영자에게 물어야 할 핵심 질문은, 그들이 그런 수준의 보수를 받을 만큼 대단한 공헌을 했느냐이다. 보너스는 개선된 시장상황이나 다른 기업에서 지불되고 있는 액수만으로 결정해서는 안 된다.

최고경영자 자신이 관리계층 내의 보수 문제에 접근하는 방식은 아주 다르다. 그와 그의 최고경영진은 길고도 강도 높은 회의를 진행하며 부하임원들의 실적을 검토한다. 여기서는 애초에 설정되었던 목표를 기준으로 성과가 측정된다. 그 결과 임원들은 성실히 맡은 임무를 처리하게 된다. 무능력한 임원들은 방출되어 성과를 낼 수 있는 사람들에게 자리를 내준다. 임금 인상과 승진은 매우 꼼꼼하고 신중하게 결정된다. 그것은 관리자층에서 끊임없이 진행되는 과정이다. 그러나 최상층의 이사회에는 회사를 운영하는 사람들에 대한 실적 심사 과정이 없다. 회사의 소득을 증가시키는 데 최고경영자가 어떤 공헌을 얼마나 했는지 심사하는 과정은 눈을 씻고 봐도 안 보인다. 이사회의 주된 기능인 실적 심사 과정은 특정 위원회로 위임되고, 이 위원회가 내리는 형식상의 결정은 통상적으로 전체 이사회에서 자동 승인된다.

대체로 미국 산업의 이사회에는 2급 수준의 일을 하는 수많은 1급 수준의 인사들이 포진하고 있다. 이것은 주로 소유주의 권한과 최고 경영자 및 경영진의 실적 기준 사이의 연관성이 분명치 않기 때문이다. 현재와 같은 상황에서 주주들은 개인이든 기관이든 그들이 과연 회사 운영 책임을 맡긴 사람들로부터 투자한 돈에 상응하는 값을 제대로 받고 있는지 확인할 길이 없다. 주주들은 신문, 잡지, 또는 증권 분석가들의 보고서를 읽을 수 있지만, 이런 자료들은 회사 내에서 실제로 일어나고 있는 일에 내밀히 관여하지 않는 외부인들에 의해 준비되고 작성된다. 이사회는 배워야 할 위치에 있다. 그들은 자신이 알고자 하는 것은 무엇이든 알아낼 법적인 권한이 있으며, 만약 원하면 행동에 나설 수도 있다. 그러나 그들은 그동안 너무 유약하고 비효율적으로 변했기 때문에 회사 주인들의 충실한 대변자라기보다는 경영진의 포로 신세로 전락한 경우가 너무 많다.

　　더욱이 최근 미국 산업의 추진력과 생산성 감소는 최소한 부분적으로는 이 이사회들이 할 수 있었지만 하지 않은 일들에서 비롯되었다. 그들의 태만이 초래하는 위험은 막대하다. 어쨌든 포춘 500대 기업은 이 나라 산업 생산고의 압도적인 몫을 차지하며, 곰팡내 나는 이 고참 네트워크는 더 이상 세계에서 가장 강한 산업 국가의 필요를 채우지 못하고 있다.

:: 이사회가 독립성을 회복하려면 ::

이사회가 제 역할을 다하려면 주주들을 대신하여 다음의 핵심 문제를 본격적으로 파헤쳐야 한다. 이 회사 경영진의 성과 기준, 즉 회사가 작년이나 금년에 달성한 것이 아니라 달성했어야 하는 목표는 무엇인가? 어떤 이사회도 회사의 상실된 잠재력, 놓쳐버린 기회, 도달하지 못한 목표, 잃어버린 시간, 시도하지 않은 방향 전환 등을 제대로 파악하지 못한다.

오늘날의 이사회가 비효율적인 것은 이상의 질문에 대한 답을 모르기 때문이다. 안다고 생각할지도 모르지만, 그들의 의견은 회사의 경영진으로부터 들은 내용에 기초하고 있다. 그러나 그들 가운데 단 한 사람도 자신이 들은 정보를 근거로 자신의 돈이나 거래은행의 돈을 투자하지는 않는다. 이사라면 스스로 점검하고 확인하려고 해야 한다. 그것이 의무다. 만약 이런 당연한 의무에 충실하지 않으면 그는 법에 따라 책임을 져야 한다.

이사회가 자신의 본분을 다하려면 무엇보다 객관성을 회복하는 것이 중요할 것 같다. 그동안 생산성뿐 아니라 객관성도 계속 떨어졌다. 설립자나 주요 주주가 대표이사인 회사에서는 그런 종류의 객관성과 정밀함이 쉽게 없어지지 않는다. 자신의 돈이 걸려 있을 때 이사들은 언제든 주저 없이 회사 운영 책임자에게 온갖 종류의 질문을 해댈 것이고, 실적이 그들의 기대에 부응하지 못할 경우 불만을 터뜨릴 것이다. 나는 이런 자세가 모든 상장기업 이사회에 뿌리를 내려야 한다고 생각한다.

이사회가 회사 경영진과의 관계에서 어떻게 객관성을 회복하느냐는 각각의 이사회가 상황에 따라 스스로 답을 찾아야 할 일이다. 단, 어떻게 회사 경영진이 전해주는 일방적인 정보에 의존하지 않을 것인지, 경영진이 회사의 활동에 대해 그들에게 보고하는 내용을 검증할 수 있는 독립적인 정보를 어떻게 구할 것인지, 경영진을 평가할 수 있는 성과에 대한 기준을 어떻게 설정할 것인지가 관건이다. 간단히 말해, 이사들이 진정 그 회사의 주인이라면 어떻게 할 것인지 스스로 생각해 보면 된다.

이사회가 독립성을 회복할 수 있는 한 가지 방법은 모든 내부 경영진을 이사회에서 내보내는 것이다. 여기에는 최고경영자도 포함된다.

최고경영자와 그의 경영진은 계속 이사회에 참석할 수 있지만, 그들이 그곳에 가는 이유는 전에 했던 대로 그들이 한 일과 그 이유를 이사회에 보고하고 설명하기 위해서이다. 그리고 이사회는 분명한 책임의식을 갖고 경영진이 일을 제대로 하도록 감시하게 된다. 그러면 이사회와 경영진 각각은 별개의 독립된 책임을 갖게 될 것이다.

이사회의 역할은 회사를 운영하는 것도 아니요, 최고경영자에게 이래라 저래라 지시하는 것도 아니다. 나 역시 그래서는 안 된다고 생각한다. 그들이 경영진과 다른 입장을 취하려면 무엇보다 CEO가 경영을 잘하지 못하거나 CEO의 건의가 이치에 어긋나거나 CEO가 제안한 지출 수준이 과도하다는 등의 판단에 근거해야 할 것이다. 그러면 그들은 자신들이 왜 CEO의 건의를 불합리하다고 여기는지 의견을 피력함으로써 CEO의 지식과 판단력을 높이는 데 도움을 줄 수 있다.

한편 최고경영자의 역할은 자신의 건의 내용은 근거가 확실하며 그 가치를 놓고 평가되고 지지되어야 한다고 이사들을 설득시키는 것이다. 이것이 현재 그의 역할이며 전통적인 역할이기도 하다. 유능한 CEO는 이 역할을 감당하는 데 큰 어려움이 없을 것이다. 회사의 키는 여전히 그가 조종하고 있다. 또 어떤 사외이사도 필적할 수 없는 회사에 대한 직접적이고도 깊이 있는 지식을 갖고 있다. 그가 능력 있고 판단력이 예리하다면 큰 어려움 없이 이사회를 설득하여 그를 지지하게 할 수 있을 것이다. 만약 선의의 의견 차이가 발생하면 모든 사실, 의견, 이사회에 참석한 모든 이들의 감정을 고려하는 시스템을 통해 가능한 한 최상의 해법에 대한 합의를 도출할 수 있을 것이다.

원래는 바로 이런 식으로 일이 돌아가야 하지만 대개 그렇지 못하다. 지금 곧 변화를 실현하려면 이사회가 그들의 평가 대상인 경영진으로부터 독립할 수 있도록 해야 한다. 이사회의 주된 임무는 최고경영자와 그의 경영진이 일을 제대로 하고 있는지 지속적으로 평가하고 판단하는 것임을 잊지 마라. 이사회는 주주들에게 경영진의 정당한 입장을 옹호하면서도 오직 진짜 주인들의 입장만을 대변해야 한다. 또 경영진에게 촌지나 특권 등의 형태로 은혜를 입지 않도록, 심지어는 그런 인상을 주지 않도록 신경 써야 한다. 그 일은 모든 관례적인 특전이나 특권을 사양함으로써 간단히 실행할 수 있다. 예컨대 최고경영자가 아니라 그들 스스로 자신이 받을 사례금을 정하고 일반의 평가를 받도록 하는 것이다. 전일직이나 임시직으로 일하면서 경영진을 감독할 이사들을 원하는 기업도 있을지 모른다. 이들에게는 맡겨진 일을 얼마나 잘, 그리고 적극적으로 감당하느냐에 따라 충분한 보수가 지급되어야 한다. 또 어떤 기업들은 이사들이 경영진의 실적을 감사하고 그 결과를 이사회에 보고할 경험 많은 인사들에 의해 독립적으로 구성되기를 바랄지 모른다. 더욱 바람직한 것은, 외부 경영 컨설팅회사를 고용하여 이사회를 위해 회사의 특수 영역에 대한 독립적인 연구를 시행하도록 하는 방법도 있다. 단순히 이사회와 경영진을 분리시키는 것만으로도 이사회 회의실은 필요한 수준의 독립성을 확보할 수 있을 것이다.

내 귀에는 기업의 정글에 울려 퍼지는 커다란 저항의 울부짖음이 들린다. 누군가에게 줄곧 감시당하는 환경을 달가워할 최고경영자는 없다. 그러나 이사회는 이미 독립적인 회계감사관을 시켜 경영진의 여러 수치들을 점검하게 하고 있다. 그런데 그들은 왜 독립적인 경영 "감사관"을 고용하여 경영진의 정책과 성과를 심사하게 해서는 안 되는가? 그것이 이사회의 주요 임무 아닌가? 이런 감사를 행하는 사람은 누구든 최고경영자나 다른 경영자에게 무엇을 하라고 지시할 권한이 없다. 그는 순전히 감사를 위해 그곳에 있는 것이다. 물론 그는 경영자의 친절한 호의와 우정으로부터 자신의 직업적 독립성을 보호해야 한다. 그의 충성심이 향하는 방향은 이사회가 되어야 한다.

그는 회계감사 회사인 프라이스워터하우스(Price Waterhouse)나 아서앤더슨(Arthur Anderson)에서 감사 결과를 제출하듯이 자신이 밝혀낸 사실을 이사회에 보고해야 한다. 그리고 그 정보를 이용하여 적절한 행동을 취하는 것은 이사회의 몫이다. 이제 이사회는 꼭 필요했던 독립적인 정보원을 갖게 될 것이다. 사실 이런 전문적인 조언자는 이사회에서 극도로 말을 아껴야 한다는 것이 내 생각이다. "사정을 잘 알고 있는" 그가 그 자리에 있는 것만으로도 최고경영자는 이사회를 상대로 보다 객관적인 발표를 하려고 노력할 수밖에 없다.

나는 한 가지 확신을 갖고 있다. 즉 이사회가 충분한 지식으로 무장하고 대표이사를 사외이사 한 사람에게 맡기기만 한다면, 이들이 진행하는 회의의 질과 강도는 지금껏 경험해보지 못한 수준으로 수직 상승할 것이다. 이사회는 경영진에 대한 외부 감사를 액면 그대로 받아들일 필요도 없고 또 그래서도 안 된다. 경영진에게는 분명 모든 의견과 비난, 또는 불평에 대응할 기회가 주어질 것이다. 또 이사회는 경영진에게 적대적이지도 않을 것이다. 그들의 목적은 객관성을 지키고 도움을 주는 것이다. 이사회와 경영진이 회사와 주주들을 위해 달성하려는 목적은 똑같지만, 단지 목적지에 이르는 방법을 두고 불협화음을 일으킬 수 있다. 진리나 성공에 이르는 확실한 길, 또는 특정 문제를 해결할 수 있는 최상의 방법에 대해 독점적인 권리를 갖고 있는 사람은 아무도 없다. 어떤 주어진 상황에서 진리를 추구하기 위해 이제까지 고안된 가장 좋은 방법은 탐색과 탐구다. 즉 깊은 지식에 근거한 상이한 관점에서 나온 찬반양론을 제시하고 사실을 더 깊이 파고들어가 가능한 한 최상의 해법을 끌어내는 것이다.

:: 새로운 시대, 새로운 임무 ::

만약 회사가 한 발 더 나아가기를 바란다면, 이사회는 경영진에게 회사가 앞으로 얼마나 잘 운영될 것으로 기대하는지를 (그 반대가 아니라) 말해주는 것이 좋을지 모른다. 왜 고용된 경영자들이 회사의 목표를 정해야 하는가? 왜 이사들은 주인의 대변자로서 최소한 이 과정에 동참해서는 안 되는가? 이런 종류의 탐구적 자세가 단순히 과거의 실적을 평가하는 것보다 회사를 위해 훨씬 유익할 것이다. 만약 이사회가 주주의 대변자로서 경영진에게 기대하는 바를 회계연도가 시작된 후가 아니라 그 이전에 최고경영자와 협의할 경우 무슨 일이 일어나리라고 보는가? 그것은 이사회에 오늘날에는 없는 역할을 부여해주고, 회사의 장단기 목표를 훨씬 더 효율적으로 평가할 수 있게 할 것이다. 다시 말하지만, 이사회는 회사를 운영하거나 최고경영자에게 이래라 저래라 지시하지 않으면서, 그들이 생각하는 주주들의 이익을 충족시키려면 그가 어떤 성과를 올려야 하는지 기준을 제시할 것이다. 추측건대 그러면 최고경영자는 이사회를 마친 후 자신의 경영진을 모아놓고 이렇게 말할 것 같다.

"이사회는 우리가 더 잘해야 한다고 생각합니다. 10% 더 잘해야 한다는 것인데, 그들이 그렇게 말하는 이유를 알 것 같아요. 아마 그들의 가정이 틀린 것으로 드러날 수도 있고, 우리 가정이 틀린 것일 수도 있죠. 어쨌든 우리는 이 10% 목표 달성을 위해 꽁지가 빠져라 일해야 할 겁니다."

경영자는 경영을 해야 한다. 이것이 메시지이고, 이사회는 그 전달자가 될 수 있다.

미국 기업의 이사들이 이런 종류의 일을 제대로 해낸다면, 적지 않은 CEO들이 매년 직업을 바꿔야 할 것이다. 그러나 장담하건대 50만~100만 달러의 연봉과 보너스를 받는 사람들은 그만한 값어치의 일을 하게 될 것이다.

큰 기업을 이끌 리더로 비교적 젊은 인재를 등용하기 시작한 것 같다는 내 느낌이 정확하다면, 이사회는 의식하지 못하는 사이에 이런 회사의 운영을 감시하는 데 더 많은 책임을 떠안게 된다. 젊은 경영자를 등용하는 최근의 경향에는, 40대나 그 이하의 경영자들은 젊음의 열정과 대담함을 무기로 선배들의 문제를 바로잡을 수 있다는 기대감이 반영되어 있는 듯하다.

젊은 CEO를 임명하는 일에 전혀 문제될 것은 없다. 그가 아무리 똑똑하고 대담해도 그것이 성숙된 경험으로 잘 조절되지 않는다는 사실을 이사회가 인식하기만 하면 말이다. 그것은 확률의 문제다. 30대 후반이나 40대 초의 젊음이 모든 면에서 50대 후반이나 60대 초의 경륜만큼이나 성숙하고 안정적일 수도 있다. 그러나 현실은 그렇지 않을 확률이 높다. 물론 당사자는 그 사실을 알지 못할 것이다. 나는 젊은이를 중요한 자리에 앉히는 것에 전혀 반대할 생각이 없다. 한때는 나도 젊었다. 그때 나는 내 의견에 대해 아주 강한 신념을 갖고 있었다. 그러나 세월과 경험을 거치며 나는 훨씬 유연해지고 부드러워졌다.

또 나는 ITT의 사업부를 이끌 수 있는 능력을 보고 많은 젊은 인재들을 (나이와 경험에 구애받지 않고) 승진시켰다. 그 대신 그들을 아주 철저히 감시했다. 바로 이것이 오늘날의 이사회가 젊은 CEO를 임명할 때 스스로에게 부과하는 책임이다. 여기에 내재된 위험은 젊은 CEO가 실수를 할 때 그것은 무서운 결과를 동반하는 대담하고 기괴한 것이 되기 쉽다는 점이다. 다시 이것은 확률의 문제다. 그러나 중요한 것은 이사회가 그만큼 젊은 CEO를 감시하는 데 더욱 주의를 기울여야 한다는 점이다. 이사회의 책임은 자녀가 청소년기를 거쳐 성인으로 성장하기까지 부모가 그에 대해 갖는 책임과 비슷하다. 이사회는 스스로를 부모라 생각하고 경험의 지혜로 무장하며 자신의 불완전성을 인정하는 가운데 자신이 부모보다 더 똑똑하다고 확신하는 10대 자녀의 극단적인 생각을 견제할 준비가 되어 있어야 한다. 심지어 나는 좋은 이사회는 좋은 부모처럼 자기가 임명한 CEO를 "양육하는데" 어느 정도의 통제력을 행사해야 한다고까지 말하고 싶다. 이사회는 그가 회사를 장악하도록 내버려둘 수는 없는 것이다.

독립적이고 필요한 지식으로 무장한 이사회는 본연의 임무를 잘 감당할 수 있을 것이다. 이런 이사회가 함께 모여 머리를 맞댈 때 그들은 회사를 합리적으로 평가하는 데 어떤 종류의 정보가 필요한지 쉽게 알 수 있다. 또 그들은 경영진뿐 아니라, 외부의 출처나 그들 자신의 독립적인 연구를 통해 정보를 확보할 수 있다. 이런 이사회가 경영진과 자리를 함께할 때 그 회의는 오늘날의 그것과는 크게 다른 양상을 띠고 회의장에서는 쌍방향 소통이 이루어질 것이다.

이사회에 아주 많은 권한을 부여하는 데 따르는 위험은 무엇일까? 이사회의 행동이 주주들의 감시를 받고 회사의 연례보고서에 보고되는 한, 극복하지 못할 문제는 없으리라는 것이 내 판단이다. 최고경영자는 이사회의 충고를 받아들일 필요는 없다. 비합리적인 이사회 때문에 상황이 난처해지면 그는 사임하겠다는 뜻을 전하고 그들의 분쟁에 대한 진술을 할 수 있다. 그는 계약에 보장된 적지 않은 퇴직금과 여론에 의해 비합리적인 이사회로부터 보호를 받을 것이다. 나는 독립적인 이사회가 권력을 남용할 여지는 거의 없다고 생각한다. 그들은 개별 이사들의 정상적인 은퇴 시점을 넘기면서까지 자신의 권력을 영속화시킬지도 모르지만, 자신의 일을 하는 데 따르는 보수 이외에는 아무것도 못 받을 것이고, 그 보수는 두 파벌이 주주들에게 보고하는 연례 주주총회에서 검토 대상이 될 수 있다.

자기 회사를 잘 운영하고 측정 가능한 성과를 내며 자신의 입장에 대해 확고한 신념을 갖고 있는 CEO는 독립적인 이사회에 전혀 겁먹을 필요가 없다. 오히려 그들은 장거리 주자가 느끼는 것 같은 CEO의 고독을 덜어줄 수 있다. 또 경영진과 공모한다는 인상을 줄 염려도 없는 독립적인 이사회는 모범적인 성과를 달성한 CEO에게 별 부담 없이 푸짐하게 보상할 수 있다. 그리고 증가된 회사 수익의 일부를 챙기는 주주들은 회사의 관리들이 제 몫을 다하고 있다며 안심할 것이다.

만약 내가 이사회와 경영진 사이의 복잡한 관계에 존재하는 문제들을 끄집어내는 데 성공했다면, 그것으로 만족한다. 여기 제시된 해법은 만약 전체 미국 기업에 적용될 경우 일부 사람들에게는 극단적인 것처럼 보일지도 모른다. 그러나 극단적인 사례는 사람들의 생각을 자극한다. 그러면 해법은 각각의 회사가 처한 상황에 따라 정도의 문제가 될 것이다. 그러나 목표는 동일하다. 바로 주주들을 대변하는 이사회가 회의실의 타원형 테이블에서 전문경영인들과 거리를 둔 상태로 서로 교감할 수 있는 방법을 찾아내는 것이다.

자유롭고 독립적인 이사회가 회사의 경영에 미치는 영향은 심대할 것이다. 그리고 그것이 이 나라의 생산성에 미치는 최종적인 결과도 그에 못지않게 대단할 것이다.

Chapter 12

한 가지
걱정스러운 점

경영은 마음가짐에 달렸다.

나는 걱정스럽다. 이 책을 쓴 것도 그 때문이다. 나는 미국의 비즈니스에 대해 확고한 믿음과 신념을 갖고 있다. 그러나 타의 추종을 불허했던 미국 비즈니스의 우월한 입지가 다른 국가들에 잠식당하는 모습이 심심치 않게 눈에 띈다. 한때 생기 넘치고 쭉쭉 뻗어나가던 대기업들이 이제는 쩔쩔매며 당황해하고 있다는 인상을 받는다. 내가 보기에 최근의 미국 기업들은 평범한 성과밖에 못 거둔다. 이런 현상은 기업가적인 소규모 신흥기업보다는 우리 경제의 원천인 최대 산업기업에서 두드러진다. 최고 관리계층은 활력과 생기를 잃었고, 조직은 관료주의의 악취와 비효율적인 절차로 굼뜨게 변한 것 같다. 이 나라의 주요 기업 상당수가 법, 관습, 절차, 홍보, 책임 전가, 몸을 사리는 보신주의의 진창에 빠져 허덕이고 있다.

　이렇게 말해서 유감이지만 미국의 산업은 무기력증에 시달리고 있다. 많은 이들이 노동자들 때문에 그렇게 됐다고 단정한다. 물론 일리가 없는 말은 아니다. 그러나 불행히도 무기력증은 최고경영자층에서 발생하여 아래로 파급된다. 만약 이 병을 고칠 수 있다면 최고 위층부터 치료를 시작해야 한다. 안타깝게도 주관을 잃고 남의 말에 의존하는 경영자들이 너무 많다. 그들은 "게임하는 법"을 배우고, 판을 깨지 않기 위해 조심히 말하고 행동하며, 남의 행동을 따라 하고 홍보담당자의 조언을 어기지 않는 법을 배웠다. 예전의 그 씩씩하던 사업가들, 파란을 일으키고 당당하고 거침없었던 그 인물들은 어디에 있는가? "배짱(guts)"이란 말은 어감은 좋지 않지만 매우 정확한 표현이다. 오늘날 미국의 경영 현장에서는 더 이상 배짱을 가진 경영자를 찾아보기 힘들다.

:: 지금까지 설명한 내용의 요약 ::

모든 훌륭한 경영에서 가장 본질적이고 가장 중요한 것은 감정적 태도, 즉 마음가짐이다. 나머지는 기계적인 부분(mechanics)에 불과하다. 내가 경영(management)이라는 말을 사용할 때, 이 말은 조직도에 표시된 이름과 직함들의 집합체를 가리키는 것이 아니다. 경영은 살아 있는 힘이다. 최소한 이 정도는 달성해야 한다고 여기는 선까지, 그리고 보다 높은 곳까지 일이 실행되도록 만드는 힘이다. 기업은 이런 힘을 갖고 있거나 그렇지 못하거나 둘 중 하나다. 경영진은 목표가 무엇인지 마음에 새겨야 하며 이를 위해 자기 한 몸을 바칠 각오가 되어 있어야 한다. 이때 헌신은 반드시 마음으로부터 우러나와야 한다. 이 두 가지, 즉 목표의식과 헌신은 경영자와 경영자 아닌 사람을 구분하는 잣대이다. 달리 말해 진정한 경영자는, 경영자는 경영을 해야 한다는 말을 깨달은 사람이다.

이런 태도는 자기 충족적인(self-fulfilling)인 자세, 예컨대 비가 올

때까지 기우제를 올리는 사람의 마음가짐과 흡사하다. "나는 이걸 해야 해."라고 한번 말을 내뱉은 사람은 만족스러운 답을 찾을 때까지 끊임없이 시도하고 노력하며 자기 일에서 손을 놓지 않을 것이다. 그가 찾는 답은 무엇보다 스스로에게 만족스러워야 한다. 그리고 그는 어떤 답이 만족스러운 답인지 한눈에 알아볼 것이다. 한 가지 목표를 달성하는 데는 78가지 방법이 있을 수 있다. 그러나 이 가운데 쓸 만한 답은 오직 10개뿐이다. 그 경영자는 10개 가운데 가장 나은 방법을 찾을 때까지 탐색을 멈추지 않을 것이다. 물론 이렇게 찾은 답이 최고의 해답이 아닐지 모른다. 그러나 그는 10개 가운데 숨어 있는 최선책에 조금이라도 못 미치는 답변에는 결코 만족하지 못한다. 다음에 그는 더 좋은 답을 찾기 위해 노력하고 늘 새로운 것을 배우며, 일을 진행하면서 더 좋은 결과를 만들어낼 것이다.

그가 이렇게 하는 것은 무엇보다 그의 감정적 태도에서 기인한다. 그리고 이 태도는 함께 일하는 사람들에게 전염되어 하나의 생활방식으로 뿌리를 내리게 될 것이다. 해야 할 일을 달성하려는 욕구는 논리가 아니라 마음 깊은 곳에 자리한 감정에 의해 동력을 공급받는다. 그는 자기가 왜 그런 식으로 일하는지, 또는 왜 하필 그런 선택을 하는지 설명할 수 없을지 모른다. 그럼에도 묵묵히 길을 가는 이유는 이 길이 옳다고 "느끼기" 때문이다. 이 느낌은 동료들에게 전파되어 그의 도전에 힘을 보탠다. 사람들은 그가 단순히 기업의 목표뿐 아니라 자신들의 동참에도 마음을 쏟고 있다는 사실을 잘 안다. 이로써 사람들은 기꺼이 그를 따를 준비가 된다. 왜냐하면 그에게서는 말로 설명키 어려운 에너지가 뿜어져 나오고 있는데 이것이 그를 특별한 존재로 만들기 때문이다.

당신은 무엇을 경영하고 있는가. 기업이나 교회, 혹은 스카우트와 같은 조직이나 단체도 상관없다. 가정이어도 좋고, 경력과 같은 개인적 성취여도 좋다. 어떤 경우라도 경영을 하는 사람을 평가하는 유일한 기준은 그가 스스로 설정한 목표를 달성하느냐 달성하지 못하느냐 하는 점이다. 따라서 목표가 높을수록 그만큼 경영자도 유능한 사람으로 평가된다. 사실 목표가 너무 낮으면 나는 경영이라는 말조차 갖다 붙이지 않는다. 누구나 할 수 있는 일에 무슨 경영이 필요한가. 마라톤 주자는 42.195km를 2시간 30분이든, 3시간이든, 또는 3시간 반이든 주어진 시간 안에 주파하는 사람이다. 반면 10시간 만에 골인하는 사람은 어떤가? 그는 마라톤 선수가 아니다. 그저 바깥바람을 쐬러 나온 사람일 뿐이다. 우리는 마라톤 주자를 성과의 측면에서 정의한다. 이는 기업 경영자도 마찬가지다.

경영자가 목표를 달성하려면 반드시 올바른 결정을 내리는 데 필요한 정보를 확보해야 한다. 목표에 이르는 각 단계는 그가 목표를 향해 전진함에 따라 그 실체를 드러낸다. 하나의 단계를 통과하여 다음 단계로 넘어가려면 지금 처한 상황을 정확히 인식해야 하며 그러기 위해서는 확고부동한 사실을 수집해야 한다. 의심할 여지가 없는 정보에 토대를 두고 결정을 내린다면 세상의 그 어떤 일도 그다지 어렵지 않을 것이다.

어떤 상황에 처하든 사실을 손에 넣으려면 경영자는 질문을 정확히 던져야 하고, 또 그런 질문을 던지려면 자신에게 부과된 숙제부터 잘 처리하여 자신이 처한 현실을 깊게 이해해야 한다. 만약 그가 찾은 방법이 목표 달성에 적합하다면 각 분야의 사람들은 그 방법을 효율적으로, 성공적으로 만들어 줄 것이다. 이렇게 되면 그들이 함께 이룩한 성취의 크기는 부분을 전부 합한 것보다 훨씬 커진다. 이것이 리더십이다. 만약 리더십이 성공적으로 발휘된다면 그것은 기업에 활력을 창조해내고, 다시 이 활력은 이 과정에 참여한 사람들을 자부심과 에너지로 충만케 하여 전에는 불가능하다고 여겼던 장단기적인 성과를 창출할 수 있게 된다.

나는 여기서 각각의 요소들을 분리했지만 실제로 그들 모두는 함께 움직이며 원자로의 핵융합처럼 서로의 자양분이 되어 에너지를 만드는 불과 압력과 힘을 창조해낸다. 이 모든 것이 좋은 경영에 필요한 마음가짐이다.

또 이는 사람들로 하여금 일을 하게 만들고 (답을 찾아야 한다고 느끼기 때문에) 끝까지 달라붙게 하며, 스스로 만족할 때까지 쉬지 않고 밀어붙이도록 만드는 마음의 에너지이다. 물론 손대는 일마다 모두 성공할 수는 없다. 그러나 실패가 예상될 때도 무엇이 문제인지 빨리 포착하여 위험을 피할 수 있다. 손해를 최소화하고 다른 사업으로 발길을 돌릴 수 있다. 만약 당신이 경영자라면 표류하지 말아야 한다.

바로 이것이 우리가 ITT에서 한 일이다. ITT 성장의 원동력을 발빠른 인수에서 찾는 사람들이 있다. 그러나 이는 오해다. 인수에 들인 노력은 고작 10%에 불과했다. 우리는 우리에게 주어진 시간의

90%를 회사 경영에 투입했고, 이를 통해 회사를 내부적으로 성장시켰다. 그렇게 성장한 덕분에 우리의 주식으로 다른 기업의 자산을 살 수 있었던 것이다. 그보다 훨씬 중요한 게 있다. 처음부터 우리는 우리가 정의한 경영자의 개념에 부합하는 인사들로 경영진을 구성할 때까지 쉬지 않고 임원들을 교체했다. 그렇게 경영진을 꾸리고 나자 우리에게는 겁날 것이 없었다. 우리는 목표를 향해 언제든지 달릴 준비가 되어 있었다.

마음가짐 이외에 경영을 이루는 나머지, 즉 "기계적인 부분"은 마음의 에너지가 자신을 주체하지 못하여 벼랑으로 뛰어들지 못하도록 조절하는 역할을 한다. 이 기계적인 부분은 회사의 구조와 조직, 정보의 흐름을 관장하는 통신 네트워크, 재무관리, 회의 일정, 생산요소, 품질관리, 마케팅, 유통 등으로 구성된다. 경영의 기계적인 부분 역시 매우 중요하다. 기업들이 궤도를 벗어나 탈선한 것은 바로 이들을 소홀히 했기 때문이다. 나는 이 나라의 경영대학원을 이러쿵저러쿵 비판하고 아마 필요 이상으로 MBA 학위의 가치를 깔아뭉갰는지도 모르겠다. 그러나 나는 경영대학원이 잘못 가르치고 있다고 생각지는 않는다. 하지만 그들이 한쪽을 지나치게 강조하는 나머지 균형을 잃었다는 것이 내 생각이다. 경영대학원에서는 기계적인 부분에 너무 치중하고, 좋은 경영에 필요한 마음가짐의 가치에는 관심을 기울이지 않고 있다.

MBA 졸업자들이 경영에 필요한 마음가짐의 가치와 이 마음가짐을 갖추기 위해 지불해야 할 대가를 인식하게 될 때 비로소 그들은 내가 정의하는 경영자가 될 수 있다. 이 나라가 이런 종류의 경영자들을 많이 길러낸다면 미국의 산업은 경쟁자들을 저 멀리 따돌리고 다시 한 번 전 세계가 부러워하는 거인으로 우뚝 설 수 있을 것이다. 세상에는 최고 수준의 경영자들이 늘 부족했다. 오늘날 미국의 최고 중역실에는 경영의 두 가지 요소, 즉 마음가짐과 기계적인 부분에 대한 개념을 이해하고 그 둘 사이를 구분할 줄 아는 젊은 남녀들을 위한 자리가 충분히 확보되어 있다.

:: 경영자를 위한 8가지 조언 ::

얼마 전 와튼경영대학원에서 강연하는 중에 나는 성공적인 비즈니스 인생을 살려면 어떻게 해야 하는가라는 질문을 받았다. 나는 학생들에게 초년기에는 부지런히 뛰어다니며 경험을 쌓고 30세나 35세에 자신이 선택한 직업에 눌러 앉아야 한다고 말했다. 이로써 이 사람은 30년이나 35년의 경력을 축적하게 되는 셈이다. 그 사이 회사의 최고경영진은 3번이나 4번 정도 교체될 가능성이 있다. 따라서 좋은 경영자를 위한 자리는 언제나 마련되어 있을 테고, 젊은 인재는 자신의 직업을 고르고 바로 일을 시작하기만 하면 되는 것이다. 내가 인생을 포함하는 모든 경영에 대해 말했듯이, 자신이 하고 싶은 일을 결정한 후에는 망설이지 말고 뛰어들어야 한다.

만약 내가 오늘 그 대답을 수정하고 오랜 기간 비즈니스 세계에서 경력을 쌓으면서 깨달은 바를 요약한다면, 다음과 같이 경영 방법에 대한 개인적인 지침을 제시할 수 있을 것 같다.

1. 지름길로 가려고 하지 말라. 회사 구조의 모든 경로를 거치며 규칙에 따라 플레이하라. 그러나 생각까지 규칙에 따를 필요는 없다. 예전대로만 하면 그만이라고 생각해서는 상상력을 발휘할 수 없다. 그 때문에 당신은 평범한 수준을 벗어나지 못하게 된다.

2. 일체의 허식을 버려라. 과시와 겉치레는 부메랑이 되어 돌아와 반드시 당신의 신뢰를 깎아내릴 것이다. 이기적 행위와 사내정치를 피하라. 본래의 자신과 다르게 행동하지 말라.

3. 서류를 통해 얻는 사실과 사람을 통해 얻는 사실은 다르다. 이 점을 명심하라. 사실을 제공하는 사람에 대한 믿음은 사실 그 자체만큼이나 중요하다. 사실은 정말 사실이라기보다는 사람들이 사실이라고 믿는, 가정으로 짙게 착색된 것임을 명심하라.

4. 꼭 필요한 것은 무엇이든 스스로 찾아야 한다. 경영자로서 당신은 좋은 질문을 해야 하고, 또 그에 대해 당연히 좋은 답변을 들을 권리가 있다. 질문이 정확할수록 좋은 답변을 얻을 수 있다. 좋은 질문을 던지려면 많은 소스를 통해 사실을 확인해야 하며, 이때 그 사실은 처음으로 당신의 머릿속에서 하나의 온전한 그

림으로 조립되어야 할지 모른다.

5. 조직의 유능한 인재들은 당신이 좋은 질문을 해주기 바란다. 그들은 그 질문에 답할 수 있고 또 그러기를 원하기 때문이다. 그때 모두 함께 앞으로 나아갈 수 있다.

6. 오직 사이비 인간들만이 문제의 핵심을 찌르는 질문에 더듬대며 머뭇거릴 것이다. 그리고 이 사이비들을 알아보고 솎아내는 것이 경영자로서 당신이 해야 할 일이다. 인재들이 바라는 바이기도 하다.

7. 질문을 던지지 않으면 어떤 사람도 답이나 해결책을 제시하지 않을 것이다. 대개 똑똑한 인물로 하여금 남을 불편하게 하는 질문이나 제안을 하지 못하도록 하는 것이 조직의 속성이자 계층제의 생리다.

8. 당신이 책임자일 때는 오직 당신이 결정을, 특히 찬반이 팽팽한 의견 사이에서 결정을 내려야 한다. 당신이 특별 대책반이나 부서를 이끌든, 아니면 전체 기업을 이끌든 상관없다. 당신은 결정을 내리라고 돈을 받는 것이다. 결정을 내릴 때는 상황을 둘러싼 사실에 기초해야 한다. 사실이 권위다. 당신의 결정이 옳을 수도 있고 틀릴 수도 있다. 그러나 책임자는 당신이다. 따라서

결정을 내리는 사람도 바로 당신이어야 한다. 당신의 명령은 존중되고 이행될 테지만, 그것은 당신의 명령이 되어야 한다. 당신은 대리인을 통해, 누군가의 입을 빌려 결정을 발표하거나 명령을 내릴 권리가 없다.

:: 경영자가 해야 할 숙제가 있다 ::

이 모든 사항을 제대로 수행하려면 개인적으로 치러야 할 대가가 있다. 스스로에게 물어보자. 눈부신 성과를 내며 남부럽지 않은 성공 경영자가 되기 위해 당신의 인생을 얼마나 투자할 의지가 있는가? 오늘날 미국 산업에 만연한 무기력증은 상당 부분 경영에서보다 지위에 따르는 특권을 누리는 데서 더 큰 만족을 느끼는 경영자에게 그 원인이 있다. 본인은 만찬회나 회의장을 돌아다니면서 정작 중요한 의사결정을 남에게 위임하는데 이는 경영자가 가장 빠지기 쉬운 함정이다.

가슴에 손을 얹고 대답해 보자. 당신은 "반드시" 성공하는 경영자가 되기 위해 기꺼이 인생의 많은 즐거움을 포기할 만큼 큰 뜻을 품었는가? 당신의 명예와 눈부신 성과를 위해 사회적 삶의 많은 부분을 포기하며 밤늦도록 일할 의지가 있는가? 슬렁슬렁 해도 되리라 생각한다면 아마 진정한 경영자 대열에 설 수 없을 것이다. 정상을 향한 경주는 그렇게 만만치 않고, 언제든 당신을 앞지르는 사람은 있기 마련이다. 만약 이런 희생을 감수할 의지가 있다면, 의지대로 실천하되 절대 불평하지 말라. 아무도 당신에게 강요한 적이 없다. 당신이 원해서 택한 길이다.

그렇게 성공한 경영자가 되면 당신은 퇴근 시간에도 절대 자리를 일어설 수 없게 된다. 휴일이 아닌 이상 당신의 시간은 다른 사람들의 소유가 된다. 당신은 당신과 소통해야 하는 모든 조직원이 당신을 필요로 하면 언제든 만날 수 있는 사람이 되어야 한다. 모임, 비공식 회의, 동료나 부하직원들과의 일대일 대화 등 잠시도 긴장을 늦출 수 없는 일이 꼬리에 꼬리를 물고 이어진다. 회사 곳곳의 사람들은 각자의 필요와 불평과 문제를 들고 당신을 찾아온다. 회사 밖에서는 오늘 만나기로 약속한 사람들, 만나고 싶은 사람들, 만나기 싫지만 만나야 하는 사람들의 요구가 빗발칠 테고, 또 그냥 간단히 사양할 수 없는 식사 자리도 있을 것이다.

한편 어떤 날은 퇴근 시간과 함께 사람들이 하나 둘씩 사무실을 빠져나가고 그들의 요구와 하소연도 잠잠해진다. 당신은 책상에 홀로 앉아 이제 원하는 일을 할 수 있다고 느낀다. 책상 위의 버저를 누르면 두 비서 중 하나가 들어올 것이다. 아래에서는 리무진과 기사가 대기하고 있으며, 비행기는 근처 공항에 있다. 이제 원하는 곳은 어디든 갈 수 있다. 아마 책상 위에는 컴퓨터 단말기도 있어 그날의 주식시황을 살펴보거나 뉴욕이나 런던의 극장 공연을 확인할 수도 있다. 그리고 거의 항상 당신이 응할 수 있는 만찬 초대도 있다. 그러나 동시에 당신의 책상 위에는 해야 할 "숙제"도 있다.

지금이 바로 그때다. 일체의 잡무가 사라지고 자기 일을 하고 자기 생각을 가다듬을 수 있는 바로 그 시간이다. 꼭 당신이 직접 할 필요는 없다. 당신이 안 해도 회사는 계속 굴러갈 것이다. 당신 대신 결정을 해줄 성실한 일벌레들도 많다. 당신은 그들을 믿을 수 있고 어느 모로 보나 책임자는 여전히 당신이다. 여전히 당신은 명령을 내리고 그들은 복종할 것이다. 그러나 차이가 있다. 그것은 당신의 명령이나 당신의 결정이 되지 못할 것이다. 실질적인 명령이나 결정은 다른 이들이 내리고 당신은 입만 빌려준다. 당신은 그 사실을 알 것이고 다른 조직원들도 알 것이다. 그러면 당신은 그들의 존경과 신뢰를 잃게 된다. 당신의 리더십은 관료적으로 변하고 회사에서는 생명의 수액이 빠져나간다. 이 모든 과정은 아주 서서히 진행되기 때문에 가장 예민한 자들만 변화를 감지한다. 그러나 당신은 마음속 깊이 그것을 느낀다. 그것이 선택이다. 당신은 밤늦도록 숙제를 하려는가, 아니면 가장 중요한 일은 남에게 맡기고 그냥 짐 싸들고 집에 가려는가?

나는 ITT에서 매일 정규 근무 시간이 끝날 때 이런 선택에 직면했다. 아마 한숨을 쉬며 집에 전화하여 오늘 밤 늦을 거라고 말했던 것 같다. 나는 정장을 벗어던지고 넥타이를 풀고 오래된 검정 스웨터를 걸친 후 숙제를 하기 시작했다. 저녁식사가 들어오고 사무실의 작은 테이블이 잠시 식탁으로 변한다. 아내도 내가 11시 30분이 넘기 전에는 집에 안 들어오리라는 것을 안다. 이 시간은 숫자와 단어들이 희미하게 보일 때까지 그 모든 보고서들을 연구하고 분석하는 시간이었다. 또 이때는 생각하고 숙고하며 결정을 해야 하는 시간이었다.

너무 무리했다고 생각지는 않는다. 단지 이렇게까지 시간과 노력을 투입하는 것이 잘하는 짓인지, 혹은 바보 같은 짓은 아닌지 의심스러울 때가 있었다. 그러나 내 결론은 항상 이 외에 다른 방법이 없다는 것이었다. 나는 어떤 대가를 치르든 자기 환경의 포로가 되지 않으면서, 또 자기 숙제를 하지 않으면서 진정한 리더가 된 사람은 만나본적이 없다. 정말 다른 길은 없었다.

:: 일과 삶을 모두 즐겨라 ::

그러나 성공을 위해 자기 일에 전력투구한다고 해서 꼭 획일적이고 부자유스러울 필요는 없다. 나는 이것이 일반적인 생각이라는 것을 알고 있다. 하지만 만약 의식적으로 선택만 한다면 일주일에 한 번씩 가족, 오락, 취미 활동 등에 할애할 시간은 충분하다. 나는 경력 초기에 하나의 생활습관을 정하여 ITT에 머무는 동안에도 그대로 지속했다. 나는 내가 일하는 곳 근처에서 살았고 교외까지 통근하지 않았다. 또 일주일에 5일간 종종 밤늦도록 필요한 만큼의 시간을 일에 투입했다. 그리고 주말에는 그 모든 것으로부터 손을 털었다. 만약 그래도 할 일이 있으면 일거리를 가져가 주말의 일부를 그 일에 할애했다. 나는 결코 클럽 챔피언십 골프대회에 나가려고 애쓰지도 않았고 취미나 다른 스포츠에 진지하게 몰입한 적도 없다. 내게 주말은 긴장을 풀고 휴식하고 즐기는 시간이었다.

평생토록 이어진 아마 가장 어렸을 적부터의 내 도락은 낚시와 사냥이었을 것이다. 나는 이미 청춘시절부터 내 인생의 너무 많은 부분을 장악하고 있던 서류와 책과 종이로부터 놓여나 낚시를 하러, 사냥을 하러 밖으로 나갔다.

나는 8살 무렵 여름 캠프에서 처음으로 물고기를 낚았다. 그것은 미끈하게 생긴 노란색 농어였다. 지금도 눈을 감으면 물살을 가르며 올라오던 그 농어의 신비한 색채가 생생히 떠오른다. 까마득한 시절의 한 장면이다. 그때 나는 물고기보다는 낚시 자체에 더 매료되었다. 나는 바다든, 호수든, 강이든, 송어가 사는 개울이든 소싯적부터 물을 좋아했다. 작은 냇가에서 하는 제물낚시든, 해안가에서 큰놈을 노리는 견지낚시든 온갖 종류의 낚시에 흠뻑 취했다. 여행을 할 때는 세계를 돌며 낚시질을 했다. 그것은 굉장한 오락이었고 언제나 매력적이었다. 내 관심은 낚시에서 멈추지 않았다. 늘 물의 매력에 이끌린 나는 세월이 지나고 여유가 생기면서 노 젓는 배로부터 경주용 보트와 갑판에 고정시킨 회전의자와 탑이 있는 대형 낚싯배에 이르기까지 온갖 종류의 배를 만들고 소유하고 이용했다. 아마 근원을 거슬러 올라가자면 내가 생후 9개월 되던 시점까지 뿌리가 닿아 있을 것이다. 그때 어머니는 본머스에서 모래에 작은 구멍을 파고는 작은 바닷물 웅덩이에 나를 담그셨다고 한다. 그것이 "내게 좋았다."는 것이다. 기억은 못해도 느낄 수는 있을 것 같다.

사냥은 좀 늦은 시기에 중서부로 이사하면서 빠져들었던 도락이었다. 낚시처럼 사냥 역시 나를 밖으로 불러냈고 대개 좋은 벗들을 동반했다. 뉴욕시에서는 그다지 사냥을 즐길 수 없었지만, 초원에서의 꿩 사냥과 강에서의 오리 사냥, 그리고 남부에서 했던 메추라기나 오리와의 추격전은 나를 흠뻑 취하게 했다. 나는 동물들에게 총질을 해대는 것에 편안함을 느껴본 적이 없다. 뉴햄프셔의 우리 농장에 동물들이 있지만, 거기서는 사슴과 곰 모두 내게서 아주 안전하다. 그러나 엽총으로 조류를 쏘는 것은 다른 문제다. 나는 트랩 사격 솜씨가 꽤 훌륭했고 클레이 사격의 일종인 스키트(skeet) 사격 실력도 괜찮은 편이었다. 나는 엽총이 대단한 투자라고 주장한다. 아니면 그것은 단지 뛰어난 세공 솜씨의 아름다움을 즐기기 위한 구실일지도 모른다. 나는 몇 정을 소유하고 있다.

ITT에 있을 동안 나는 이런 느낌의 일부를 남들과 공유하려 했다. 함께 일하는 사람들에게 여유로운 삶을 맛보도록 해주고 싶었다. ITT는 32km 길이의 송어 개천과 5개의 꽤 큰 호수가 있는 캐나다 접경지대에 낚시 캠프를 마련했다. 플로리다키스(Florida Keys)에도 8~10명이 얕은 여울에서 낚시를 할 수 있도록 개조된 집배(houseboat)를 갖춘 낚시 캠프가 있었다. 조지아 주에도 수목 우거지고 야생 메추라기가 노니는 1만5천 에이커의 드넓은 땅에 사냥 캠프를 두었다.

그렇다. 우리는 이런 것들을 마련해놓고 사람들과 비슷한 관심과 느낌을 공유하려 했다. 우리는 봄에 조지아 캠프에서 일주일간 총질을 하고 싶어 하는 이사들을 초대했고, 최고 경영진들을 교대로 그곳에 보내 이런 환경에서 ITT의 이사들을 접촉할 수 있는 기회를 마련했다. 나는 그들이 내 삶에 큰 활력소가 되었던 것들을 함께 경험하기를 바랐다.

물론 여기에는 비즈니스적인 측면도 있었다. 이들은 우리의 거래 상이나 고객들을 환대하기 위한 편의시설을 이용할 줄 알게 되었다. 당신이 고객을 알 수 있는, 또는 고객이 당신을 알 수 있는 이보다 더 좋은 방법은 없다. 그리고 이미 말했듯이 상대를 아는 것이 판매 술의 기본이다. 다년간 ITT의 이사로 재직해온 조지 브라운(George Brown)이 내게 그 방법을 가르쳤다. 그는 종종 나를 텍사스 남쪽에 있는 그의 사냥 캠프로 초대했고, 나는 거기서 다른 기업의 수장들과 어울리며 때로는 이 나라의 고위 공무원들을 접촉하기도 했다. 갑부로 유명하지만 사실은 조용하고 내향적인 인물인 또 다른 이사 앨런 커비(Alan Kirby)는 강가에서 함께 낚시를 하는 동안 진지한 문제들에 대해 넉넉하고 지혜로운 언어로 내게 가르침을 주었다. 이들은 쉽게 잊히지 않는 특별한 추억들이다. 내가 우리 사람들에게 전해주고 싶었던 것은 자연의 일부가 됨으로써 얻을 수 있었던 이런 특별한 체험이었다.

혹시 이 모든 과정에 소요되는 경비에 대해 걱정하는 주주가 있을까 싶어 말씀드리는데, 회사에는 이로 인해 전혀 비용이 발생하지 않았다. 내가 ITT에서 물러난 후 새 경영진은 나와는 가치관이 달라 이모든 재산을 팔아버렸다. 우리가 그 드넓고 생산적인 삼림지에 투자했던 원래 금액은 약 1,200만 달러였을 것이다. 그런데 그들은 3천만 달러가 넘는 가격에 팔렸으니까, 약 2천만 달러의 이익을 챙긴 것이다.

그러나 그것은 ITT에게 진정한 이익이 아니었다. 거기서 얻을 수 있던 진정한 소득은 자연이 제공한 새롭고도 유쾌한 생각과 정신이었으며, 업무의 일상에서 벗어난 야생의 세계에서 잊을 수 없는 추억을 만들며 즐거운 한때를 보낸 그 모든 사람들의 감정이었다. 이것이 진정한 보상이었다. 또 나는 매사추세츠 주의 볼턴(Bolton)에 골프장과 클럽 회관을 마련했다. 이 역시 앞의 것들과 비슷하지만 약간 다른 방식으로 우리 삶의 활력소가 되어준다. 이곳은 미국의 100대 골프장 중 하나이며, 백 티(back tee, 티 그라운드의 가장 뒤쪽에 있는 티로 코스의 정규 거리는 이 백 티에서 계산되며 챔피언 티라고도 함 – 옮긴이)에서의 거리가 7,580미터에 달해 가장 긴 코스에 속한다. 이곳은 지금도 ITT 고객들을 위해 열려 있다.

내가 직접 참여하여 즐긴 스포츠 중에는 테니스도 있다. 나는 이것을 대학예비학교 시절부터 시작하여 다리에 힘이 있는 동안은 계속 즐겼다. 나중에 즐기게 된 골프는 여전히 나를 실망시키지만, 이제 골프에 사람의 우울한 감정을 날려버리는 효과가 있음을 인정한다. 내가 큰 재미를 느껴본 적이 없는 것 한 가지는 관람 스포츠다. 나는 가만히 앉아 남들 노는 거 구경만 하기보다는 잘은 못해도 적극적인 플레이어가 되는 편이 좋다.

취미는 늘 내 지적인 호기심을 자극했다. 그래서 비즈니스 영역을 넘어 폭넓은 독서를 했고 초기에는 글도 많이 썼다. 나는 지금도 피아노를 친다. 그렇다고 프로 수준이라는 말은 절대 아니다. 또 기타,

밴조, 아코디언 등의 악기들도 나 자신을 놀라게 할 정도로 잘 연주한다. 재즈, 스윙(swing), 딕시(Dixie, 남북전쟁 때 남부에서 유행한 쾌활한 노래 – 옮긴이)도 좋아하여 한쪽 벽을 이런 레코드들로 채워놓고 있다. 아마 어머니의 유산인지 모르지만 극장도 즐겨 찾는다. 대체로 나는 배우기를 좋아하며, 끊임없이 정보를 축적한다. 그래서 잡지 20종류와 일간신문 3부를 구독하고 있다.

어떻게 이런 것들을 하면서 일하는 시간을 마련할 수 있을까? 이에 대한 답은 내가 하지 않는 것들에 있다. 나는 친구가 주최하거나 업무상 반드시 참석할 수밖에 없는 아주 특별한 경우를 제외하면 오찬회, 칵테일파티, 만찬회 등의 순수한 사교행사에는 거의 참석하지 않는다. 빙 둘러서서 가벼운 대화를 주고받는 것을 결코 재미있다고 느껴본 적이 없다. 나는 내 비즈니스 인생에서 충분히 사교적인 접촉을 하고 있다. 사람들을 사교적인 상황에서 미리 만나지 않고도 얼마든지 그들과 사업을 할 수 있다. 꼭 사전에 업무 외적으로 사교적인 접촉을 시도할 필요는 없다는 말이다. 그저 전화만 하면 된다. 이것이 얼마나 효과적인지를 보면 놀랄 것이다. 나는 사교적인 회합을 피하는 대신 그 시간에 야외 스포츠와 취미를 즐겼다. 나는 그것이 둘 사이에 체결된 공정한 교환거래(trade-off)였다고 생각한다.

우리는 항상 이런 질문을 받는다. 아니면 아마 스스로에게 묻는 것인지도 모른다. 만약 처음부터 다시 할 기회가 주어진다면, 다르게 하겠는가? 나는 그럴 것 같지 않다. 지난날을 돌이켜보며 나는 비즈니스에 바친 그 모든 시간을 즐겼다고 자신 있게 말할 수 있다. 나는 열심히 일하는 것이 좋았고 동료들과 보내는 시간이 즐거웠다. 또 그들과 함께 숱한 흥분의 순간을 공유했다. 그것은 우리가 창조적인 경영이나, 더 단순하게 말해 우리 자신의 개인적 성취의 측면에서 뭔가 대단한 일을 해냈을 때 느낄 수 있는 어떤 절정 경험이었다.

이 모든 과정을 통해 나는 늘 ITT의 위대한 경영자들과 함께 내가 해를 거듭할수록 배우고 성장해가고 있다고 느꼈다. 하나의 집단으로서 우리는 수많은 사람들의 삶에 크게 기여한 우리의 높은 실적기준과 발전 및 성취의 기록에 만족하고 충족감을 느꼈다. 더 깊이 들여다보면, 이런 성취감과 기여 의식이 우리가 하는 일에 변함없는 헌신과 열정을 쏟을 수 있게 한 원동력이었다고 확신한다. 우리는 그전까지 누구도 하지 못했던 어떤 일을 하고 있다고 느꼈고 그 일을 제대로 하기 위해 혼신의 힘을 다했다.

사람에게 이보다 훨씬 많은 것이 필요할지는 잘 모르겠다. 돌아가서 해야 할 일이 있는 한 나는 골프를 즐긴다. 나는 이것이 두 가지를 의미한다고 생각한다. 하나는 내가 골프를 즐긴다는 것이고, 다른 하나는 내게 일이 필요하거나, 최소한 골프만큼 일을 즐긴다는 것이다.

Chapter 13

맺음말

이 마지막 장은 이 책에서 가장 짧지만, 아마 가장 중요한 장이 될 것이다.

말은 말이고 설명은 설명이며 약속은 약속일 뿐이다. 그러나 성과만은 현실이다. 나는 이것이 비즈니스 불변의 법칙이라고 생각한다. 오직 성과만이 나의 자신감, 능력, 그리고 용기를 측정할 수 있는 최상의 척도다. 그리고 오직 성과만이 나에게 나 자신으로서 성장할 수 있는 자유를 준다.

성과가 당신의 현실이라는 점만 기억하라. 그 외에 다른 모든 것은 잊어라. 바로 이런 이유로 나는 경영자를 성과를 내는 사람이라고 정의한다. 중요한 것은 말이 아니라 당신이 이룩하는 일이다. 변명은 필요 없다. 그리고 당신이 뛰어난 성과를 올리면 세상은 다른 모든 것은 잊어도 성과만은 기억할 것이다. 그리고 무엇보다 당신 역시 성과만을 기억할 것이다.

행운을 빈다.
그리고 훌륭한 성과를 거두기 바란다.

베일에 싸인 경영자, 제닌

후 기 | **앨빈 모스코우**(Alvin Moscow), 공동 저자

제닌!

그의 이름은 미국 국경을 넘어 세계 곳곳의 비즈니스 현장까지 널리 알려졌다. 그는, GM의 전성기를 이끈 앨프리드 슬론(Alfred P. Sloan, Jr.) 이래 가장 위대한 경영자로 평가받고 있다.

해럴드 제닌은 17년 동안 ITT(국제전신전화회사)의 수장이자 세계에서 가장 복잡한 기업의 최고사령관으로서 세계 주요 국가에서 작전을 수행했다. 가장 흥성할 때는 피부색과 종교가 다른 37만 5천 명 이상의 병사들을 지휘하며 비범한 상상력으로 각양각색의 제품과 서비스를 생산했다.

성과만 따지면 제닌은 50년 전의 슬론을 뛰어넘지 못한다. 그러나 제닌이 활동하던 시대는 훨씬 어수선했다. 그는 연어처럼 힘차게 역류를 헤치며 위업을 달성했다. 제닌의 역작은 ITT였다.

17년 동안 매출·수익 20배 상승

1920년에 설립된 ITT는 전화·전신 장비를 제조하고 라틴아메리카에서 소수의 전화회사를 운영하며 미국 국방부를 위해 통신망을 구축한 전력이 있는 기업이었다. 대부분의 사업이 해외에서 진행되던 관계로 회사는 제2차 세계대전 당시 막대한 피해를 입었다. 전후, ITT는 해외 사업을 재건하고 기지개를 켜던 미국 경제에서 틈새시장을 찾으려 분투했지만 번번이 실패하고 말았다. 회사 설립자 소스테네스 벤 대령(Colonel Sosthenes Behn)은 크게 낙심했고 1957년에 사망했다. 현대 기준으로 볼 때 회사는 낡고 구식이었으며, 정체되어 있고 표류하는 듯했다.

2년 뒤인 1959년, 제닌이 ITT 사장 겸 CEO로 영입되었을 때 회사 매출은 7억 6,560만 달러, 영업이익은 2,900만 달러였다. 그중 1,500만 달러는 영업소득 외에서 발생한 수익이었다. 맨해튼 남쪽의 본부 건물을 매각한 대금 300만 달러도 이 안에 포함되었다. 그러나 제닌이 최고경영자 자리에서 물러난 1977년, ITT의 연 매출은 167억 달러에 달했고 수익은 5억 6,200만 달러를 기록했다. 그는 80개국의 각기 다른 사업체 약 350개를 매입 또는 합병하거나 흡수했으며, 이를 250개의 이익중심점으로 재편했다.

제닌은 이렇게 재창조된 기업을 "통합 경영의 복수제품 기업(a unified-management, multi-product company)"이라고 불렀다. 그의 감독하에 ITT는 첨단 전화·전신 장비를 제조하고 전화회사를 운영했을 뿐 아니라 빵과 케이크도 굽고 자동차를 대여하고 집을 짓고 호텔을 운영하고 보험증서에 서명하고 책도 출판했으며, 펌프와 밸브, 자동차 부품, 잔디 관련 제품, 전기장비 등도 만들었다.

250개의 이익중심점 각각은 그 가치만 해도 수십억 달러에 달했고, ITT의 날개 아래서 빠르게 성장했다. 콘티넨탈베이킹스원더(Continental Baking's Wonder) 빵과 트윙키스(Twinkies) 과자는 해당 분야에서 지존으로 군림했고, 에이비스렌터카(Avis Rent-A-Car)도 업계 2위를 지켰으며, 쉐라톤 호텔은 두 번째로 큰 호텔 체인이 되었고, 하트퍼드보험회사(Hartford Insurance Company)는 재해보험 업계 4위로 올라섰다. 또한 ITT만큼 많은 공업용 펌프와 밸브를 생산하는 기업도 없었다. 제닌은 이 조직을 "통합 경영의 복수제품 기업"이라 불렀고 세간에서는 "복합기업"으로 통했다. 이는 세계에서 가장 크고 가장 많은 수익을 창출하는 국제적인 복합기업이었다.

전성기 시절 ITT는 포춘 500대 기업 가운데 위에서 아홉 번째 자리를 차지한 산업기업이었다. 1977년에 제닌이 최고경영자직을 내놓았을 때, 주요 석유회사 두 곳이 약진하여 ITT는 11위로 밀려났다. 그러나 ITT를 앞지른 10대 기업 가운데 6곳이 풍부한 자원으로 무장한 석유회사였고 2곳은 대형 자동차 회사인 GM과 포드였다. 이를 감안하면 실제 ITT의 경쟁 상대는 GE나 IBM 등의 엘리트 그룹이었다. 500대 기업 목록을 살펴보면 유에스스틸(U.S. Steel), P&G, 다우케미컬(Dow Chemical), 유니언카바이드(Union Carbide), 이스트먼코닥(Eastman Kodak), RCA, 웨스팅하우스일렉트릭(Westinghouse Electric) 등 쟁쟁한 기업이 ITT의 뒤를 따르고 있다.

이런 눈부신 위업의 이면에는 해럴드 제닌이 버티고 있었다. 그는 이 모든 일을 사자처럼 대담하고 치타처럼 빠르게 이룩했기 때문에 많은 사람들이 그를 의혹과 우려의 시선으로 바라보았다. 상당수 미국인들은 이런 급성장의 이면에는 뭔가 내막이 있을 것이라고 여겼다. 소설, 영화, TV 드라마 등 각종 매체는 대형 국제기업의 수장들을, 전 세계를 장악하기 위해 수단과 방법을 가리지 않는 악마로 묘사했다. ITT를 상대로 한 반독점 소송이 벌어졌고 해럴드 제닌에 대한 온갖 고소와 비난이 난무했다. 그러나 소문만 무성했을 뿐 문제점을 찾을 수 없었다. 그럼에도 불구하고 사람들은 눈에 불을 켜고 제닌을 감시했다. 상식적으로 ITT의 급성장을 납득할 수 없었기 때문이다.

세간의 이목이 ITT에 집중되는 동안에도 그는 굳이 사람들 앞에 나서지 않았다. 좀처럼 공개석상에 모습을 드러내지 않았고 연설도 곧잘 건너뛰었으며 무슨 위원회 따위에도 가입하지 않았다. 심지어 비즈니스 세계에서도 그는 제2차 세계대전 당시 저돌적인 작전으로 이름을 떨쳤던 "패튼 장군"처럼 이단아로 여겨졌다. 그러나 유럽에서는 해럴드 제닌을 경외의 눈길로 바라보았다. 서유럽 국가에서 그는 "경영의 미켈란젤로"로 통했다. 그는 지금껏 없었던 방식으로 기업을 경영했고, 감히 누구도 예상치 못했던 업적을 이룩했다.

제닌 가까이서 일했던 사람들은 그를 천재로 묘사하지만, 본인은 이를 극구 부인한다. 그러면서도 전문경영의 달인이라는 호칭은 굳이 사양하지 않는다. 경영자를 꿈꾸는 일반 직장인들에게 해럴드 제닌은 닮고 싶은 인물이자 롤 모델이었다. 그는 자신의 노력과 능력으로 최고의 자리에 올랐다. 그는 발명가도 아니고 기업가도 아니었다. 석유를 캐지도 못했고, 컴퓨터 마이크로칩이나 즉석 사진을 발명하지도 못했다. 또 남보다 앞서 신제품을 출시한 적도 없고, 호기를 타고 부를 거머쥔 적도 없다. 심지어는 자신의 회사도 소유하지 못했다. 단지 그는 부실기업을 떠맡아 대수술을 감행한 뒤, 이를 전 세계에서 가장 크고 복잡하며 다각화된 현대적인 다국적 기업으로 재건한 "경영자"였다. 한때 그는 미국에서 최고의 보수를 받는 간부였지만, 그를 고용한 이사들에게 신임을 받아야 하는 피고용인 신분에서 벗어난 적이 없다.

남들보다 유리한 위치에서 사회생활을 시작한 것도 아니다. 그는 심부름하는 소년으로 사회에 첫발을 내디뎠다. 숱한 역경을 겪었으며 8년간 야간학교를 다닌 끝에 학위를 땄고 회계사로 정식 출근 도장을 찍었다. 제닌의 사례가 성공을 꿈꾸는 이들에게 전달하는 메시지는 분명하다. 만약 제닌이 할 수 있다면 당신도 할 수 있다는 사실이다. 이 때문에 그는 살아생전에 영웅이자 전설이 되었다. 오늘날 영웅은 드물며 비즈니스 영역에서는 희귀하다. 〈포춘〉이 선정한 미국 500대 기업의 목록을 쭉 살펴보라. 각 기업 총수의 업적은 말할 것도 없고 그들의 이름조차 떠올리기 힘들지 않은가.

58분기 연속 전년 대비 수익률 10~15% 증가

금융계와 월스트리트가 제닌을 바라보는 감정은 복합적이었다. 그가 처음 ITT를 재편하고 재건할 때였다. 일부 전문가들은 제닌의 시도는 실패할 것이며, 실타래처럼 얽히고설킨 그의 기업과 제품들은 모두 침몰을 면치 못하리라고 예측했다. 그러나 여타 복합기업들이 앓는 소리를 내며 폭삭 주저앉을 때도 ITT는 성장하고 번영했다. 무엇보다 월스트리트를 감동시킨 부정할 수 없는 통계는 이 복잡한 조직의 꾸준한 성장이었다. 제닌의 지휘하에서 ITT는 연속 58분기 동안 전년도에 비해 수익을 증가시켰다. 햇수로 따지면 14년 6개월이라는 시간이다. 주식회사의 나라 미국에서 이는 전대미문의 기록이다.

사람들은 ITT를 "제닌의 기계"라고 부르기 시작했다. ITT는 돈을 벌었다. 그가 ITT의 수장으로 있던 17년 동안, 이 회사는 1974~75년 딱 두 해만 전년도 대비 11%의 수익을 증가시키는 데 실패했다. 그러나 이는 석유 금수 조치와 에너지 위기, 그리고 크게 요동치던 미국 달러의 환율 때문이었다.

비결이 무엇일까? 제닌은 ITT를 어떻게 관리했기에 경기침체, 금융긴축, 경제적·정치적 격변에 아랑곳없이 수익률을 10~15% 끌어올렸을까? 비슷한 규모의 타 기업들이 1~5%의 수익 증가율로 고전하는 상황에서 어떻게 매년 두 자리 상승률을 기록했을까? ITT의 경영방식은 곧 전문가들의 집중 연구 대상이 되었다. 혹자는 이를 "목표 경영(management by objectives)"이라 불렀고, 혹자는 "회의 경영(management by meetings)"이라 칭했으며, 어떤 이는 중앙의 엄격한 재무관리를 비결로 꼽았고, 또 다른 이들은 그저 제닌의 힘 때문이라고 했다. 몇몇은 각종 통계 수치를 믿지 않기도 했다.

그러나 설명은 충분하지 않았다. 다른 기업들도 겉보기에는 똑같이 했다. 그들 역시 목표가 있었고 정기회의를 열었다. 또한 검토 및 분석 절차, 그리고 중앙의 재무관리 시스템 역시 갖추고 있었다. 심지어 일부 기업에는 해럴드 제닌과 똑같이 말하는 깐깐하고 정력적인 보스들도 있었다. 그런데 어쩐 일인지 그들은 ITT와 달리 성과를 꾸준히 거두지 못했다. 사람들은 자신들이 제닌에 대해 잘 모르고 있다는 결론을 내릴 수밖에 없었다.

제닌의 성공, 비결은 무엇인가?

1980년 봄 나는 리처드 커티스(Richard Curtis)의 소개로 해럴드 제닌을 만났다. 커티스는 저작권 대리인으로, 둘이 힘을 합쳐 책을 만들면 어떻겠느냐고 제안했다. 1977년 ITT의 최고경영자 자리를 내놓고 1979년 대표이사직을 사퇴한 제닌은 은퇴 후에도 매우 활동적이었다. 그는 회사를 매입하여 수술하고 자금을 수혈하며 틀을 다시 짜는 등 그가 ITT에서 하던 일을 계속했다. 단지 이번에는 신분이 독립적인 벤처캐피털 투자가로 바뀌었을 뿐이다. 우리는 4일 동안 정규 근무시간이 끝난 늦은 시각에 만나 이 책의 주제에 대해 논의했다. 그리고 제닌의 경력과 교육, 인생 초기에 그가 받은 영향, ITT의 역사, 경영관, 그의 50년 직업 인생과 당시의 미국 정치 · 경제사, 그 외의 다양한 주제에 대해 대화를 나누었다. 그런 뒤 우리는 지금껏 나눈 대화를 하나씩 구체화하기로 했다.

1년 뒤인 1981년 4월 우리는 경영에 관한 책을 쓰기로 합의하고 2

년 반에 걸쳐 즐겁고 유익한 협력 작업에 몰입했다. 작업 패턴은 늘 일정했다. 정규 근무시간 이후에 만나 6시부터 11시까지, 때로는 자정까지, 또 어떤 때는 주말에도 일했다. 우리가 녹음한 엄청난 분량의 토의 내용은 제닌의 사무보조인 캐서린 파라고(Catherine Farago)와 그의 비서 마리 세리오(Marie Serio)가 꼼꼼하게 옮겨 적었다. 두 사람 역시 밤늦도록 일했다.

이 과정에서 나는 아주 수준 높은 교육을 받았고, 세상을 다르게 보기 시작했다. 놀랍게도 기업 경영에 관한 해럴드 제닌의 이야기는 상당 부분 인생에도 똑같이 적용되었다. 이를 통해 나는 제닌이 문제에 접근하는 방식, 목표를 추구하는 방식, 타인을 상대하는 방식 등을 읽어낼 수 있었다. 제닌은 비즈니스와 인생에 대한 그의 생각과 철학의 원류를 찾아 자신의 과거를 더듬었다. 그가 ITT에서 한 일의 상당 부분은 논리와 경험만큼이나 본능과 직관에 근거한 것이었으며, 그가 어머니와 서프필드아카데미(Suffield Academy)에서의 학창시절, 그리고 함께 일했던 예전 상사와 동료들에게서 배운 것이 그 모태가 되었다. 우리는 이 모든 것을 책에 담으려고 노력했다. 이런 복기 과정을 통해 그는 자신이 했던 일을 보다 명료하게 설명할 수 있게 되었다. 활동적인 삶을 사는 대부분의 사람들처럼 그는 전에는 결코 자신의 생을 되짚어볼 생각도 여유도 없었다.

이 책의 핵심을 구성하는 제닌의 개념들은 언뜻 뻔한 얘기처럼 보일지 모른다. 그러나 실제는 그렇지 않다. 나는 제닌의 생각들이, 나와 이 원고를 미리 읽었던 사람들의 삶에 영향을 끼친 것처럼 당신의 삶에도 깊은 울림을 줄 것이라 생각한다. 개념 자체는 낯익다. 그러나 예전에 접했을 때는 제닌의 육성을 통해 뿜어져 나오는 강렬한 힘이 빠져 있었다. 제닌의 에너지는 이 책의 집필 방식에도 영향을 끼쳤다. "하고 싶은 일을 찾았으면 곧바로 시작하라."는 것이 제닌의 철학이었다. 이는 진리였다. 일단 우리가 이 책의 목적을 결정하고 나자 해야 할 일들이 저절로 하나씩 드러났고 우리는 그대로 일을 진행했다. 우리는 우리가 어디로 가야 하는지 알고 있었다. 나는 이 책과 관련하여 실시한 긴 토론을 통해 그가 ITT에서 주도한 장시간의 총 책임자회의(General Managers Meetings)의 분위기를 이해하게 되었다. 때때로 제닌과 나는 일과를 마친 뒤 피곤한 상태에서 만났다가도 자정 무렵 결론을 내릴 쯤에는 점점 더 흥분하고 기운이 팔팔해짐을 느꼈다. 뜻밖의 보물을 발견할 때도 많았다.

지인들이 말하는 "제닌은 어떤 사람인가?"

ITT의 경영에 대한 내 이해를 높이기 위해 제닌은 ITT에서 함께 일했던 인사들을 만나보라고 권유했다. 그는 목록 A와 B를 건네주었는데 목록 A에만 132명의 이름이 적혀 있었다. 나는 ITT 본부의 최고 경영진과 몇 명의 이사, 소수의 자회사 경영자, 그리고 일부 외부 인사들을 포함하여 50명을 만났다.

그들은 깊은 애정을 가지고 제닌에 대해서 이야기했다. 대부분은 제닌에게 큰 영향을 받았다며 매우 고마워했다. 이런 인터뷰를 거치면서 서서히 주인공의 초상이 그려졌다.

대다수는 제닌의 많은 특징들 중에서도 강렬한 에너지, 천부적인 열정, 날카로운 지력이 그를 특별하게 만들었다는 데 동의한다. 그는 매사 지치지 않고 일사천리로 해치운다. 빨리 걷고 빨리 운전하고 빨리 먹으며 믿을 수 없을 정도로 빠르게 생각하고 말한다. 또 생각에서 생각으로 도약하다가 잠시 숨을 돌릴 때가 있는데 그때는 "무슨 말인지 이해됩니까?"라고 물을 때뿐이다. 그러나 그는 남의 말에 귀기울일 줄 알고 자신보다 나은 견해와 신선한 정보를 구하려는 학구열로 똘똘 뭉쳐 있다. 이 때문에 그는 숱한 권력자들과는 달리 대화하기 편한 상대다. 또 몸에서 흙냄새가 날 정도로 현실적이다. 그는 감정이 풍부하고 상황에 따라 즉각적으로 반응할 줄 알았다. 웃기도 잘하는데, 이는 자신의 삶을 즐기고 사람들을 좋아하기 때문이다. 그는 호기심이 풍부하여 새로운 것은 적극적으로 배우려고 한다. 반면 어리석은 짓을 쉽게 용서치 않으며, 자신의 기대에 부응하지 못하는 자들을 오래도록 두고 보지 못한다. 상황이 그럴 만한 때는 거침없이 분노나 실망감을 표현한다. 그는 고장 난 물건을 12미터 너비의 집무실 반대편까지 힘껏 집어던지기도 한다. 그러나 사람을 만날 때는 매우 인간적이다. 일이 제대로 실행되지 않을 때는 불평을 쏟아내면서도 사람을, 특히 부하직원을 인간적으로 모욕하지 않으려고 조심한다. 그는 누군가 개인적인 불행에 처했을 때는 연민의 정을 갖고 대하는 사람이다.

제닌은 자기 일을 사랑한다. 한 번도 게으름을 피우지 않았으며, 함께 일하는 모든 이들에게 모범을 보인다. 제닌을 본받기 위해서는 그들 역시 열심히 일해야 한다. 성실히 자신의 숙제를 한다는 근면의 윤리는 ITT 임원들의 의식 깊숙이 각인되어 있다. 해럴드 제닌과 본부 참모들에게 10~12시간 근무는 일상이었고, 그보다 오래 일하는 날도 잦았다. 제닌은 주말이나 출장여행 기간 중에는 주문제작 한 18kg짜리 특대 가죽가방 최소 두세 개에 일거리를 가득 담아서 다녔다.

제닌은 중앙에서 재정을 엄격히 관리했으며 다수의 본부 직원들로부터 보고를 받았다. 그러나 무엇보다 ITT 운영의 중심은 총책임자 회의였다. 그들은 한 달에 한 번 "미스터 제닌"과 만났다. 그들은 제닌이 자기들이 제출한 월별 영업 보고서를 꼼꼼하고 철저하게 검토했다는 사실을 알고 있었다. 유럽 지역의 책임자 약 120명이나 미국 지역의 책임자 130여 명이 참석한 공개회의에서 제닌은 보고서를 근거로 질문을 던졌다. 그는 월별 보고서를 검토하면서 각 회사의 주요 문제들을 점검하는 한편 "비효율성"의 문제에도 주의를 기울였다. ITT 같은 대기업은 하나 같이 비효율적이라고 여겨졌기 때문이다. 대기업들은 마치 누가 더 비효율적인가를 놓고 경쟁하는 것처럼 보였다. 책임자로서 그들이 해야 할 일은 ITT를 경쟁사보다 효율적으로 만드는 일이었다.

제닌은 공개 토론회에서 소크라테스처럼 해답을 찾아 끈질기게 물고 늘어졌다. 하나의 질문은 또 다른 질문으로 이어졌고, 그는 사실과 그 사실에 근거한 의견을 요구했다. 일부 간부들은 제닌의 노골적인 질문공세에 답변하느라 애를 먹었다. 반면 이를 잘 견뎌낸 사람들에게 토론회는 훌륭한 학습경험이었다. 고임금을 받고 막강한 힘을 지닌 이 회사의 책임자들은 자기 사업의 세세한 내용에 신경을 써야 했을 뿐 아니라, 자만심과 자아를 제어하고 냉혹한 현실 속에서 비즈니스 문제가 제기하는 지적인 도전에 집중하는 법을 배워야 했다. 제닌은 주로 미래의 문제를 해결하기 위해 과거의 성과에 주목했다. 그는 끊임없이 ITT의 경영자들에게 새로운 것을 시도하고 기존의 사업을 확장하며 새로운 제품으로 새로운 시장에 진출할 것을 촉구했다.

"제닌은 우리에게 하늘 높이 나는 법을 가르쳤습니다."

해럴드 제닌은 경영자 이전에 교사였다. 그러나 일반 경영대학원과 달리 ITT에서는 진짜 돈으로 실제 문제를 다루었다. 제닌의 비상한 열정은 전염성이 강했다. 그는 사람들을 열정으로 달아오르게 만들었다. 그들은 종종 제닌을 만난 후 더욱 분발해야겠다는 의욕을 느꼈다고 고백했다. 또 그들은 ITT에서 해럴드 제닌보다 더 많이 일하는 사람은 없다는 사실을 알고 있었다.

제닌은 까다로웠다. 그러나 사람들은 그가 왜 그러는지 수긍했다. 또 제닌은 성급하고 완강하며 부하들을 거칠게 대한다는 비난을 듣기도 했다. 그러나 이는 그가 요구하는 속도에 맞출 수 없거나 맞추지 않기로 했기에 회사를 떠난 사람들의 입에서 나온 말이었다. 제닌을 가장 가까이서 지켜본 사람들이 증언하길 제닌은 준비도 없이 되는 대로 일하는 "가짜들(phonies)"을 못 견뎌했다고 한다. 대신 최선을 다하는 자에게는 "믿을 수 없을 정도의 인내심"을 보여주었다. 그의 임원 한 사람은 이렇게 말했다.

"그분은 싹수가 노란 학생들에게 시간을 빼앗기기 싫어했습니다. 반면 우수한 학생들에게는 충분한 시간과 도움을 줄 수 있는 교사와 같았습니다."

제닌은 한번 몰두하면 시간을 잊을 만큼 열심히 일했다. 그는 시계만 들여다보는 게으름뱅이가 아니었다. 뉴욕의 집무실에서 일할 때는 점심시간도 따로 없었다. 일과 후 직원들과 종종 밤 11시나 자정까지 회의를 하기도 했다. 사안이 중대할 때는 저녁식사를 건너뛰었다. 제닌에 이어 ITT CEO가 된 랜드 애러스코그(Rand Araskog)는 제닌이 부인을 동반하고 만찬회에 참석했던 날의 이야기를 들려주었다. 그때 그들은 사교 행사는 완전히 잊은 채 자정이 넘도록 비즈니스에 대한 얘기로 열을 올렸다고 한다.

ITT의 최고 간부 가운데 제닌과의 추억담이 없는 이들은 없다. 한 수석부사장은 제닌과 만난 뒤 밤늦게 귀가하던 날을 회상했다. 문을 열고 들어서자 그의 참을성 많은 아내가 베개에서 머리를 들면서 이렇게 물었다고 한다. "지금 몇 시죠?"

"새벽 다섯 시." 그가 졸린 목소리로 대답했다.

"당신 미쳤어요." 아내는 한숨을 내쉬고는 다시 잠들어버렸다.

제닌의 회의는 항상 늦은 시각까지 이어졌다. 한번은 브뤼셀에서 회의가 열렸는데 역시나 밤늦도록 끝날 줄 몰랐다. 제닌과 핵심 직원들은 근처 식당으로 자리를 옮겨 새벽 2시까지 토론을 계속했다. 그때 제닌이 물었다.

"다른 회사 임원들과 달리 ITT 임원들에게 특별히 필요한 능력이 있다면 그게 뭘까요?"

이에 당시 부사장이던 팀 던리비(Tim Dunleavy)가 대답했다.

"불면증이요!"

또 있다. 그날도 식당에서 아주 늦게까지 토론이 이어졌다. 간부회의가 끝난 후 천장에 매달린 형광등이 깜박이기 시작했다. 이때 한 동료가 말했다. "핼(Hal, 해럴드의 애칭), 너무 늦었어요. 형광등도 지친 모양이에요."

"시원찮은 전등만 그렇지요." 이렇게 받아친 제닌은 토론을 이어 갔다.

이상은 제닌과 함께 일했던 사람들이 자부심을 갖고 전하는 이야기들이다. 이 이야기들은 일종의 명예의 상징이며, 제닌뿐 아니라 그들 자신에 대해서도 뭔가를 말해준다. 그 사람들 역시 이 전설의 일부였다. 그들 역시 늦도록 열심히 일했고 그들 역시 성공했다. 한 전직 ITT 간부는 이렇게 말했다.

"핼 제닌은 우리에게 하늘 높이 나는 법을 가르쳤습니다. 우리는 그를 만나기 전까지는 우리 안에 무엇이 있는지 몰랐습니다. 나중에 우리는 감격하여 외쳤습니다. '세상에! 우리도 할 수 있어!' 제닌은 그린베이패커스(Green Bay Packers) 팀의 코치인 빈스 롬바르디(Vince Lombardi)와 흡사했고, 깐깐한 공사감독이자 위대한 리더였습니다. 롬바르디가 한 말은 사실이었습니다. 그는 '승리한 후에 완전히 녹초가 되는 것보다 더 달콤한 느낌은 없다.'고 말했지요."

제닌, 미국 경영계에 일대 혁신을 불러오다

제닌은 ITT에 새로운 차원의 전문경영을 도입했다. 그의 독특한 리더십의 지휘봉 아래서 회사는 "제닌 대학(Geneen University)"이라는 별칭으로 불렸다. 그의 밑에서 일하다가 졸업한 간부와 경영자들은 간부 스카우트 시장에서 최고의 "상품"으로 통했다. 레블론(Revlon)의 수장 찰스 레브슨(Charles Revson)은 직접 팔을 걷어붙이고 당시 ITT-유럽의 사장이던 마이클 버지랙(Michael Bergerac)에게 5백만 달러를 안겨주고 자신의 뒤를 잇게 했다. CBS는 ITT에서 찰스 아이어랜드(Charles Ireland)를 사장으로 영입하여 전설적인 프랭크 스탠턴(Frank Stanton)을 승계하게 했다. 크루서블스틸(Crucible Steel) 역시 ITT에서 존 롭(John C. Lobb)을 부사장으로 영입했다. 콜트인더스트리스(Colt Industries)는 조지 스트리치먼(George A. Strichman)을 회장으로 추대했고, 나중에는 또 다른 ITT의 핵심 경영자 데이비드 마르골리스(David Margolis)가 그의 뒤를 이었다. 로버트 플래너건(Robert M. Flanagan)은 ITT에서 자리를 옮겨 웨스턴유니언(Western Union)의 회장이자 CEO가 되었다. 그 외에도 수많은 ITT 출신 인사들이 제닌에게서 배운 대로 각자의 사업을 이끌었다.

제닌 대학의 졸업생들은 모두 성공가도를 달렸다. 킨코프(Keene Corp.)의 사장이 된 글렌 베일리(Glenn Bailey)는 매출을 2백만 달러에서 5,300만 달러로 끌어올렸다. 게르하르트 앤딘저(Gerhard Andinger)는 에스터라인(Esterline)의 신임 회장이 되어 수개월 만에 매출을 두 배인 3,500만 달러로 올렸다. 이런 식으로 ITT의 경영자와 간부들은 제닌 대학에서 배운 것을 미국 산업 전반에 퍼뜨렸다.

제닌이 은퇴할 무렵, 타 기업으로 스카우트된 ITT 간부는 자그마치 130명에 달했다. 제닌 대학 졸업생들은 비즈니스 세계에서 활약하며 일종의 엘리트 동문회를 결성하여 회원 목록과 그들의 현재 지위, 그리고 전화번호 등의 정보를 공유한다.

많은 제자들이 예전 스승과 꾸준히 연락하고 산다. 몇몇은 스승에게 편지를 보내 ITT에서 함께 보낸 시절이 자신의 인생에서 가장 행복하고 짜릿한 순간이었다고 적기도 했다.

나 역시 해럴드 제닌과 3년을 함께하면서 그의 실용적인 지혜의 일부를 공유하게 된 것을 행운으로 여긴다. 이제는 우리 모두 필드로 돌아갈 시간이다. 제닌 대학을 수료하게 된 것을 진심으로 축하한다.

옮긴이 **권오열**

한국외국어 대학 영어과와 연세대학교 대학원 영어 영문학과를 마쳤다. 홍익대, 동국대, 건국대에서 TOEIC을 가르쳤으며, 현재 번역가 에이전시 하니브릿지에서 전문번역가로 활동하고 있다.

주요 역서로는 『워런 버핏 이야기』, 『피터 드러커의 위대한 통찰』, 『스티브 잡스 이야기』, 『브랜드 제국 P&G』, 『살아있는 리더십』, 『감성 리더십 : 프로젝트를 성공으로 이끄는』 외 다수가 있다.

매니징

초판 1쇄 발행 2019년 3월 11일
초판 7쇄 발행 2021년 11월 12일

지은이 헤럴드 제닌
펴낸이 정덕식, 김재현
펴낸곳 (주)센시오

출판등록 2009년 10월 14일 제300-2009-126호
주소 서울특별시 마포구 성암로 189, 1711호
전화 02-734-0981
팩스 02-333-0081
홈페이지 www.oceo.co.kr
메일 sensio@sensiobook.com

웹홍보 김연진
경영지원 염진희
디자인 Design IF

ISBN 979-11-966219-1-9 03320

이 도서의 국립중앙도서관 출판예정도서목록(CIP)은 서지정보유통지원시스템 홈페이지(http://seoji.nl.go.kr)와
국가자료공동목록시스템(http://www.nl.go.kr/kolisnet)에서 이용하실 수 있습니다. (CIP제어번호 : CIP2019004921)

잘못된 책은 구입하신 곳에서 바꾸어드립니다.

오씨이오(OCEO)는 (주)센시오의 경영서 브랜드입니다.